高校教材 教师教育精品教材

U0652092

教育法规导读

An Introduction to Education Law

主编 ◎张乐天　　副主编◎查海波　袁　坤

┃第三版┃

华东师范大学出版社
·上海·

图书在版编目(CIP)数据

教育法规导读/张乐天主编 . 第三版 . 上海:华东师范大
学出版社,2000.6
(教师教育精品教材)
ISBN 978 - 7 - 5617 - 1699 - 1

Ⅰ.教... Ⅱ.张... Ⅲ.教育法令规程-中国-学习参考
资料 Ⅳ.D922.164

中国版本图书馆 CIP 数据核字(2000)第 62251 号

教师教育精品教材

教育法规导读(第三版)

主　　编　张乐天
项目编辑　曹利群
文字编辑　沈桂芳
责任校对　王丽平
封面设计　卢晓红
版式设计　蒋　克

出版发行　华东师范大学出版社
社　　址　上海市中山北路 3663 号　邮编 200062
网　　址　www.ecnupress.com.cn
电　　话　021-60821666　行政传真 021-62572105
客服电话　021-6286553　门市(邮购)电话 021-62869887
地　　址　上海市中山北路 3663 号华东师范大学校内先锋路口
网　　店　http://hdsdcbs.tmall.com

印 刷 者　常熟市文化印刷有限公司
开　　本　787×1092　16 开
印　　张　15.25
字　　数　314 千字
版　　次　2007 年 1 月第三版
印　　次　2023 年 8 月第十二次
书　　号　ISBN 978 - 7 - 5617 - 1699 - 1/D · 073
定　　价　28.00 元

出 版 人　王　焰

(如发现本版图书有印订质量问题,请寄回本社客服中心调换或电话 021-62865537 联系)

出版说明

1986 年,我社受国家教委有关部门的委托,根据国家教委师范司制订的《二年制师范专科学校八个专业教学计划》的要求,与全国各省、市、自治区教委合作,共同组织编写了全国高等师范专科学校教材 20 余种;并与华东六省教委密切协作,编写了能反映华东地区师专教学和科研水平的、适应经济建设较为发达地区的师专教学需要的教材 40 余种,师专第一次拥有了比较符合自己培养规格、规律和教学要求而自成系统的教材。实践证明,师专教材建设对于提高师专教学水平,保证师专教学质量起到了重要作用。

近几年来,在邓小平理论的指引下,我国的教育事业取得了很大发展。国家教委根据《中国教育改革发展纲要》的要求,针对高等师范专科学校的教育特点,颁发了《高等师范专科教育二、三年制教学方案》,进一步明确了高等师范教育面向 21 世纪的发展目标和战略任务,以及教学内容和教学结构的改革要求。

自出版第一本师专教材以来,我社多年来分阶段地对师专教材的使用情况进行了跟踪分析,又于 1995 年开展了较为系统的全面调查。调查中,教师普遍反映,现有师专教材尚不同程度存在着与当前师专教学实际相脱节的现象;对各学科中的新发现、新理论、新成果,未能加以必要的反映,已跟不上当前社会、经济、科技等发展的新形势。考虑到师专从二年制向三年制发展的现状和趋势,我社于 1996 年初与华东六省教委有关部门一起,邀集全国 48 所师专代表专门研讨了师专教材建设问题,随即开展了部分教材的修订和新编工作。1999 年,我社又进行了更大范围的实地调查,发现不少地区已将对中学

出版说明

1

教师的培养提高到了本科水平,在专业设置、课程计划、教学要求等方面都有变化。为此,我们对部分教材作了进一步的修订,使其能够适应新世纪的师范教学需要,同时也可用于中学教师的职后培训。

师范院校教材建设并不是一个孤立的系统,它必须服务于师范教育的总体规划。它已经历了从"无"到"有"的过程,并将逐步实现从"有"到"优"的目标。我们相信,通过各方面的努力,修订和新编的师范院校教材将充分体现基础与能力相结合,理论与实践相结合,当前与未来相结合的特色,并将日臻完善和成熟。

这次编写和修订工作得到了有关省市教委的大力支持,我们谨在此深表谢忱,并向为师范院校教材建设付出辛勤劳动的各地师范院校领导和所有参加编写、修订和审稿的专家、学者等致以衷心的谢意。

目 录

JIAOYUFAGUIDAODU

目
录

目
录
●
●
●
●
●

第一章
教育的法制建设与
教育发展

教育事业的改革与发展是与不断加强教育法制建设相联系的。教育法制建设内在地包含教育立法、教育执法、教育守法等方面。进入新世纪以来,随着全面建设小康社会目标的提出和科学发展观的确立,我国教育事业进一步置于优先发展的战略地位。继续发展教育事业,需要以继续加强教育法制建设作保障。为了使我国教育事业的发展更好地沿着法制化的轨道行进,不断强化"依法治教",我们有必要继续深入学习教育法律法规,深入探讨有关教育法制建设的诸多问题。

第一节　教育立法概述

教育法制建设的首要环节是教育立法。如何认识教育立法? 这是一个需要明确的基本问题。明确这一问题对学习教育法规具有重要意义。

一、教育立法的涵义

1. 立法的涵义

要了解教育立法的涵义,首先需要对"立法"一词予以解释。

立法是国家立法机关的专门活动,是指"国家机关依照其职权范围通过一定程序制定(包括修改或废止)法律规范的活动。既包括拥有立法权的国家机关的立法活动,也包括被授权的其他国家机关制定从属于法律的规范性法律文件的活动"。①

立法也是一种动态的有序的活动过程。立法过程一般经历两大阶段,并有若干步骤:(1)立法准备阶段,通常有确定立法项目、采纳立法建议、作出立法决策、起草法案等步骤;(2)法的确立阶段,包括提出法案、审议法案、表决法案、通过法案、公布法案等等。立法工作赋有法律化、程序化的特点,它必须按照有关法律规定进行。

2. 教育立法的涵义

教育立法的涵义可从立法的涵义演绎而来。所谓教育立法,是指国家立法机关依照法律程序制定有关教育的法律的活动。有关论者对我国教育立法的解释是:"教育立法,就是由国家的立法机关和其他有关机关把全国各族人民关于国民教育的共同意志集中起来,按照社会主义原则和社会发展的需要,把有利于国家和社会的教育秩序,人们在教育活动中的权利、义务关系,用法的形式固定下来,使之具有在全社会一体遵行的效力,从而有效地保障教育事业的发展。"[②]

我国教育理论界迄今对教育立法的涵义尚有不同理解。造成不同理解的主要原因在于对法律概念本身的认识差异。关于法律,通常有广义的法律与狭义的法律之分。广义的法律,一般指法律的总体,即由国家制定或认可,并由国家强制力保证实施的一切法律规范的总和,包括国家和地方权力机关以及行政机关制定的法律、法规。狭义的法律则专指拥有立法权的国家机关,即全国人民代表大会及其常务委员会制定的法律。由于对法律的不同理解,导致对教育立法的广义与狭义之分。

广义的教育立法是泛指国家机关依照法定的权限与程序制定有关教育法规的活动。它包括最高国家权力机关制定颁布宪法中的有关教育的条款和有关教育的法律,国家地方权力机关制定颁布有关地方性教育法规,以及国家行政机关制定和颁布教育命令、章程、条例、决议等规范性文件。由上述机关或部门制定的教育法律、法规及其有关教育的规范性文件(包括地方性教育法规和教育行政法规、行政规章等)可统称为广义的教育法规。狭义的教育立法,仅指行使国家立法权的全国人民代表大会和它的常务委员会,按照法定权限与程序,审议并通过、颁布教育方面的有关法律的活动。这种仅指宪法中有关教育的条款和全国人大或其常委会依据宪法制定的有关教育的规范性文件,即教育法律,可称为狭义的教育法规。

深究教育立法的涵义,或许应将广义的教育立法与狭义的教育立法结合起来进行考虑。狭义的教育立法自然包含在广义的教育立法之中。而作为广义的教育立法,其核心内涵又应是狭义的。即是把国家立法机关制定教育法律的活动作为教育立法的核心与关键,与此同时也不排斥其他权力机关或行政机关制定相关的教育法规、章程、决议或条例。这样,教育立法既主线分明,又不是单线前进,而是主次相配、协调一体,成为一种内涵丰富、层次清晰的专门立法活动。

二、教育立法的社会特征

教育立法根源于社会的需要,它是现代社会、现代国家管理教育的基本依据和手段。教育立法是社会立法的一个重要内容与方面,是社会立法不可或缺的构成部分。社会立法的基本特征自然会在教育立法上得以反映与表现。

1. 教育立法的历史性

教育立法的重要社会特征之一是它的历史性。从社会发展史的角度看,现代意义的教育立法乃是社会发展到一定阶段的产物,确切地说它是现代社会与现代教育的产物。在社会发展的历史过程中,教育立法如同社会其他类别的立法一样,首先受到社会政治制度以及与政治制度相伴随的社会法律制度的制约。阶级社会中的教育立法必然会打上鲜明的阶级烙印,在本质上它是社会统治阶级为规范其所统治的教育而进行的立法。统治阶级掌握着教育的领导权、决策权,因而也掌握着教育的立法权。而由统治阶级所掌握的教育立法,又必然体现着统治阶级的教育意志,并为维护统治阶级的利益服务。

阶级社会中的教育立法权虽然被统治阶级所掌握,但决定教育立法的不是孤立的抽象的统治阶级的意志,而是作用于统治阶级意志的物质生活条件。统治阶级意志的内容是由统治阶级的物质生活条件决定的。所以教育立法被统治阶级意志所决定,也是被这一阶级所处时代的社会物质生活条件所决定。两者有相互统一的一面。在社会物质生活条件中,具有决定意义的还是生产力与生产关系,或称为经济关系。经济关系决定着社会立法因而也决定着社会中教育的立法。诚如马克思指出:"无论是政治的立法或市民的立法,都只是表明和记载经济关系的要求而已。"③教育立法受到经济关系的要求制约,也就是受到历史性的制约,受到特定历史时期的生产力与生产关系的制约。历史性在这里重点表征为社会生产力的发展水平。当社会发展到一定的历史阶段,当社会生产力与生产关系发生着现代变革,其对教育需求的不断增长必然寓含着对教育立法要求的增长。从这一认识出发,我们可以揭示出教育立法的历史性特征。

2. 教育立法的国别性

教育立法的另一重要特征是它的国别性。所谓国别性,是指世界各国的教育立法在总体上有其各不相同的立法要求、程序以及不同的立法权限、立法类型等特点。教育立法的国别性,是社会立法具有国别性特点的反映。不同的国家,由于社会制度不同,社会文化传统不同,因而呈现出不同的立法样式与形态。法学界普遍认为,当今世界主要存在两大法系,即英美法系与大陆法系。英美法系又称普遍法系或判例法系,"指英国从 11 世纪起主要以源于日耳曼习惯法的普遍法为基础,逐渐形成的一种独特的法律制度以及仿效英国的其他一些国家和地区的法律制度"。④大陆法系又称民法法系或成文法系,"指包括欧洲大陆大部分国家从 19 世纪初以罗马法为基础建立起来的,以 1840 年《法国民法典》和 1986 年《德国民法典》为代表的法律制度,以及其他国家或地区仿效这种制度而建立的法律制度"。⑤分别属于两大不同法系的各国的立法,又有其本国特有的立法特征。

教育立法的国别性特征主要表现有二:一是不同社会制度的国家的教育立法有不同的立法方式与立法权限。如以人民代表大会制为政体的国家和以议会制为政体的国家的教育立法方式、立法权限便有不同。二是各国文化、教育传统不同也使得教育立法的方式、程序等方面存在差异。

教育立法虽然呈现国别性特征，但这种特征不是绝对的凝固的。各国教育立法都是动态发展的，同时又是相互参照、相互借鉴的。

3. 教育立法的层级性

教育立法的又一特征是它的层级性。所谓层级性，这里着重指教育立法权限的层级区别与划分。教育立法的层级性是与立法层级性相一致的。

根据《立法法》的相关规定，各种形式的教育法律法规是由不同地位的国家机关制定的，这些制定机关的性质和法律地位决定了教育法律法规的不同层次：

一是全国人民代表大会制定的宪法中关于教育的法律规范；

二是全国人民代表大会制定的教育基本法，即《教育法》；

三是全国人民代表大会常务委员会制定的教育单行法，如《教师法》、《职业教育法》等；

四是国务院制定的教育行政法规，如《教师资格条例》、《中外合作办学条例》等；

五是省（自治区、直辖市）人民代表大会及其常务委员会制定的地方性教育法规，如《安徽省实施〈中华人民共和国教师法〉办法》等；

六是教育部以及国务院各部委制定的部门教育规章和省（自治区、直辖市）人民政府制定的教育规章，如教育部《学生伤害事故处理办法》等。

以上层次的法律法规发生冲突时适用《立法法》第五章的规定，即宪法具有最高的法律效力，一切法律、行政法规、地方性法规、自治条例和单行条例、规章都不得同宪法相抵触。法律的效力高于行政法规、地方性法规、规章。行政法规的效力高于地方性法规、规章。地方性法规的效力高于本级和下级地方政府规章。省、自治区的人民政府制定的规章的效力高于本行政区域内的较大的市的人民政府制定的规章。部门规章之间、部门规章与地方政府规章之间具有同等效力，在各自的权限范围内施行。

从教育立法的内容上看，我国教育立法又可分为四个层次，即：制定宪法→制定教育的根本大法（基本法）→制定专项教育法→制定补充性或地方性的教育法规。

三、教育法规在法律体系中的地位

教育立法的重要性已如上述。这里我们转而探讨教育法规在法律体系中的地位。

教育立法指向建立完整的法规体系。这种体系在整个社会法律体系中应该占有何种地位，目前，国内法律界或教育界对此主要有两种不同主张。

一是把教育法规归属于行政法之中。这曾经是人们普遍接受的看法。我国高校通用的《法律基础教程》或相关的教科书，几乎一致地把教育法规划入行政法律制度之内，作为行政管理法规的一个内容与方面。教育法因之与集会、游行、示威法、治安管理处罚条例等相并列，共同组合成行政法体系。教育法包含于行政法中的主要理论依据来源于"国家教育权"论。这种理论认为，教育是国家和地方公共团体事业，是国家行政的一部分，因此，教育法规也是有关教育行政的规定，因而是行政法的组成部分。

二是认为教育法规应成为一个独立的法律部门，教育法规应在社会法律体系中具有相对独立的地位，也即认为教育法规应构成一个独立的科学法律体系。将教育法规独立成为体系的主要理论依据在于认为教育与教育行政不能完全等同，教育制度特有的法理构成教育法规特有的体系和领域。教育法规有特有的教育关系作为调整对象，有特有的法律关系主体和法律基本原则，并有相应的处理方式，因而它成为现代国家法律体系中不可缺少的一个独立的法律部门。

教育法规是否能自身建构起相对独立的法律体系？教育法规在法律体系中是否具有独立的地位？回答应该是予以肯定的。其基本理由是：

第一，在社会生活中，教育已构成日益重要的独立的社会职能部门。社会各种行业均与教育行业发生着深刻的联系。教育行业人数之众、活动范围之广、活动任务之重、活动内容之复杂则是其他行业难与为匹的。教育活动过程中复杂的社会关系要求有一种系统的且是独立的教育法规予以调整。如果教育法规不能独立自成体系，那么教育关系的调整就难免陷于困难的境地。相对于其他部门而言，教育活动中产生的各种关系还具有鲜明的特殊性与相对独立性的特征。在社会活动中，教育有自身运行的客观规律，教育活动有特定的主客体关系，这一特定的主客体关系不仅是针对整个教育活动而言，即使在任一具体的教育过程中，这种特定的主客体关系也是显而易见的。调整教育关系的任务是调整其他社会关系的法律部门所不承担的，只能由教育法规这一独立的法律部门来承担。因此，教育法规在法律体系中应该具有独立的地位。

第二，从法律体系中法律部门划分的标准和科学依据看，教育法规是可以独立作为法律部门的。法学原理告诉我们，划分法律部门的主要标准，是该法律所直接调整的对象的社会关系的性质，同时也辅之以调整方法。如调整公民人身与财产关系的法律规定构成民法，调整婚姻家庭关系的法律规定构成婚姻法，调整社会各种经济关系的法律规定构成经济法，而调整社会各部门、各团体与教育的关系及调整教育内部各种关系的法律规定自然应构成教育法。

教育法体系的自身建构已经不只是一种理论要求，现代教育立法的实践已经逐步朝着这一目标而努力。国际教育立法经历的正是一种从零星立法到专门立法再到立法集合化体系化的道路。党的十一届三中全会以来,我国的教育立法正在步入综合化体系化阶段。

教育立法的综合化体系化建构必将深入推进,这是我国社会主义法制建设和教育事业不断发展的双重要求。

四、教育立法对教育发展的作用

教育立法着眼于教育发展,它对于促进教育发展起着相当重要的作用。

1. 教育立法起着保障教育事业在社会发展中的重要地位的作用

对教育着手立法,并逐步建立系统的教育法规,这本身表明了对教育事业的重视。教育立法的首要作用就在于它确保教育事业在社会发展中应具有重要战略地位。制定各种各样的教育法规,其根本目的也在于保证各种教育的应有地位。从宏观层次上看,教育立法表明教育事业有了法的保障,从而获得强有力的法律支持。

2. 教育立法赋予教育方针、教育目的以法律效力

教育立法以法的形式确立教育方针、教育目的,使之赋有法律效力,这使教育事业的发展在方向、目标上有法可依。教育方针、目的对教育事业起控制、调节、支配等作用,它一旦以法的形式确定下来,就具有不可侵犯性。这就有利于避免教育方针、目的听凭主观意志而随意变更。在实践过程中,由于教育方针、目的被赋予了法律效力,那么,违背教育方针、目的的行为就可以从守法、执法的要求去规范。

3. 教育立法起着规范教育发展环境的作用

这里的教育发展环境侧重于教育的外部环境,也就是教育发展所不可缺少的外部条件。教育立法使得教育发展所需要的必不可少的外部环境与条件在法律上予以确定与规范,这样,教育发展的各种外部条件就能得到法律的保障。例如教育体制、教育投资、学校办学的外部条件、社会团体、群体及家庭的教育义务与责任等等,这些方面通过制定教育法予以规范,就能通过法律手段调整涉及教育的各种外部关系,从而优化教育发展的外部环境,保证全社会对教育的重视与支持。

4. 教育立法起着规范教育内部管理的作用

教育立法使得教育内部管理有方向,有标准,有法可依,有章可循。例如教育内部管理体制,各级管理机构的职责、权限、人事、任免等,教学计划、教育人员的资格、条件及教育者与被教育者的关系等,这些涉及教育内部管理的方方面面,如果有法可依,就会使这种管理按照法的要求予以规范。同时也可以法律为武器,抵制那些干扰学校正常教学秩序、侵犯教育权益、影响正常教学活动的事件或现象的发生。

第二节　我国教育立法的基本历程

新中国成立以来,我国社会主义建设事业经历了不同的发展阶段。在不同的发展阶段中,教育立法工作也处于不同的状况。

一、"前十七年"我国的教育立法(1949—1966年)

1949年中华人民共和国的成立结束了我国半封建半殖民地的历史,国家教育事业也因此步入新的发展轨道。1949—1966年17年间,我国社会经历了从新民主主义向社会主义过渡时期(或称基本完成社会主义改造时期)(1949—1956年)和建设社会主义时期(1957—1966年),国家的教育事业也同样经历了"过渡"、"改造"与新的建设。这段时期的教育立法工作有了起步。

1. "过渡"时期的教育立法(1949—1956年)

1949年9月,中国人民政治协商会议在北京举行,会议通过了《中国人民政治协商会议共同纲领》,这是一部起着临时宪法作用的纲领。《共同纲领》第五章为"文化教育政策"。文化教育政策明确了国家教育的性质、内容与任务。《共同纲领》第四十一条规定:"中华人民共和国的文化教育为新民主主义的,即民族的、科学的、大众的文化教育。人民政府的文化教育工作,应以提高人民文化水平,培养国家建设人才,肃清封建的、买办的、法西斯主义的思想,发展为人民服务的思想为主要任务。"第四十七条规定:"有计划有步骤地实行普及教育,加强中等教育和高等教育,注重技术教育,加强劳动者的业余教育和在职干部教育,给青年知识分子和旧知识分子以革命的政治教育,以应革命工作和国家建设工作的广泛需要。"《共同纲领》中关于文化教育政策的种种条款,是指导建国初期我国教育发展的重要法规。

遵循《共同纲领》的精神,建国初期新中国的教育迅速开始了对旧学校的改造和新教育制度的重建。改造旧学校与重建新教育是与政府颁行的一系列具体的教育法规相联系的。1950年12月,中央人民政府政务院作出了《关于处理接收美国津贴的文化教育救济机关及宗教团体的方针的决定》;1951年8月,中央人民政府政务院作出了《关于改革学制的决定》;1953年政务院发布了《关于整顿和改进小学教育的指示》;同年,中央人民政府政务院通过了高等教育部《关于1953年全国高等学校院系调整的计划》。50年代初期,国家还颁布了《高等学校暂行规程》、《专科学校暂行规程》、《关于接办私立中、小学的指示》等法规。这一系列法规的出台,尤其是政务院关于改革学制的决定的颁布和实施,对建国初期教育事业的变革与发展起到了十分重要的作用，产生了强烈且深远的影响。

随着新学制的确立，1956 年 3 月，中共中央、国务院作出了《关于扫除文盲的决定》，这可视为建国初期国家教育法规建设的一件大事。这一决定的意义非同寻常。这是中国几千年来第一次向文盲"宣战"。它充分显现了社会主义国家教育的"全民性"特征。正如当时的《决定》所指出的："在全国范围内积极地有计划有步骤地扫除文盲，使广大劳动人民摆脱文盲状态，具有现代的文化，这是我国文化上的一个大革命，也是国家进行社会主义建设中的一项极为重大的政治任务。"《决定》颁布之后，新中国的扫盲工作不仅拉开了序幕，并且迅速轰轰烈烈地推进。

2. 建设社会主义时期的教育立法(1957—1966 年)

1957 年至 1966 年，我国的教育战线如同经济战线一样，先是经历了"大跃进"，然后经历了"整顿"与"调整"。1958 年中共中央、国务院作出了《关于教育工作的指示》，《指示》规定："党的教育工作方针，是教育为无产阶级政治服务，教育与生产劳动相结合，为了实现这个方针，教育工作必须由党来领导。"党的这一教育方针，对社会主义的教育事业曾经起着非常强烈的规范与指导作用。它具有极强的权威性，成为一种必须绝对遵从的"法规"。

"大跃进"时期，中国教育事业也呈现出"大跃进"式的发展。多快好省地发展社会主义教育事业，既成为一时的决策，也成为举国上下的行动。当时，中共中央、国务院明确提出："全国应在 3 年至 5 年的时间内，基本上完成扫除文盲，普及小学教育，农业合作社应社社有中学和使学龄前儿童大多数都能入托儿所和幼儿园的任务。应当大力发展中等教育和高等教育，争取在 15 年左右的时间内，基本上做到使全国青年和成年，凡是有条件的和自愿的，都可以受到高等教育。我们将以15 年左右的时间来普及高等教育，然后再用 15 年左右的时间来从事提高的工作。"[①] 中共中央、国务院的这一要求在全国产生了热烈的回响。在短短的几年内，中国教育事业的发展，真可谓突飞猛进，蒸蒸日上。仅以高等教育为例，1957 年全国高校有 229 所，在校生 44.1 万人；1958 年迅速增至 791 所，在校生 66 万人；1960 年再增至 1 289 所，在校生 94.7 万人。教育事业的大发展与工农业生产大跃进一起，掀起了中国社会主义建设的新高潮。

20 世纪 60 年代初期，我国因"大跃进"而导致"欲速则不达"的经济发展后果已严重显现，国民经济的调整势在必行。与此相适应的是，教育事业的调整也必须进行。教育的调整主要表现为：调整教育事业的发展规模与速度，尤其是高等教育与中等教育要缩短战线、压缩规模、合理布局与提高质量，与此同时调整高校与中等专业学校的专业设置。为了使教育事业重新步入平稳发展的轨道，国家制定了三部重要的教育法规，即《中华人民共和国教育部直属高等学校暂行工作条例（草案）》(简称"高教六十条")、《全日制中学暂行工作条例（草案）》(简称"中学五十条")和《全日制小学暂行工作条例(草案)》(简称"小学四十条")。这三大《条例》乃是建国以来对高等学校、中学和小学工作作出的系统而科学的规范,它对稳定各级各类学校的教学秩序,规范各级各类学校的办学行为以及提高各级各类学校的教育质量均产生了良好的影响与作用。

二、"文化大革命"时期教育立法受到破坏(1966—1976 年)

1966—1976 年 10 年间,中国经历了史无前例的"无产阶级文化大革命"。这段时期,国家的经济、政治、文化建设均受到摧残与破坏,教育事业罹难尤甚。

"文化大革命"中的教育工作实际上处于一种"无法"状态。教育立法迫于停顿。非但如此,在教育领域中"以言代法"的现象十分普遍与突出。在极"左"错误思潮的主宰与影响下,教育领域经历了空前的"大批判"。"前十七年"的教育被斥之为修正主义教育,"前十七年"建立的教育法规也被斥之为修正主义的教育法规,它不仅被弃之不用,而且还成为大批判的重点内容与对象。正是因为社会法制建设遭受严重破坏,教育工作呈现混乱不堪的局面,整个社会人才培养出现严重的"断层"现象。

三、改革开放新时期的教育立法(1977—2000 年)

1976 年 10 月中国结束了"文化大革命"。1978 年中国共产党十一届三中全会召开,会议确立了"改革开放"的方针,这标志着中国进入了新的历史时期。

新时期教育的改革发展与教育立法的恢复和加强息息相关。1977 年至 20 世纪 80 年代初期,国家处于"拨乱反正"阶段。教育战线则开了"拨乱反正"的先河。这表现为 1977 年国家恢复了高考制度,并由此使国家教育事业重新步入正常发展的轨道。为了保障教育秩序恢复正常和教育事业正常发展,国家同时恢复了相关教育法规的沿用与执行。期间,20 世纪 60 年代颁行的《中华人民共和国教育部直属高等学校暂行工作条例(草案)》、《全日制中等学校暂行工作条例(草案)》和《全日制小学暂行工作条例(草案)》均重新获得生命力,被重新恢复实施。这些《条例》的恢复执行,不仅对教育战线的"拨乱反正"起到了良好的保障作用,同时也表明国家在依据教育法规治理教育。

20 世纪 80 年代以来,随着社会各项事业的向前发展,社会法制建设受到重视与关注,加强法制建设成为全国人民的共同意志与心愿。在此背景下,加强教育的法制建设也同样提到教育工作的议事日程,教育立法工作开始了新的起步,并不断向前推进。1980 年 2 月 12 日,第五届全国人大常务委员会第十三次会议通过了《中华人民共和国学位条例》,这是改革开放以来,我国由最高权力机构制定的第一部专项教育法规。这一《条例》的颁布与实施,对于结束因"文化大革命"而造成的人才匮乏的局面,对于促进我国科学专门人才的成长和科学事业的发展,以适应现代化建设的需要,起到了极为重要的作用。《中华人民共和国学位条例》的制定与实施,标志着我国教育的法制化建设开始进入新的阶段。继学位条例颁行之后,1986 年 4 月 12 日,第六届全国人民代表大会第四次会议通过了《中华人民共和国义务教育法》,这是根据宪法与我国国情,为发展基础教育,保证义务教育的有效实施而制定的重要法规。《义务教育法》的颁布与实施,对于全面提高我国国民素质,使教育事业适应社会主义现代化建设的需要,具有十分重要的意义。1993 年 10 月 31 日,第八届全国人民代表大会常务委员会第四次会议通过了《中华人民共和国教师法》,这是为保障我国教师的合法权益,建设素质优良的教师队伍,促进社会主义教育事业的发展而制定的专项教育法规。在上述教育法规制定、颁行的基础上,1995 年 3 月 18 日,第八届全国人民代表大会第三次会议通过了我国教育的根本大法——《中华人民共和国教育法》。《教育法》的制定、颁行与实施,对于以法律的形式规范与促进我国各级各类教育事业的发展具有特别重要的意义。同时,它也为进一步制定我国各种专项教育法规提供了法律依据与准绳。紧随其后,1996 年 5 月 15 日,第八届全国人民代表大会常务委员会第十九次会议通过了《中华人民共和国职业教育法》。这是根据《教育法》和《劳动法》而制定的旨在促进实施科教兴国战略,发展职业教育,提高劳动者素质的又一重要专项教育法规。在制定职业教育法的同时,我国高等教育的专项立法工作也在紧张地进行。经过充分研究与讨论,1998 年 8 月 29 日,第九届全国人大常委会第四次会议通过了《中华人民共和国高等教育法》。这是旨在促进我国高等教育事业健康发展的重要专项教育法规,它对于面向 21 世纪的高等教育的改革与发展提供了重要的法律依据。自《学位条例》的出台到《高等教育法》的颁行,改革开放的 20 年来,我国的教育立法工作经历了一个虽则时间不长却是取得了丰硕成果的发展阶段,中华人民共和国的教育事业已初步形成具有鲜明的中国特色的社会主义教育法律体系。

应该指出的是,20 世纪 80 年代以来,在由中国最高权力机构通过的各项重要的教育法规先后颁行之时,一些旨在进一步规范与推进我国各类教育事业发展的有关条例、规定亦由国家最高行政机构颁布实施。80 年代初期至今,国务院先后发布和批准的有关教育的主要条例与规定有:《全国中、小学勤工俭学暂行工作条例》(1983 年)、《高等教育职责管理暂行规定》(1986 年)、《国务院征收教育费附加的暂行规定》(1986 年)、《普通高等学校设置暂行条例》(1988 年)、《扫除文盲工作条例》(1988 年)、《高等教育自学考试暂行条例》(1988 年)、《幼儿园管理条例》(1989 年)、《学校体育工作条例》(1990 年)、《学校卫生工作条例》(1990 年)、《禁止使用童工规定》(1991 年)、《教学成果奖励条例》(1994 年)、《残疾人教育条例》(1994 年)、《教师资格条例》(1995 年)、《社会力量办学条例》(1997 年)等。与此同时,各省市人大也制定了一些地方性的教育法规,国家教育行政部门在其职权范围内制定了若干教育规章,各省市人民政府也根据当地教育发展的需要制定了相应的地方性教育规章。这些条例、规定与规章,是我国独立的教育法规体系中的重要内容和有机构成部分。它们的发布与实施,同样是改革开放以来我国教育立法工作取得显著成果的反映与表现。

四、进入新世纪以来我国的教育立法

进入 21 世纪以来,我国社会提出了新的发展目标,教育事业被进一步置于优先发展的战略地位。为了保障与促进教育持续健康发展,教育法制建设在进一步加强,教育立法工作又有了新的进展。

2002 年 12 月 28 日,第九届全国人民代表大会常务委员会第三十一次会议通过了《中华人民共和国民办教育促进法》。这是一部旨在促进民办教育事业健康发展的法律。该法界定了民办教育的性质,确立了民办教育的地位,规定了民办教育机构的设立,民办教育主要法律主体权利与义务的关系,以及民办学校的管理。《民办教育促进法》的颁行,是我国民办教育发展史上的一件大事,标志着我国民办教育事业步入了一个规范化、法制化的发展时代。这一法律的颁行,正在对我国民办教育事业的发展起着保障与促进的作用。

暨《中华人民共和国民办教育促进法》颁布实行之后,2003 年 3 月 1 日中华人民共和国国务院令第 372 号公布了《中华人民共和国中外合作办学条例》,这是进入新世纪以来我国颁布的又一重要教育法规。《中外合作办学条例》是根据《中华人民共和国教育法》、《中华人民共和国职业教育法》和《中华人民共和国民办教育促进法》制定的,它旨在规范中外合作办学活动,加强教育对外交流与合作,促进教育事业发展。《中外合作办学条例》阐明了国家对中外合作办学实行扩大开放、规范办学、依法管理、促进发展的方针,阐明了国家鼓励引进外国优质教育资源的中外合作办学。《中外合作办学条例》对中外合作办学机构的设立、组织与管理、教育教学、资产与财务、法律责任等都作出了明确规定。《中外合作办学条例》的颁布实行,对规范与促进中外合作办学事业的发展正在产生并将继续产生积极的影响。

新世纪以来,我国教育立法工作取得的另一重大进展是《中华人民共和国义务教育法》的重新修订与颁布实行。1986 年我国颁布的《义务教育法》施行 20 年,对保障与促进我国义务教育的发展起到了十分重要的作用。然而,随着社会的发展,义务教育法原有的一些规定已不适应新的情况,有必要予以修订。正是基于新的要求与新的背景,2006 年 6 月 29 日,第十届全国人民代表大会常务委员会第二十二次会议通过了《中华人民共和国义务教育法》修正案,一部新的《义务教育法》予以颁布,并予 2006 年 9 月 1 日起施行。新《义务教育法》进一步强调了义务教育的

国家保障性,界定了义务教育的各类责任主体,明确了不同责任主体的法律责任。新《义务教育法》进一步确立了义务教育经费保障新机制,进一步强调了保障所有儿童(包括流动儿童)的受教育权益、保障改善教师待遇和促进教师发展。新《义务教育法》的重要精神是促进义务教育的均衡发展。它的颁布实行,是我国义务教育发展中具有里程碑意义的一件大事。它对于保障公民接受义务教育的权利,提高全民族素质,实施科教兴国战略和人才强国战略,对于落实科学发展观、推进社会主义和谐社会建设和实施全面建设小康社会的目标,具有重大的现实意义和深远的历史意义。

开启新世纪的短短几年内,我国教育立法工作取得的进展令人瞩目。除了上述重大教育法规的颁布与实施之外,国家还制定或修订了一些其他教育法规。2004年3月,经国务院常务会议通过的《中华人民共和国民办教育促进法实施条例》予以发布。制定这一《条例》的目的是为了促进民办教育的发展,保障《民办教育促进法》的实施。同年8月,第十届全国人民代表大会常务委员会第十一次会议通过了新修改的《中华人民共和国学位条例》,并重新公布。这些新制定或修订的条例的发布与实施对于促进新世纪教育事业的发展均在产生积极的影响与作用。

第三节　加强教育法制建设
促进教育发展

依法治国是我国的基本国策。全面建设小康社会和实现社会主义现代化都必须继续走依法治国的道路。全面建设小康社会与建设社会主义法治国家具有内在的统一性。党的十六大报告要求:"加强社会主义法制建设。坚持有法可依、有法必依、执法必严、违法必究。适应社会主义市场经济发展、社会全面进步和加入世贸组织的新形势,加强立法工作,提高立法质量,到二〇一〇年形成中国特色社会主义法律体系。"十六大报告的这一要求,对指导加强教育法制建设,推进依法治教具有强烈的现实意义。

一、深入认识推进依法治国与推进依法治教的关系

1. 推进依法治国必然要求推进依法治教

建设社会主义法治国家,其基本涵义是社会的各项事业都需要依法治理,社会的各项工作都需要依法办事。依法治国自然包含依法治教于其中。教育事业是国家事业的重要组成部分,而且在国家各项事业中占有先导性、全局性的地位。在现

代国家,依法治国与科教兴国是不可或缺的两大支柱。我国现代化发展将依法治国与科教兴国同时作为治国的根本方略。这既表明依法治国的重要性,又表明科教兴国的重要性。而要实现科教兴国,又必须依法治教,因为只有依法治教,才能保障教育事业持续健康的发展,才能达成教育事业的繁荣与兴旺,从而达到科教兴国的境界。从另一角度看,依法治教是依法治国的必然要求与体现。教育事业既然在国家各项事业中占有极为重要的地位,那么要有效地治理国家自然包含有效地治理教育。在全面建设小康社会的进程中,我们需要推进依法治国,因而也需要推进依法治教。

2. 推进依法治教对于推进依法治国具有特别重要的意义与作用

依法治国必然要求依法治教,而依法治教又必然反作用于依法治国。推进依法治教,对于推进依法治国具有特别重要的意义和作用。之所以这样认识,是因为在现代国家,教育事业的发展,对于促进社会的经济建设、政治建设、文化建设关系甚大。教育的先导性地位恰恰表现为它是社会经济、政治及文化建设的基础。推进依法治教,不仅是推进依法治国的重要标志与体现,同时它在很大程度上影响着依法治国的实现。

二、加强教育法制建设与继续加强教育立法

依法治教首先要求有完备的法律可依。加强教育的法制建设,要求继续加强教育立法工作。党的十六大报告提出,加强立法工作,提高立法质量,至2010年形成中国特色社会主义法律体系。这其中包含加强教育立法工作,提高教育立法质量,并形成完善的教育法律体系。自20世纪80年代到现在,我国教育立法工作不断推进,一系列重大教育法规先后出台,一个有中国特色的现代教育法律体系已初步形成。然而,面对我国社会发展和教育事业发展的现实需要与未来需要,我国教育立法工作需要进一步加强。加强教育立法工作可以从如下两方面努力。

1. 继续制定新的专项教育法规,逐步完善教育法律体系

我国教育立法工作虽然已取得明显进展,但距离教育改革和发展对教育立法的要求还有一定差距,教育立法在整体上还呈现滞后的状态。着眼于教育现代化发展,借鉴国际教育立法经验,我们有必要继续制定一些新的专项教育法规。这些专项教育法规可以是:

(1) 教育投入法。通过立法,保证教育经费的投入及适度的增长比例,以法律形式确定不同类别教育的投资体制及其资金筹措渠道。同时通过法律惩处在教育经费投入、使用等方面的违法行为。

(2) 学校设置法。通过立法确定各类学校设置原则与标准,规范学校设置的要求、审批程序。同时通过立法规定学校校舍、物质设施,以及学校数量增减及质

量水平的要求。

（3）教育行政法。通过立法规范各级教育行政机关的设立和职责、权力，规范各级教育行政机关的管理体制、管理方式，从而保障教育行政管理法治化。

（4）终身教育法。通过立法确立终身教育体系，促进我国学习型社区和学习型社会的发展，促进终身教育的发展。

除制定上述专项法规外，就教育内部而言，还应在已经制定的《义务教育法》、《职业教育法》、《高等教育法》等法的基础上继续制定诸如《中等教育法》、《成人教育法》等专项法规。同时还可将现行的一些较稳定、较成熟的教育条例上升为教育法律，如依据现行的《中华人民共和国学位条例》制定《中华人民共和国学位法》，从而使我国各种层次、各种类别的教育均能有法可依。

2. 适时修订教育法规，以适应教育发展的需要

加强教育立法工作，除了需要继续制定一些新的专项教育法规，以完善我国教育法律体系之外，还需要适时修改或修订原有的一些教育法规，以适应教育事业不断发展的要求。

新世纪我国教育事业的发展需要遵循科学发展观，紧紧服务于全面建设小康社会和构建社会主义和谐社会的需要。我国提出全面建设小康社会和构建和谐社会的目标，一方面是因为我国社会发展取得了重大进步，需要有更高的目标导向；另一方面，这一目标的提出也是鉴于我国社会发展过程中存在的一些问题和矛盾，为此我们需要有更科学地导引社会发展的目标与思路。改革开放 20 多年来，我国教育事业的发展虽然成就显赫，但问题与矛盾也同样存在，甚至还很尖锐，例如基础教育发展不均衡，城乡教育差别严重存在。正是面对基础教育非均衡发展的问题与现状，同时也是为了有力地保障基础教育均衡发展，我国适时修订了《义务教育法》。与此同时，我国也适时修订了或修改了一些其他教育法规。修订或修改教育法规是根据形势发展的需要，以便有更良好更科学的教育法规指导教育发展的实践，更好地规范与导引教育的运行。

进入新世纪以来，我国社会发展面临的另一种新形势是我国加入了世界贸易组织（WTO），这意味着我国经济社会发展进一步融入经济全球化的大格局中，因而也面临国际竞争日趋激烈的挑战与考验。加入世界贸易组织后，我国政府签定了教育服务贸易承诺。这一服务承诺的签定也标志着我国教育法规建设呈现出国际化的趋向。在一定程度上，我们可以这样认为，教育的国际化要求我国教育法规建设逐步与国际通行的教育法规接轨，要求教育法规建设更具有开放性特征。正是为着更好地适应教育国际化的要求，我们应该重新审视现行的一些教育法规，需要对一些教育法规进行修改与修订。

为适应教育事业不断发展的新形势，适时修改或修订教育法规，这是加强教育

立法工作的必然要求，也是加强教育立法工作的具体表现。

三、加强教育法制建设与继续加强教育执法

立法是为了执法。教育法制建设是一个系统的过程，它包含有法可依，有法必依，执法必严，违法必究。加强教育法制的关键是加强教育执法，真正做到依法治教。

1. 党和政府部门要加强教育执法

对教育负有领导责任的党和政府部门首先要依法实施对教育的领导。党和政府部门对于教育事业的领导与管理，必须在法律规定的职权范围内进行，非经法律许可，不得具有并行使某项职权，要坚决克服以党代法、以政代法的现象。党和政府部门在依法实施对教育的领导的过程中，应该按照教育法规的规定，保障下属教育部门依法享有合法权益。党和政府部门不得将下属部门依法享有的权益归为己有，这样做实质上是一种侵权行为。另一方面，党和政府部门依法享有的职权，必须认真行使并尽一切力量保证完成。放弃行使法定的职权也是一种不执法的表现，是一种严重的失职行为，应当追究法律责任。

2. 各级教育行政部门、单位、团体，特别是各级各类学校，要加强教育执法

加强教育执法，重点在教育部门自身。各级教育行政部门、单位、团体，尤其是各级各类学校，要依法办教育，依法管理教育。依法办教育和管理教育意味着严格教育执法。例如设立学校及其教育机构，必须具备法律规定的基本条件，并且要按照法定程序办理审核、批准、注册或备案手续。教育行政单位和学校要严格按照法律规定，保障教育者(主要是教师)和受教育者的合法权益。对于侵犯学校、学校教育者或受教育者合法权益的行为，受侵犯者要敢于利用法律的武器，运用法律的手段予以解决。

3. 加强教育法制监督，保证依法治教有效进行

没有强有力的教育法制监督，依法治教、严格执法便难以落到实处。强化监督功能，对严格执法有重要的保障作用。首先，要强化国家权力机关的权威监督。国家权力机关主要指各级人大及其常务委员会。为强化权威监督，国家权力机关要加强自身的教育法制监督职能建设，建立完备且有权威力度的监督制度，包括有效的监督形式、程序、手段与办法。各级人大对教育法制监督需要制度化，需要定期或不定期地对各级人民政府与教育行政部门的教育执法情况予以检查。检查结果应予以公布。其次，要加强行政监督。行政机关内部要建立自上而下、自下而上的教育法制监督体系，使教育执法工作处在严密的监督之中。这种监督，宜采用专门行政监察机关的监督和教育行政机关之间的监督相结合的方式进行。最后，要加强社会舆论监督。对于不依法行政，严重违反教育

法规的典型事件,应通过报刊、广播、电视等舆论宣传工具予以"曝光",从而产生有力的威慑作用。通过加强舆论监督,使全社会逐步形成依法治教、严格教育执法的环境与气候。

四、深入学习教育法规,进一步提高全民教育法律意识

依法治教需要建立在知法、懂法的基础上,深入学习教育法规,对于加强教育法制建设永远具有重要意义。

其一,各级教育领导要深入学习教育法规。一些领导者对教育法规不甚熟悉、了解,教育法律意识不强,法制观念淡薄是实施依法治教最大的障碍。为此,要在教育行政部门、教育领导层中深入开展对教育法规的学习活动。现代教育领导者应该是依法行政、依法治教的领导者。教育领导者的教育法律意识与法制观念是最重要的领导素养。实施对教育的领导,要求各级教育领导者全面、系统地学习、掌握各项教育法规,要把学习教育法规同学习其他相关法律,特别同深入学习行政法、行政复议法等有机结合起来。领导者在深入学习教育法规的同时,要组织开展教育法制的宣传,向全社会普及教育法律知识,以指导社会公民提高法律意识与法制观念。

其二,广大教育工作者和受教育者要结合自身的工作、学习实际,深入持久地学习教育法规。教育工作者和受教育者是执法、守法的主体。他们如何珍惜自己的教育权利,如何自觉地履行教育义务,如何自觉地运用教育法律保护自己正当的权益以及同违法行为作斗争,这都同样首先取决于他们自身对法的认识与理解。为此,一方面对广大教育工作者来说,应该认真学好统领各项教育工作的大法,如《教育法》、《教师法》等;另一方面要结合工作实际,有针对性地学好相关重要教育法规。如高等教育工作者要特别认真学好《高等教育法》,实施义务教育的工作者要特别认真学好《义务教育法》等,这样把普遍地学习教育大法与有针对性地学习重要教育法规有机结合起来,以此增强不同类别(级别)的教育工作者自觉履行应尽教育职责的自觉性。

其三,面向社会普及教育法律知识,提高全民教育法律意识。教育事业是全社会的公共事业。教育事业不仅涉及各个家庭也涉及各种社会机构和团体,教育事业与社会各类事业发生着深刻的联系。加强教育法制建设,决不仅仅是教育部门自身的工作,同时也是全社会甚至是全民的共同任务。学习教育法规、普及教育法律知识因而也应该成为全社会、全民的必需。比如《义务教育法》的应用范围涉及千家万户,所以应让所有适龄儿童的家庭、家长及其他监护人学习这一法规,以便明确自身应负的法律责任与义务。教育的各项重要法规,应该让更广泛的团体与民众学习它、掌握它。只有面向社会不断普及教育法律知识,才能不断提高全体公

民的教育法律意识,从而不断开创依法治教的新局面。

注

①④⑤《中国大百科全书·法学》,中国大百科全书出版社 1984 年 9 月版,第 88、712、50 页。

② 陈桂生:《什么是教育立法,为什么要教育立法?》,《红旗》1985 年第 17 期。

③《马克思恩格斯全集》第 4 卷,人民出版社 1958 年版,第 121—122 页。

⑥ 1958 年 9 月 19 日《中共中央国务院关于教育工作的指示》,《人民日报》1958 年 9 月 20 日。

第二章
我国教育法规的
体系与特征

从回顾我国教育法制建设的历史进程入手,在正确理解和把握教育立法与民主法制建设、教育立法与教育改革和发展相互关系的基础上,深入分析我国现行教育法规的体系结构与基本特征,进而研究教育法规的适用和遵守等实施环节上的问题,对于提高教育立法质量,构建并完善我国教育法规体系,对于全面推进教育法制建设,依法保障和促进教育改革和发展,都具有十分重要的意义。同时,这也是学习有关教育法规的基本知识,从总体上把握教育的精神实质的基础和前提。

第一节 我国教育法规的体系结构

改革开放以来,我国的教育立法有了很大的进展,相继出台了一系列教育法规。从立法情况看,教育已经成为除经济活动以外立法最多的领域。1980 年以来,全国人大或人大常委会制定了八部教育法律,国务院颁布了 15 项教育行政法规,国家教育行政部门发布了近 70 项教育规章,省级人大、政府制定了许多地方性教育法规或规章。我国已初步形成了以《教育法》为核心,以教育单项法为骨干,内容比较完备、结构比较合理的有中国特色的社会主义教育法规体系的基本框架。可以说,教育法制建设已经具备了坚实的基础,教育事业的改革和发展方向明确,基本做到有法可依。但是,与教育体制、经济体制和政治体制的改革需要相比,教育法制建设应当继续加强,教育立法质量有待于进一步提高。中共中央、国务院1993 年在《中国教育改革和发展纲要》中提出:"要抓紧草拟基本的教育法律、法规和当前急需的教育法律、法规,争取到本世纪末,初步建立起教育法律、法规体系的框架。"那么,什么是我国教育法规的体系?构成我国教育法规体系结构的框架又是怎样的呢?弄清这些问题无疑有助于我们洞察教育法规的全貌,从总体上把握依法治教的依据。

一、教育法规体系结构的涵义

所谓教育法规,从法理学的意义上讲,是指国家制定或认可并由国家强制力保证实施的教育活动的法律规范体系,以及实施这种法律规范所形成的教育法律关系的行为准则和法律秩序的总和。所谓教育法规体系,通常是指教育法规依据法理学原理,按照一定的原则,组成一个门类齐全(构成一张"疏而不漏的法网")、结构严谨(单行法划分合理,法的效力等级明晰;实体法与程序法相互配套)、内部和谐(力戒彼此矛盾或相互重复)、体例科学(基本概念、逻辑准确,法的名称规范,生效日期、公布方式适宜)、协调发展(如,教育法规与教育政策、教育法规与教育改革协调一致)的整体。覆盖我国各级各类教育和教育主要方面的不同等级、不同效力的教育法律规范,总是按照一定的纵向、横向联系构成总体框架,这就是我们通常所说的教育法规体系结构。

1. 教育法规的纵向结构

从教育法规的纵向构成上看,由于教育法规的立法权限和立法程序的不同,教育法规的适用范围和效力也不同。按其不同的适用范围和效力等级,可从纵向上将教育法规分为以下几个层级:

一是与国家宪法相配套,对整个教育全局起宏观调控作用的教育基本法,即《教育法》。教育基本法是依据宪法制定的调整教育内部、外部相互关系的基本法律准则,有人将其称为"教育的宪法"或教育法规的"母法"。1995 年 3 月 18 日由第八届全国人大三次会议审议通过的《教育法》,是我国教育事业改革和发展的根本大法,它规定了我国教育的基本方针、基本任务、基本制度以及教育活动中各主体的权利、义务等,也是制定其他教育法规的基本依据。

二是与《教育法》相配套的单行教育法,以及其他与教育相关法律中的条款。教育单行法是根据宪法和教育基本法确立的原则制定的,用于调整某类教育或教育的某一具体部分的教育法规。我国先后制定并公布实施的其他教育单行法有七部:分别简称为《学位条例》、《义务教育法》、《教师法》、《职业教育法》、《高等教育法》、《国家通用语言文字法》和《民办教育促进法》。

这里需要说明的是,《学位条例》、《义务教育法》和《教师法》的制定和施行早于《教育法》,但不能据此认为这三部单行法比《教育法》的层次高一些。之所以先有子法,后有母法,这是我国教育法规建设在特定历史条件下贯彻"急用先立"原则的产物。

《国旗法》、《残疾人保障法》和《未成年人保护法》等其他相关法律也有涉及教育的条款。这类相关法规条款,也属于教育法律的范畴,其效力仅次于教育基本法。

此外,全国人民代表大会或人大常委会制定的有关教育方面的决定、决议等有法律效力的规范性文件,也属于教育法规的范畴。如,1985 年第六届全国人民代表大会常务委员会第九次会议通过的关于教师节的决定,即属此类。

三是与教育法律和其他法律相配套的,由国家最高行政机关(即国务院)制定、发布的教育行政法规。我国宪法规定,国务院作为国家最高行政机关有权"制定行政措施,制定行政法规,发布决定和命令"。我们通常所说的教育行政法规专指国务院根据宪法和教育法律制定的有关教育方面的规范性文件。新中国成立初期至1965年,由国务院公布或经国务院批准由教育部发布的教育行政法规共有50多项。如,1961年至1963年,中共中央批准发布的《高教六十条》、《中学五十条》、《小学四十条》等重要规范性文件,也属于教育行政法规的范畴。

教育行政法规的名称可分为三类:(1)对某一方面的行政工作作较为全面、系统规定的,称"条例"。如,1989年8月20日经国务院批准,以国家教育委员会令第4号颁发的《幼儿园管理条例》;(2)对某一项行政工作作部分规定的,称"规定"。如,1986年4月28日国务院印发的《征收教育费附加的暂行规定》;(3)对某一项行政工作作比较具体规定的,称"办法"或"细则"。如,1982年2月29日经国务院批准,以国家教育委员会令第19号发布的《义务教育法实施细则》,1978年11月发布的《国务院关于扫除文盲的指示》,1984年12月发布的《国务院关于筹措农村学校经费的通知》等。教育行政法规的内容广泛,是在全国范围内具体实施宪法和法律的重要的法的依据。教育行政法规的地位和效力低于宪法和法律,高于地方性教育法规和其他规范性文件。

为了使党和国家的教育方针、政策得到及时贯彻,党中央和国务院就一些重要问题联合发布的指示和决议,是一种具有法规作用但又不具有完备法律形式的规范性文件。它同属于法的渊源之一,可以将其看做是一种形式或内容不够规范的特殊形式的行政法规。如,1980年12月3日由中共中央、国务院印发的《关于普及小学教育若干问题的决定》,1993年2月13日由中共中央、国务院印发的《中国教育改革和发展纲要》等。

四是部门教育规章。部门教育规章是指国务院所属各部、委根据法律和行政法规,在本部门权限内单独或与其他部、委联合发布的有关工作命令、指示、实施细则等规范性文件。其效力虽低于国务院制定的行政法规,但在全国有效。部门教育规章通常由教育部部长以教育部令的形式签发,或由教育部会同国务院其他部委以联合令等形式发布。其常用名称为:规定、办法、规程、大纲、标准、定额等。部门教育规章是执行教育法律、行政法规的具体办法,也具有一定的强制性。

五是地方性的教育法规和政府规章。

(1)地方性教育法规

省、自治区、直辖市的人大或其常委会,依照宪法第一百条、地方各级人民代表大会和地方各级人民政府组织法第七条的规定,可在不与宪法、法律和行政法规相抵触的前提下,有权制定、颁发地方性法规,报全国人大常委会备案。地方性教育法规是我国教育法的重要渊源之一,是为贯彻国家的教育法律和教育行政法规而制定的。地方性教育法规一般称为条例、规定、实施办法、补充规定等。如,全国绝大多数省、自治区、直辖市为贯彻执行《义务教育法》、《教师法》而制定的本地区实施义务教育法和实施教师法的办法,以及部分省、市在《职业教育法》颁布前后制定的《职业技术教育条例》等。

根据地方组织法规定,省、自治区、直辖市人民政府所在地的市或经国务院批准设立的较大的市人民代表大会,根据本市具体情况和实际需要,在不与宪法、法律、行政法规和本省、自治区、直辖市的地方法规相抵触的前提下,也可制定地方性教育法规,经省、自治区、直辖市人大或其常委会批准,在本市区域内生效,它属于本省、自治区、直辖市人大或其常委会制定的地方性教育法规的下一个层次。

这里需要明确的是,地方性教育法规的制定和颁行,要遵循下述三条原则:第一,不得与宪法、法律、行政法规相抵触,具有从属性;第二,只在本行政区域内有效,具有区域性;第三,在调整对象、权利义务、罚则等方面规定比较具体,具有较强的针对性和可操作性。

(2)政府教育规章

省、自治区、直辖市人民政府根据有关法律法规,在自身权限内发布的调整教育行为的规范性文件,称为政府教育规章。有的将国务院所属部委制定的部门教育规章和省级人民政府制定的政府教育规章,统称为教育行政规章。

无论是部门规章还是政府规章,其数量很大,调整的范围也很广泛。从广义的教育法的涵义讲,特别是从行政法的范畴看,这类教育规章是教育法规的一个重要形式。人民法院、检察院可以参照教育行政规章,审理涉教案件。教育行政规章与教育法律、教育行政法规的不同之处就在于,教育行政规章行政约束力更强些,且更多的是通过行政措施加以实施的。

上述五个层级在总体上呈现一种由高而低、按序分列的态势。但在宪法和教育基本法之下的各种层级中,也有相互包容、相互渗透的一面。例如,政府教育规章同教育行政法规、地方性教育法规之间似有双重从属关系,而部门教育规章与地方性教育法规之间似无从属关系。

上述五个层级之间的关系,我国宪法及有关组织法未作明确的界定。如果各个层级自身或相互之间对同一事项的规定不一致时,该如何处理? 根据2000年3月15日第五届全国人民代表大会第三次会议通过的《立法法》所作的规定,解决的办法是:①教育法律之间对同一事项的新的一般规定与旧的特别规定不一致,不能确定如何适用时,由全国人民代表大会常务委员会裁决;②教育行政法规之间对同一事项的新的一般规定与旧的特别规定不一致,不能确定如何适用时,由国务院裁决;③地方性教育法规与政府教育规章之间不一致时,由有关机关依照下列规定的权限分别情况作出裁决:第一种情况是,同一机关制定的新的一般规定与旧的特别规定不一致时,由制定机关裁决。第二种情况是,地方性教育法规与部门教育规章之间对同一事项的规定不一致,不能确定如何适用时,由国务院提出意见,国务院认为应当适用地方性法规的,应当决定在该地方适用地方性法规的规定。国务院认为应当适用部门规章的,应当提请全国人民代表大会常务委员会裁决。第三种情况是,部门教育规章之间,部门教育规章与地方政府教育规章之间对同一事项的规定不一致时,由国务院裁决。

2. 教育法规体系的横向结构

教育法规横向结构,是指按照它所调整的教育关系的性质或教育关系的构成要素不同,划分出若干个处于同一层级的部门法,形成教育法规调整的横向覆盖面,使之在横向构成上呈现出门类齐全、内容完整、互相协调的态势。

人们对教育内部和外部各种教育关系构成要素的认识不同,判别教育法规横向构成的种类所采用的标准不同,以致对教育法规的横向结构的表现形式作出不同的划分。此外,需要注意的是,有时一种教育法规的内容作用于几个领域,也导致教育法规横向构成的分类很难避免交叉重复的现象。从目前情况看,可将我国教育法规按横向结构的表现形式分成以下六类:

(1) 教育基本法;

(2) 规范教育行政管理权限和动作方式的教育行政组织法;

(3) 规范学校举办者行为的学校教育法;

(4) 规范教师、学生行为的教职学员法;

(5) 规范实施教育的经费保障的教育经费投入法;

(6) 规范学校设备必需额度及其标准的教育设备法。

上述第三类"学校教育法",又可细分为:基础教育法规(如其中的《义务教育法》等)、职业教育法规、高等教育法规、成人教育或称社会教育法规、特殊教育法规等。

也有人将教育法规的横向结构分为以下八大类:

(1) 教育基本法;

(2) 义务教育法;

(3) 职业教育法;

(4) 高等教育法;

(5) 成人教育或社会教育法;

(6) 学位法;

(7) 教师法;

(8) 教育经费投入或教育财政法。

由上可见,对教育法规从横向构成上进行统一的分类,是一个较为复杂的问题,需要作更深层次的研究。当然,划分教育法规的种类数量可多可少,关键在于充分兼顾相互关系的协调、和谐,且能涵盖教育主体关系的主要部类和方面。

二、我国教育法规体系结构的构建动态

构建我国教育法规的体系结构,是一项系统工程,有一个较长过程,只有在动态发展中逐步加以整合,方可使之渐臻完善。我国教育法规的动态发展,表现在教育法规在整个社会法规体系中地位的变化上。

从教育法规的纵向体系结构上看,新中国成立伊始至 60 年代初期,教育法规的内容比较单一,层级划分也不够明晰,通常是对新型教育制度、教育方针和目的作出原则规定;从教育法规的横向结构上看,在一个较长时期内,教育法规从属于一般行政法规,是行政法的一个小类。进入 80 年代以后,随着教育事业的快速发展,教育关系主体日益广泛和多样化,教育概念的内涵和外延也都有较大的更新和扩展,教育立法的步伐日益加快,教育法规的数量明显增加,我国教育法规作为一个独立的法律部门的条件已经具备。经过近 20 年的努力,我国教育法规作为一个独立的部门,其体系结构框架已基本形成。

应该看到,我国现行教育法规以特有的教育关系作为调整对象,具有特有的法律主体关系和法律基本原则,并有相应的实施方式。因而,它在整个社会法律体系中,已经成为一个不可或缺的独立的法律部门。事实上,近年来教育法规调整的面越来越宽,涉及教育事业的众多领域;调整的层次越来越深,涉及教育活动的各个环节;调整的力度越来越强,有效地影响着调整对象的行为。教育法规自身体系结构的形成,及其在现代社会法律体系中地位的确立,对教育法制的建设,对社会法律体系的完善和发展,对于引导、规范、促进和保障教育改革的深入和教育事业的发展,已经并将继续发挥极其重要的作用。

第二节 我国教育法规的基本特征

在明确我国教育法规体系结构的基础上,我们进而分析我国教育法规的基本特征。为此,我们先行分析教育法规与党的教育政策及其与其他法规的关系。

一、教育法规与党的教育政策的关系

1. 教育法规与党的教育政策的联系

教育政策是一个政党和国家为实现一定历史时期的教育发展目标和任务,依

据党和国家在一定历史时期的基本任务、基本方针而制定的行动准则。党的教育政策对教育事业的运行与发展具有强烈的现实针对性,起着普遍的指导作用。

教育法规与党的教育政策的内在联系,主要体现在两者之间的相互影响、相互转化的关系上。中国共产党是执政党,宪法规定了党在国家的包括教育事业在内的社会事务中的领导地位,这是任何时候都不能动摇的一个基本原则。而坚持中国共产党对教育工作的领导,重要的是通过党和政府制定的教育政策在教育战线的贯彻执行来体现。党的教育政策经过一段时间的贯彻执行,经实践验证之后,最终要依靠国家立法机关,按照法定程序,上升为教育法规,以法的形式固定下来,使教育政策具有相对持久的普遍的效力,并由国家的强制力来促进其贯彻实施。也就是说,教育法规能够集中反映党和国家在教育方面的主张和意志,是教育政策的定型化、规范化。新中国成立 50 年来的历史经验证明,将党的教育政策与教育法规结合起来加以认真贯彻实施,是教育事业发展的可靠保障。

江泽民同志说:"坚持党的政治领导,一个基本的方面就是要坚持使党的主张经过法定程序变成国家意志,通过党组织的活动和党员的模范作用,带动人民群众实现党的路线、方针、政策。国家的宪法和法律是人民意志的体现,也是党的主张的体现。执行宪法和法律,是按广大人民群众的意志办事,也是贯彻党的路线、方针、政策的重要保障。"①江泽民同志的这段话,通过深刻分析党的政策、人民的意志与国家法律三者之间的关系,阐明了它们的内在联系。从实际情况看,教育工作中各种实际问题的解决,既需要教育法规为保障,也需要党和国家的教育政策为指导。

我国的教育法规与党的教育政策相辅相成,缺一不可,二者之间存在着内在的、本质的联系。二者的内在联系反映在:第一,有些规定既是党的教育政策的内容,同时又是教育法规的条文。比如,教育法规中有关教育方针、教育制度的表述,都有相应的政策背景,都是由党的教育政策转化而成的。之所以出现这样的情况,是因为党对教育工作提出的主张或举措,从根本上体现了人民群众的共同意志和愿望。第二,制定和实施教育法规是党通过国家政权贯彻党的教育政策的基本手段和途径。党的教育政策要想获得国家强制力来推行,就必须将其上升为国家意志,转化为教育法规。第三,通过贯彻党的教育政策,有助于树立法治权威,保障和促进教育法规的实施。

如果把党的教育政策与教育法律割裂或对立起来,认为贯彻党的教育政策是实现教育工作法制化、规范化的障碍,由此否定执行党的教育政策对实施教育法规的指导和促进作用,这是错误的认识,其错误在于否定了二者在本质上的一致性;反之,把党的教育政策与教育法规等同起来,认为政策可以替代法规,低估法规的作用,也是一种错误的观点,其错误是忽视了二者在表达形式、制定程序和效力上的差异性。

2. 教育法规与党的教育政策的根本区别

党和国家的教育政策与教育法规既有深刻的内在联系,同时又有明显的区别。二者的相互区别在于:

(1)基本属性不同

教育法规是由国家制定的,具有国家意志的属性;而党的教育政策一般不具有国家意志的属性。

(2)制定方式和约束力不同

教育法规由国家制定和认可,依其层级的不同,在一定范围内具有普遍的约束力。党的教育政策则由党的领导机关制定,是对教育工作全局的协调与统揽,具有多样性、指导性等特点。党的教育政策可在贯彻执行中不断加以完善,具有普遍指导意义,其本身不具有国家意志和普遍的约束力。要使党和国家的政策具有普遍的约束力,必须把它上升为国家意志,转化为法规。这正是列宁曾经说过的,在党的代表大会上是不能制定法律的。

(3)制定的程序不同

教育法规必须严格依照法定程序进行;而党的教育政策是通过党的领导机关会议等形式,在充分展开民主讨论、广泛征求意见的基础上,通过集中、研究形成的。

(4)表现形式不同

教育法规制定以后,通常以条文形式出现,它作为法律规范有着特殊的形式,对法规的适用条件和具体情况、具体行为规则以及违反者所应承担的后果作出确切的表述。在语言表达方式上,法规条文一般都是直接陈述句,且主谓分明,语意清晰,使人们一看就明白谁必须做什么,谁不得做什么,谁可以做什么;而党的教育政策的表现形式多样,不拘一格,且大多数较为原则,突出指导性,富有号召力,一般说来不具有法的严格条文化的形式,不包括制裁等内容。

(5)实施方式不同

教育法规以国家强制力保证实施,它不是可做可不做,而是必须做或禁止的行为。也不是可以这样做或可以那样做,而是必须这样做不能那样做的行为。不按法律规范做的,则应承担相应的法律责任;而党的教育政策的贯彻执行,更多的靠宣传教育、靠思想政治工作,靠党组织的领导干部、工作人员和行政机关的公务员作用的发挥,其强制力是有一定限度的。

(6)稳定程度和调整范围不同

教育法规一般是在总结贯彻党和国家的教育政策的做法和经验的基础上,广泛集中了群众智慧和意见之后确定下来的,它不宜随意变动,具有较强的长期性、稳定性。教育法规一般是就教育活动的根本方面和教育的基本关系加以约束、规范，其调整的范围比教育政策调整的面要小一些。而党的教育政策则随着教育工作形势、任务的变化而需要适时作出调整、修订。教育政策制定的灵活性和及时性还决定了教育政策调整的范围更广泛，它可以及时渗透到教育领域的各个方面，发挥其调节、导向作用。

3. 教育法规的实施与教育政策的执行

如前所述，在教育工作中，我们必须严格执行党和国家的教育政策。而在严格执行教育政策的同时，还必须遵守国家的教育法规。宪法规定："任何组织或者个人都不得有超越宪法和法律的特权。""一切违反宪法和法律的行为，必须予以追究。"

要正确处理好实施教育法规与执行党的教育政策的关系，必须注意以下几点：

（1）制定和实施教育法规应以党的教育政策为指导

教育政策不仅指导教育立法的过程，体现在教育法律规范之中，而且也指导着教育法规的实施。在一些教育法规中，常列有"总则"部分，这部分的某些条文的实质就是政策性的说明。如，《教育法》、《职业教育法》中关于立法宗旨的表述，同中共中央印发的关于教育体制改革的决定和颁布的关于加强社会主义精神文明建设决议中提出的提高全民族素质的根本指导思想及其有关原则都是一致的。

（2）贯彻党的教育政策应以教育法规为保障

将党的教育政策上升为教育法规，成为人们理解和执行教育政策的规范，则排除了理解和执行政策中的主观随意性，即不以党和国家行政机关领导人的更换及其个人注意力的转移而受到影响，从而使教育法规成为推动教育政策贯彻落实的保障，成为实践教育政策的最强有力的手段。离开了教育法规，许多教育政策就难以得到很好的落实。

（3）推行党的教育政策不能超越教育法规所规定的范围

尽管教育法规的制定和实施应当以党的教育政策为指导，但这并不意味着教育政策可以随意左右教育法规的制定或超越教育法规规定的范围。在贯彻落实党的教育政策时，必须自觉维护教育法规的尊严，必须有助于教育法规的实施。目前，我国教育法规尚不完备，在有些方面还存在有政策而无法规的状况，再加上教育上的有些问题无法也无须都用教育法规加以规范，遇到这种情况时，要坚持有法依法、无法依政策的原则。我国《民法通则》规定："民事活动必须遵守法律，法律没有规定的，应当遵守国家政策。"在一定的历史时期内，党的教育政策在对教育事业进行宏观调控方面发挥着十分重要的作用。

二、教育法规与其他法规的关系

教育法规是整个社会法规的一个分支。教育法规的创建和发展，往往是以已有的社会立法为基础,并吸收和利用了其他学科的理论研究成果。因此,教育法规与其他社会法规有着密切的关系。

1. 教育法规与一般法规的关系

宪法、行政法、民法、刑法等,属于一般法规。教育法规是从作为一般法规的行政法中直接分离出来的,成为一个独立的法律部门。这说明教育法规超出了一般法规所涉及的范围,而以教育领域特有的社会关系,即教育关系作为调整对象,形成了独立的法律规范、法律理论及其体系框架。与此相适应,教育法规同一般法规之间,不仅有共同的理论基础,而且吸收了一般法规的某些方面的研究成果。比如,一般行政法规,是关于行政权的授予、行政权的行使和运作进行监督的法律规范的总和。一般行政法规主要是调整、规范在国家行政管理活动中国家机关之间,国家机关同企业、事业单位、社会团体之间,国家机关同公民之间发生的关系。而在教育行政活动中,教育行政机关同上述其他方面也会发生往来关系。所以,教育行政部门还应当依照行政法规中的有关法律规范来调整某些方面的关系。从一定意义上讲,教育行政法规是一般行政法规的一般原则与教育运作及其管理的法律规范相结合的产物。

2. 教育法规与其他法规的关系

教育法规的施行,对于依法解决教育领域中的各类问题提供了法律依据和保障。但是,现代意义上的教育是一个开放的系统,与其他社会关系主体有着千丝万缕的联系。因此,除教育法规外,劳动法、经济法、国旗法、兵役法等,都与教育活动紧密相关,都有涉及教育的条文。据不完全统计,在我国现行法律、法规中涉及教育的法规约150项、200多条款。以劳动法为例,它就调整社会主义劳动关系,保护劳动者的权益,提高劳动者履行义务的自觉性,不断提高劳动生产效率和工作效率,逐一作出了规定。而广大教师及教育工作者是社会主义劳动者的一部分。所以,有关教师的劳动问题,也属于劳动法规调整的范围。然而,教师资格的认定、职务的评聘、教学与学术研究等活动,又不同于其他行业的劳动者,显示出教师职务与教师劳动的特殊性,这些只有通过诸如《教师法》和《教师资格条例》、《教师职务条例》等单项教育法规来调整和规范。由此可见,教育法规与其他相关法规之间相互交叉、渗透,存在着相互补充的关系。

三、我国教育法规与一般法规所共有的特性

1. 教育法规是调整教育法律关系和规范教育法律秩序的规则

人类的社会生活要求每一个社会成员都必须遵守一定的社会行为规范。而规则正是通过对行为的作用来调整社会关系的。从教育法规本体形式看,它是一种调整教育法律关系的行为规范和规范教育法律秩序的规则。以《教育法》为例,其

本体就是教育活动中一系列行为规范和法律秩序的总和。就《教育法》实施情况而言，不通过行为控制，就无法调整和控制教育主体关系。尽管这种行为规范作用的方式可以有所不同，即它对不同的行为的影响力各有差异，但是，我们可以将其规范作用概括为指引、预测、评价、警示四个方面。即，《教育法》不仅对教育活动中国家、学校、社会、家庭等各个法律关系主体的行为方向起到导向、引路的作用，同时又明确规定了各主体的行为规范，还规定了行为条件及其引起的后果，这样，才能发挥它的评价作用、预测作用和警示作用。这种特殊的规范性不同于我们通常所见的政策性文件的一个突出特点，就是在它的规范作用上包含了规范教育和规范强制的双重意义。

2. 教育法规是由国家制定或认可的国家意志

制定和认可，是法的创制的两种方式，任何教育法规的产生概莫能外。所谓国家制定，是指特定的国家机关依照法定程序制定并颁布成文法的行为；所谓国家认可，是指特定的国家机关根据国家需要赋予社会上已经存在的某种公共生活准则以法律效力。同时，认可还包括通过加入国际组织、承认或签订国际条约等方式认可国际法规，以及特定的国家机关对具体案件的裁决作出概括而产生的规则与原则，并赋予这种规则与原则以法律效力等两种方式。法的来源标明了法与非法的界限。因此，凡不是由国家制定或认可的教育行为规范，包括政策性文件在内的任何一种行为规范（如，教育学中提出的教学原则等），都不在教育法规之列。

3. 教育法规是以国家强制力保证实施的行为准则

教育法规的实施是由国家的强制力保证的，如果没有国家强制力作后盾，那么，再好的教育法规在许多方面也会变成一纸空文。这是因为，如果违反教育法规的行为得不到惩罚，教育法规所体现的意志也就得不到贯彻落实和保障。这里所说的国家强制力是指国家的军队、警察、法庭、监狱等有组织的国家暴力。借助国家强制力是教育法律规范与其他社会道德规范的重要区别所在。比如，即使教育政策、道德规范等在实施过程中有时也带有一定的强制性质，但这与实施教育法规所依靠的国家强制力在本质上是截然不同的。

关于教育法规的强制性，有几点需要说明：一是这种强制性只有在行为人违法时才会降临到行为人身上，而不是说在教育法规实施过程的任何时候都需要直接动用强制手段；二是国家强制性不是教育法规实施的唯一保证力量，教育法规实施也要依靠说服、教育等多种途径和诸如道德、经济、文化等多种因素的作用；三是不能把教育法规的强制力完全等同于诉诸武力；四是教育法规的强制性特别是限制行为人人身自由的处罚，必须是以法定的强制措施和制裁的方式为依据，并由专门的司法机关执行。

4. 教育法规是以权利义务双向规定作为其调整的机制

首先,权利和义务构成教育法规的具体内容。教育法规中的权利和义务具有确定性和预测性,它明确无误地告诉行为人应该如何行为,不该如何行为以及必须怎样行为;同时,行为人可以根据它来预先估计自己与他人之间的行为,并预见到某种行为的后果以及所要承担的法律责任,等等。其次,教育法规中的权利和义务是双向的,只要规定了权利,就必须规定义务。权利意味着获取,而义务则意味着付出。前者以其特有的利益导向和激励机制作用于人的行为,它体现了人们在社会生活中的地位及其相互关系,反映着法规调整的文明程度。这种通过权利和义务的双向规定来影响人们的意识并调节有意识的活动,就是教育法规的利导性。

四、我国教育法规自身独有的特征

我国教育法规自身独有的特征,集中反映在以下五个方面:

1. 遵循教育的自身独有的规律与顺应市场经济的要求相结合

在教育法规中确立的有关教育管理体制、办学体制、教育基本制度和原则等,必须合乎教育内在规律,这是教育法规的一个基本特点,也是在教育立法过程中必须遵从的基本要求。同时,我国教育法规中又坚持了社会主义方向、原则,并且及时吸取在市场经济条件下深化教育改革、发展教育事业的成功的做法和经验。如在教育投入上,逐步形成政府财政拨款为主,辅之以社会各方面集资、捐资办学等多渠道增加教育经费的格局。这样,就使遵循社会主义教育的自身规律与推进市场经济条件下的教育变革有机结合起来,从而构成了我国教育法规的一个突出特点,或称中国特色。这样做的最终目的是有效地规范教育活动,引导和促进市场经济条件下的教育改革和发展。

2. 系统性与独立性相结合

从法理学上讲,作为一个完整、成熟的部门法,应当具有较强的系统性,从体系框架的形成,到具体法规的出台,必须通盘考虑,精心谋划,并认真付诸实施。但是,由于我国教育法制建设起步较晚,加上十年浩劫的耽搁,与一些发达国家比较,差距很大。教育立法的任务艰巨,又难毕其功于一役。针对这种情况,邓小平同志生前提出的重要指导思想是,有比没有好,快搞比慢搞好。这就是首先要有,而且要搞得快一些;在此基础上,法律条文开始可以粗一点,逐步完善;修改补充法规,成熟一条就修改补充一条,不要等待"成套配套"。这里所谓"成套配套"是讲法规的完整性,"快搞""先有",是讲法规的独立性。如前所述,我国先有教育单行法规,后才有教育母法,即教育基本法《教育法》,就是系统性与独立性的结合运用。现在看来,这样做,符合邓小平同志的构想,既是实事求是的,又是非常积极的,在方向上是对头的。它使教育立法增强了适应社会经济生活需求和促进教育事业发展的能力。快些起步,紧密结合,避免了在开始起步时,因求全、求细、讲究完整而使教育立法滞后。

3. 原则性与灵活性相结合

之所以有此特点,取决于下列因素:一是我国的教育改革是一场革命,它是逐步向前推进的,并非能一步到位。与之相适应的教育法规在重大问题上,如教育改革走向、人才培养规格等,固然要从长计议、深思熟虑,但在一些具体阶段性目标上,又要有一定的灵活性。如在《教育法》中,对教育投入应占 GNP 的比例,未采用中共中央、国务院有关文件提出的到 20 世纪末达到 4% 的提法,但这并不意味着可以放弃这一规划目标,而是考虑到法规的原则性与灵活性的一致,即教育法规只作原则规定,具体举措等可由党和国家的教育政策来加以细化和规范。二是教育作为一个复杂的系统,涉及广泛的利益关系,面对不同的承受能力,因而只能在协调各方利益、兼顾多方面实际承受能力的基础上进行立法,稳步推进。这样,在某些问题上,既讲原则的坚定不移,又要灵活地加以变通处置。三是中国国家大,情况复杂,既要坚持法规的统一,又要考虑到不同地区、不同层次的差别,因此需要做更多更细的工作。如有的法规先由地方去搞,然后经过总结提高,再上升为国家的法律。有的则是先制定出全国性的统一规定,然后由地方予以具体化。可以说,教育法规的原则性与灵活性相结合,是与推动经济发展、社会进步以及教育改革与稳步前进的实际需要相适应的。

4. 针对性与可操作性相结合

这两者,在我国教育法规中是紧密联系在一起的。教育法规是根据教育事业发展的实际需要而制定的,是调整教育主体关系、规范教育活动的依据,只有增强其针对性,才能起到这种作用,而这种作用又要求教育法规能够实施,即在实际生活中是可以操作的。因此,我国已制定的教育法规是立足于现实、指向具体行为的,并且越来越要求有很强的针对性。法规条文必须是明确的、具体的,可以作为规范来引导、约束人们的行为。对于情况起了变化的,则应及时废止或修改,以反映新的情况,汲取新的经验,确定新的规则,从而体现教育法规的很强的针对性与实际的可操作性的结合。这一特点,在一些地方法规中表现得尤为明显。

5. 立法自主与择优借鉴相结合

世界各国的教育立法经验及其教育法规中的某些内容,是十分可贵的成果,这为我们制定教育法规提供了参照物。尽管由于国情的差异,教育事业的发展会呈现出不同的特点,但是,它运行的基本规律不受国界、地域的限制。所以,别国的教育立法经验及其成果,我们可以也应当加以借鉴,并在实践中加以改造、吸纳。这也是教育法规鲜明地反映时代精神,体现时代特征的必然要求。如,日本的教育法规从内容上看比较完整,立法的技术也有可资借鉴之处。又如,教育与宗教必须相分离,不得以营利为办学的目的等,可谓当今世界各国共同遵循的通则。对此,我国的《教育法》从优选择,大胆借鉴,使之融入相关条文之中。

当然,这种借鉴是有条件、有选择的,而不是盲目行事、生搬硬套,要有自主性。所以,我国的《教育法》既符合中国实际,又表现出较高的国际水准,且使当代教育全球化、现代化的趋势在某些教育法规条文中得到一定的反映。

第三节　我国教育法规的适用与遵守

教育法规的制定和施行,为与教育有关的活动提供了符合规范要求的行为模式。但是,"徒法不足以自行",关键是要通过一定的方式,使教育法规在社会生活中得到具体实施和实现。教育法规的实施,是一种运用教育法规规范,实现其使命的有意识的积极活动;它也是达到立法目的、发挥法规作用的必然途径,是社会主义法制建设的一项重要内容。

教育法规的适用和遵守,是教育法规实施的两种基本方式。

一、教育法规的适用

教育法规的适用是教育法规实施的主要形式。从广义上讲,是指特定的国家机关及其公务员依照其法定职权和法定程序将教育法规应用于具体事项的活动。这种依据教育法规来解决具体问题的活动,是教育法规的行政适用,一般称之为行政执法;而狭义的适用,仅指司法机关在法定的职权范围内,依照法定程序运用教育法规审理涉教案件的活动,是一种司法适用,简称为司法。

教育法规的行政适用,或称教育行政执法,主要是通过各级政府及其教育行政主管部门等,依法作出的具体行政行为来体现。教育行政执法具有严格的法定程序,它必须按照法定的职权和程序活动,否则不仅不能正确适用,甚至可能出现违法行为。教育行政执法具有强制性。此外,教育行政执法一般要作出相应的法律文书,如判决、调解、裁定等法律文书,以表明教育法律关系的形成、变更和消失。

教育行政执法的基本要求有三点:一是正确。指适用教育法规的事实清楚、证据确凿,这是执法的前提和基础。二是合法。指在适用教育法规时,遵守法定要求,严格依法办事,做到处理案件本身合法,办案程序也合法。三是及时。指适用教育法规时,在正确、合法的前提下,做到及时立案,及时办案,及时结案。只有符合以上三方面要求,才能排除在教育法规付诸实施中可能遇到的障碍,切实保障公民受教育权利和义务的实现。

二、教育法规的遵守

1. 教育法规遵守的涵义

所谓教育法规的遵守(习惯上称为守法),是指一切国家机关、社会组织和公民,依照教育法规规定,行使权利,履行义务的活动。教育法规的遵守是实施教育法规的一种基本形式。法规遵守与法的适用虽不尽相同,但在整个法规实施过程中,两者是相互依存、紧密结合的。如果没有统一、公正、具有权威的法的适用为基础,守法的活动就没有制度上的保证;反之,没有普遍、自觉的对于法规的遵守,法的适用也难以达到预期的效果。

2. 教育法规遵守的主体

一切国家机关、社会组织和公民都是守法的主体,都应当无一例外地自觉按照教育法规规范的要求,做出法所要求或许可的行为和不做法所禁止的行为。那种认为教育法规主要是针对教育系统和公民个人的认识显然是错误的。

3. 教育法规遵守的要求

一是国家机关在行使职权、履行公务过程中,其行为内容和方式要符合教育法规要求,既不能权力膨胀、越权行事,也不应权力萎缩、失职渎职;二是国家机关及其公务员在其职权管理以外的社会活动中,必须奉公守法,不得借手中握有的公共权力去谋取私利;三是社会组织和公民在参与教育活动中,必须用教育法规来规范自己的行为,自觉依照教育法规确定的条件、方式、程序保护自己的权益,履行规定的义务。

4. 教育法规遵守的状态

教育法规遵守的状态可包括三种类型:遵守法规的最低状态是不违法犯罪;中层状态是依法办事,违法必究,形成统一的教育法律秩序;遵守法规的高级状态就是守法主体的行为不论是在其外在方面,还是内在动力,都符合教育的精神和原则要求,从而真正实现教育法规调整的目的,形成依法治教、依法兴教的局面。

5. 教育法规遵守的内容

从法的调整方式来看,教育法规的遵守,包括义务的履行、禁令的执行和权利的正确使用。所谓义务的履行,是指每一个教育关系主体自觉做出教育法规所要求或许可的积极行为。比如,按照《义务教育法》规定,提供符合标准要求的校舍及其他教学条件,筹措教育经费,是地方政府应当履行的义务;按时送适龄儿童少年入学并保证其受完法定年限的学校教育,则是学生的家长或其他监护人必须履行的义务。所谓禁令的执行,即,不做教育法规所禁止的行为,一切教育关系主体都必须履行法定义务,做到令行禁止,从而把一切与教育有关的活动纳入规则和秩序范围之内。所谓权力的正确使用,是指执法主体必须依照教育法规的有关条款,在自己的职权范围内,按照法定程序或条件行使职责和权力,使授权性法规规范得以正确施行。如,《教育法》明确提出,学校的设置、变更、停办必须经过批准,如果某个人或某单位申请并经过教育行政部门批准办学,后又不经批准就擅自停办了,这是违法行为;某高校不履行法定的审批手续,擅自印发扩大招生广告并违规招生,这也是违法行为。对这类违法行为,执法部门有权依法给予相应的处罚。

6. 教育法规的违反(违法)

违法,是守法的反面,是指一切不符合法规所要求的超越法规所允许范围的行为。换言之,教育违法就是不履行法定义务或侵犯别人法定权利的行为。

违法有广义和狭义两种理解。广义的违法,指一切违法,包括犯罪在内;狭义的违法,仅指一般违法,不包括触犯刑律的犯罪在内。人们通常使用的违法的概念,是指一般违法。教育法规调整、规范社会关系的特点,以及教育法规调整的范围、对象和调整方式,决定了违反教育法规的违法行为大多数属于一般违法。

7. 法律责任与法律制裁

法律责任是违法者对违法行为及其引发的危害必须承担的责任,即违法者对违法行为所应承担的法律后果。而法律制裁是由国家特定的机关,对违法者依其应负的法律责任实施的惩罚性强制措施。法律制裁是以确认违法行为为前提,同时也是追究法律责任的实际后果。在一般情况下,教育法规依靠人民群众自觉遵守和执行。只有在实施过程中遇到阻碍或者被破坏的情况下,经说服、教育或行政干预无效,才通过国家强制力使之得到实现。但不论其实现方式如何,教育法规都具有必须履行的不可违反的性质。否则,就要承担相应的法律责任,受到相应的法律制裁。

违反教育法规的法律制裁,包括具有纵向隶属特征的教育行政制裁,具有横向平等特征的教育民事制裁和具有刑事犯罪性的教育刑事制裁这三类。后两类可归入教育司法制裁这一大类。其中,刑事制裁是最为严厉的一种法制制裁。

教育行政制裁,主要是指由国家教育行政机关等,对有关单位和个人因违反有关教育行政法规所实施的强制性措施,这也是一种法律制裁。例如,适龄儿童的九年制义务教育,某些公民的扫盲教育等,无论接受者的主观意愿如何,都是必须接受的。对于违者,教育行政可以进行干预,直至实施教育行政处罚,追究其行政法律责任。只是由于违反教育法规的行为,大多属于违反行政法规的行为,所以更多的是给予教育行政制裁。因此,在某些教育行政活动中,其形成的教育行政法律关系的强迫程度,明显弱于其他类型的行政法律关系(如公安行政、工商管理行政关系等)。

依据行政违法事实、实施行政制裁的主体和承受制裁的对象的不同以及行政制裁方法的不同,教育行政制裁可分为以下几种:一是行政处罚,这是由特定的国家行政机关依照《行政处罚法》规定的程序,给予犯有轻微违反教育法规行为而又不够刑事处罚的公民和个人的一种制裁。二是行政处分,这是由国家机关按行政隶属关系给予有违法失职行为的国家公务员或由企事业单位给予有违反教育法纪行为的职员的一种制裁。三是经济处罚,这是对负有责任的个人或组织、单位的一种经济制裁,如罚款。与罚款不同的是罚金。罚金是由人民法院对犯罪分子适用的一种处罚。两者概念不同,不能混用。四是劳动教养,劳动教养是由专门的行政机关对违反教育行政法规规定、危害教育秩序和他人人身安全,但又不构成犯罪的违法行为者,所实施的一种较为严厉的惩罚措施。

教育法规的调整方法具有综合性的特点,即对不同性质的教育法律,要采取不同的追究法律责任的方式。如,对于教育行政法律责任应采取行政命令的调整方式和行政制裁方式;对于教育民事法律责任应采取民事调整方式和民事制裁方法;对于教育刑事法律责任则应采取刑事调整方式和刑事制裁方法。当然,有时在一个教育违法案件中,反映出多种法律责任并存的状况。因此,对共同违法的主体,应根据其犯罪的具体情节和有关教育法规的规定,要求他们分别承担相应的教育行政责任、教育民事责任或教育刑事责任。如前所述,在现实生活中,违反教育法规的行为大多属于一般的违法行为,违法者通常是承担行政责任或民事责任,即主要通过国家行政权力的形式来进行调整、规范。只有少数严重违反教育法规并构成犯罪者,才依照《刑法》追究刑事责任,受到刑罚。如果看不到违反教育法规的这类情况,就认为教育法规是"软法",这显然是一种误解。

注
① 江泽民:《各级领导干部要努力学习法律知识》,载 1996 年 8 月 14 日《人民日报》。

JIAOYUFAGUIDAODU

第三章
《中华人民共和国
教育法》导读

《中华人民共和国教育法》(以下简称《教育法》),于 1995 年 3 月 18 日由第八届全国人民代表大会第三次会议通过,1995 年 9 月 1 日起施行。这是我国教育史上具有里程碑意义的大事。它的颁行,标志着我国已进入全面依法治教的新时期,对我国教育事业的改革和发展以及物质文明、精神文明建设,将产生巨大而又深远的影响。

第一节 概 述

一、《教育法》的立法基础

制定《教育法》是全国人民普遍关心的大事。《教育法》的颁布是时代的召唤,历史的必然。

首先,制定《教育法》是确保教育优先发展的战略地位,促进教育事业健康发展的需要。建国以来,特别是改革开放以来,党和国家十分重视教育事业,明确提出要把教育摆在优先发展的战略地位,大大促进了教育事业的发展。但是,由于多方面的原因,在实际工作中,教育优先发展的战略地位还没有完全得到落实。教育投入不足,教师待遇偏低,办学条件较差等问题普遍存在。这就严重制约着教育事业的发展。为了确保教育优先发展的战略地位,推动教育事业的健康发展,迫切需要制定《教育法》。

其次,制定《教育法》是巩固教育体制改革成果,引导和保障教育体制改革深入进行,建立适应社会主义市场经济教育新体制的需要。改革开放以来,我们在教育体制改革方面积累了许多有益经验,需要从法律上加以确认和巩固。同时,在进一步推进教育体制改革,完善教育行政管理,落实学校办学自主权,加强宏观管理等方面,也需要通过立法加以规范和引导。因此,制定《教育法》,为教育体制改革提供法律依据和保障,显得十分必要。

第三,制定《教育法》是全面实现依法治教的需要。1980 年以来,国家先后制定了《中华人民共和国学位条例》、《中华人民共和国义务教育法》、《中华人民共和国教师法》等法律,国务院制定了有关教育的行政法规,初步结束了教育工作无法可依的局面。但是,这与改革和发展的需要相比,教育立法还处在滞后状态。为了加快教育法制建设,确保教育事业尽快地全面走上法制轨道,迫切需要制定《教育法》。

《教育法》是教育改革和发展关键时期的必然产物,它的诞生经历了长期的孕育过程,有着坚实的立法基础。

第一,邓小平的理论,特别是他的教育思想为《教育法》的制定提供了理论基础。邓小平同志十分重视教育工作,在制定建设有中国特色社会主义的总体发展战略中,始终把教育作为关系社会主义现代化全局和社会主义历史命运的一个根本问题,摆在突出位置。邓小平同志的教育思想是马克思主义教育理论与教育思想在当代的发展,例如,他提出的教育要"三个面向",培养"四有"人才的思想;教育同国民经济社会发展相适应,教育同生产劳动相结合的思想;尊重知识、尊重人才、尊重教师的思想;坚定不移地实行教育改革,全国人民都要支持教育的思想;加强党对教育工作领导的思想等等,这些成为建设有中国特色的社会主义教育体系的指针,为制定《教育法》奠定了理论基础。

第二,《中华人民共和国宪法》为《教育法》的制定提供了立法依据。宪法规定了我国最基本的制度,是国家的根本大法。我国一切法律的制定都要以宪法为依据。宪法规定了我国发展教育事业的基本原则以及公民接受教育的权利与义务。例如,宪法第十九条规定,"国家发展社会主义的教育事业,提高全国人民的科学文化水平","国家举办各种学校,普及初等义务教育,发展中等教育、职业教育和高等教育,并且发展学前教育","国家发展各种教育设施,扫除文盲。对工人、农民、国家工作人员和其他劳动者进行政治、文化、科学、技术、业务的教育,鼓励自学成才","国家鼓励集体经济组织、国家企业事业组织和其他社会力量依照法律规定举办各种教育事业"等等。宪法第四十六条规定,"中华人民共和国公民有受教育的权利和义务","国家培养青年、少年、儿童在品德、智力、体质等方面全面发展"。宪法中的这些条款,为《教育法》的制定提供了立法依据。

第三,《中国教育改革与发展纲要》为《教育法》的制定提供了全面的政策依据。中共中央、国务院颁发的《中国教育改革和发展纲要》,总结了新中国成立以来教育改革和发展的经验,为新时期教育的改革和发展绘制了宏伟的蓝图,是指导我国20世纪90年代乃至新世纪初期教育改革和发展的纲领性文件。它确定的教育改革和发展的主要原则、目标、战略、方针、政策、措施,是制定《教育法》的政策基础。

第四,教育改革和发展的实践为《教育法》的制定打下了良好的实践基础。党的十一届三中全会以来,我国的教育事业有了很大的发展,教育改革不断深入,积累了正反两方面的经验。同时，在教育改革和发展的进程中，也存在着许多问题和困难。《教育法》正是通过立法的形式，对改革取得的成果和经验加以确认和保护。我国的《教育法》，在教育改革和发展的土壤中孕育产生，教育改革和发展的实践，为《教育法》提供了坚实的基础。

总之，《教育法》是从中国的国情出发，立足国内教育实际，借鉴国外教育法的有益经验，历经十余年的调查研究，积集体的智慧形成的一部重要法律。

二、《教育法》的宗旨和适用范围

《教育法》第一条明确揭示了立法宗旨：制定和颁行《教育法》是"为了发展教育事业，提高全民族的素质，促进社会主义物质文明和精神文明建设"。

《教育法》是在我国教育改革与发展的关键时期制定的。江泽民同志在中国共产党的"十五大"报告中明确提出了"科教兴国"的战略，发展教育成为我国一项重要的基本国策。《教育法》的制定使党的教育政策上升为国家意志，为实现依法治教提供了基本的法律依据。这对进一步落实教育优先发展的战略地位，维护教育主体的合法权益都会产生重大而又深远的影响。《教育法》的立法宗旨为我国教育的发展指明了方向。我国的教育是社会主义性质的教育，教育的目的是为了提高全民族的素质，使受教育者成为全面发展的人，从而促进我国的物质文明和精神文明建设。

《教育法》是调整教育关系的法律规范。它的适用范围包括空间效力范围和时间效力范围两个方面。《教育法》的空间效力范围是指《教育法》在什么地域和对什么单位、什么人具有效力的问题。《教育法》第二条规定："在中华人民共和国境内的各级各类教育，适用本法。"这说明《教育法》适用的地域范围限于国内；限于具有法人地位的各级各类学校和其他教育机构，及其中的从事教育工作和受教育的人，包括教师、学生、管理人员、教辅人员和其他专业技术人员。这是《教育法》适用范围的一般规定。对于特殊情况，《教育法》第八十二条规定："军事学校教育由中央军事委员会根据本法的原则规定。"宗教学校教育由国务院另行规定。第八十三条规定："境外的组织和个人在中国境内办学和合作办学的办法，由国务院规定。"就是说，由于这三类学校的特殊性，全国人民代表大会授权中央军事委员会和国务院，对上述三类学校的有关法规另作规定。

教育法的时间效力是指教育法的生效时间、效力终止时间以及对教育法生效前的行为是否适用，即是否具有溯及力的问题。教育法的生效时间通常有两种规定：一是从公布之日起实行，如《中华人民共和国义务教育法》；二是在公布一段时间后再实行。如 1995 年 3 月 18 日公布的《教育法》第八十四条规定："本法自1995 年 9 月 1 日起施行。"这表明《教育法》的时间效力范围在 1995 年 9 月 1 日之后。

三、《教育法》的立法特点

一是全面性和针对性相结合。《教育法》作为教育的基本法,要为其他法律、法规提供立法依据,这就要求《教育法》的内容要尽可能的全面。我国的《教育法》把应当纳入法律调整范围的重要事项如教育的性质、地位、方针、基本原则等,作了全面的规定,充分体现了教育基本法全面性的特点。《教育法》在全面规范和调整各类教育关系的同时,又抓住了现阶段教育改革和发展中的突出问题,作了有针对性的规定。如德育工作;不得以营利为目的举办学校及其他教育机构;教育经费单独列项等。全面性和针对性相结合,既体现了基本法的要求,同时也体现了《教育法》的现实性。

二是规范性和导向性相结合。《教育法》把 40 多年来,特别是改革开放以来,我国教育改革和发展的成熟经验,通过法律规范形式固定下来,如教育管理体制中的分级管理,分工负责;学校的法人地位及自主权;以财政拨款为主的多渠道筹措教育经费体制等,巩固了教育改革和发展的成果。同时,《教育法》也把符合改革和发展方向,但还有待于进一步实践和探索的问题,如终身教育体系的建立和完善,运用金融和信贷手段支持教育事业的发展等,作出了导向性的规定,通过法律手段来保障和推进教育的改革和发展。

三是原则性和可操作性相结合。《教育法》作为教育的根本大法,只能对关系到我国教育改革与发展全局的重大问题,如教育的性质、方针、教育活动的原则等作出原则性的规定,而不可能对具体问题逐一作出规定。但过于原则,则不易操作;不易操作,则难以落实。《教育法》在突出原则性的同时,又注意到实施上的可操作性,特别是法律责任部分,明确了违反《教育法》的法律责任、处罚形式、执法机关等等,加强了《教育法》的可操作性,以保证《教育法》的顺利实施。

四、《教育法》颁行的意义

《教育法》的颁行,是教育立法的重要成就。如果说我们过去的教育工作主要靠政策来调整,靠行政手段来管理的话,那么从《教育法》的施行之日起,就开始转入以法律手段管理教育的新时期。《教育法》的颁行,改变了过去我国教育立法是在没有基本法律的前提下,零星立法、单项推进的状况,使制定教育方面的单行法规可以在《教育法》的指导下进行。《教育法》是教育的根本大法,它在我国法律体系和教育法规体系中占有重要的地位。《教育法》是我国最高权力机关——全国人民代表大会审议通过的基本法。《宪法》是国家的根本大法,《教育法》是《宪法》之下的国家的关于教育的基本法律。《宪法》是制定《教育法》的依据,《宪法》中有关教育的条款具有最高的法律效力,《教育法》不能同其抵触。《教育法》又是一个独立的法律部门,它以教育关系作为调整对象,有着特有的法律关系主体和法律基本原则,并运用相应的处理方式。它与刑法、民法、劳动法等基本法律相并列,处于同等的法律地位。

《教育法》是国家全面调整各类教育关系,规范我国教育工作的基本法律,在我国教育法规体系中处于"母法"地位,具有最高的法律权威。其他单行教育法规都只是调整和规范某一方面的教育关系,或某一项教育工作的,都是"子法"。这些单行教育法规的制定和实施,都要以《教育法》为依据,不得与《教育法》确立的原则和规范相违背。我们要尽快建立起教育法律、法规的基本框架,形成协调一致、层次有序、完整统一的教育法规体系。在这个体系中,《教育法》是统帅,起着统领作用。作为教育法规的"母法",《教育法》将带动已经出台和即将出台的"子法",尽快构建完整的教育法框架,为我国教育改革与发展奠定坚实的法律基础。

《教育法》为教育的改革和发展提供了法律保障,对我国教育事业的发展起着极大的促进作用。

首先,《教育法》对于落实优先发展教育的战略地位提供了法律保障。《教育法》以党的政策为依据,明确规定:"教育是社会主义现代化建设的基础,国家保障教育事业优先发展。"它第一次以法律形式确立了教育是立国之本的思想,这无疑对于落实教育优先发展的战略地位具有重要意义。教育优先发展战略地位的确立,将会使一系列法律措施,特别是教育投入措施得以落实,这就会极大地促进教育事业的发展。

其次,《教育法》对保证我国教育的社会主义方向提供了法律依据。《教育法》规定:"国家坚持以马克思列宁主义、毛泽东思想和建设有中国特色社会主义理论为指导,遵循宪法确定的基本原则,发展社会主义的教育事业。"《教育法》所规定的教育方针指出,教育必须为社会主义现代化建设服务,必须与生产劳动相结合,培养德智体等方面全面发展的社会主义事业的建设者和接班人。《教育法》以法律的形式将我国教育的指导思想、教育方针确定下来,这就从根本上确立了我国教育的社会主义性质和教育事业发展的社会主义方向。

第三,《教育法》对维护教育主体的合法权益提供了法律保障。过去,无论是教育者还是受教育者,权利意识都很淡薄。在教育没有得到应有尊重的情况下,教育关系主体的合法权益常常受到侵害。为了保护各类教育关系主体的合法权益,《教育法》对学校及其他教育机构的权利,教师和其他教育工作者的权利,受教育者的权利,作了法律规定。并对侵犯教育关系主体合法权益的行为,规定了法律责任,以法律手段保障教育关系主体的合法权益。

第四,《教育法》对巩固教育改革成果,促进教育改革深化提供了法律保障。

《教育法》把改革开放以来的教育改革发展成果，通过立法的形式确定下来。同时也把符合教育改革发展方向，还需要进一步探索的问题，也规定了导向性条款，为教育改革的进一步深化和健康发展提供了法律依据。

《教育法》的颁行，是党和国家实施"科教兴国"总体战略的重大举措。它对于促进我国教育事业的发展，推动我国社会主义现代化建设加速前进步伐，具有重大的现实意义和深远的历史意义。

第二节　《教育法》的基本内容（上）

《教育法》涉及面广，内容丰富。有关教育的全局性重大问题，如：我国教育的性质和方针，教育基本制度，各类教育关系主体的法律地位和权利义务，教育与社会的关系，教育投入，教育对外交流与合作，法律责任等，都作了全面规定。全文共十章八十四条。

一、我国教育的性质与方针

《教育法》在总则中，对我国教育的性质、方针和教育活动原则作了法律规定。

《教育法》确立了我国教育的社会主义性质。为什么说我国教育是社会主义性质的教育？第一，我国发展教育的指导思想是马列主义、毛泽东思想和建设有中国特色的社会主义理论。这是我国教育社会主义性质的根本保证。第二，我国教育遵循《宪法》的基本原则，坚持中国共产党对教育工作的领导。这是我国教育社会主义性质的重要表现。第三，我国的教育事业立足于社会主义的经济基础，发展教育的目的是为社会主义现代化建设培养人才。这些都表明我国教育的社会主义性质。

从我国教育的社会主义性质出发，《教育法》规定了我国的教育方针是："教育必须为社会主义现代化建设服务，必须与生产劳动相结合，培养德、智、体等方面全面发展的社会主义事业的建设者和接班人。"

教育方针是国家教育政策的总概括，是教育发展的总方向。教育方针进一步规定了我国教育的社会主义性质；规定了我国教育的目的——培养德、智、体等方面全面发展的社会主义事业的建设者和接班人；规定了实现教育目的的途径是教育与生产劳动相结合。

为了全面贯彻教育方针，《教育法》还规定了教育活动应当遵循的基本原则：对受教育者进行政治思想品德教育的原则；教育应当继承和弘扬中华民族优秀的历史文化传统，与吸收人类文明、发展一切优秀成果相结合的原则；公民依法享有平等受教育机会的原则；国家帮助少数民族、贫困地区、残疾人等发展教育事业的原则；教育活动必须符合国家和社会公共利益，并实行教育与宗教相分离的原则；任何组织和个人不得以营利为目的举办学校及其他教育机构的原则等。这些原则都从不同方面体现了具有中国特色的社会主义教育事业的本质特征。

二、我国教育体系的完善和教育改革

《教育法》在总则中，对我国教育体系的改革与发展作出了明确的法律规定。

1. 建立与完善终身教育体系

现代科学技术的迅猛发展，现代社会生活的急剧变革，导致了人们对教育需求的不断增长。一次性的学校教育，已经不能满足人们知识更新的需要，因而终身教育应运而生。当今，终身教育思想已经成为国际教育改革的重要指导方针，建立与完善终身教育体系已成为国际教育体系改革与发展的共同目标。我们要建立和完善有利于人们终身学习的制度。合理调整教育结构，使各级各类教育各有侧重、优势互补、共同发展。学校要进一步向社会开放，发挥学历教育、非学历教育、继续教育、职业技术培训教育等多种功能。普通教育、职业教育、成人教育和高等教育要加强相互间的衔接和沟通，为学习者提供多次受教育的机会。高等学校和中等职业学校要创造条件实行弹性的学习制度，放宽招生和入学的年龄限制，允许分段完成学业。大力发展职业资格证书教育和其他继续教育，完善自学考试制度。实施现代远程教育，形成覆盖全国城乡的开放式教育网络，为各类社会成员多层次、多形式的教育需求开辟更为广阔的途径，逐渐形成终身教育体系。

2. 积极推进教育改革

《教育法》第十一条规定，"国家适应社会主义市场经济发展和社会进步的需要，推进教育改革"。新中国成立以来特别是改革开放以来，教育事业的改革与发展取得了令人瞩目的巨大成就。但面对新的形势，由于主观和客观等方面的原因，我们的教育观念、教育体系、教育结构、人才培养模式、教育内容和教学方法相对滞后，必须进一步深化教育改革。教育改革涉及到教育领域的方方面面，主要有：

改革办学体制——积极鼓励和支持社会力量办学，形成以政府办学为主体，公办学校和民办学校共同发展的格局。

调整教育体系结构——在确保"两基"的前提下，积极发展高中阶段教育，扩大高等教育规模，大力发展高等职业教育，构建不同类型教育的相互沟通、相互衔接的体制。

改革课程体系和教学内容——高等教育要拓宽专业口径，改革课程结构，加强实践环节，培养创新能力。职业教育要增强专业适应性，开发和编写体现新知识、新技术、新工艺和新方法的具有职业教育特色的课程及教材。基础教育要加强课程的综合性、实践性,重视实验课教学,培养学生的实际操作能力。

改革教学手段和教学方法——大力提高教育技术手段的现代化水平和教育信息化程度。努力搞好多样化的电化教育和计算机辅助教学。

教育改革的主旋律是全面推进素质教育。1999 年 1 月国务院批转的《面向 21世纪教育振兴行动计划》提出了实施"跨世纪素质教育工程"。1999 年 6 月中共中央、国务院颁发了《中共中央国务院关于深化教育改革全面推进素质教育的决定》(以下称《决定》),这个《决定》是全面推进素质教育的指导思想和行动纲领。《决定》指出:为了推进素质教育,必须深化教育改革,为实施素质教育创造条件。一是要着力调整宏观教育结构,拓宽人才成长的道路;二是要加快考试和评价制度改革的步伐;三是要建立符合素质教育要求的教师队伍;四是要大力提高教育技术和手段现代化水平和教育信息化程度;五是要促进教育与经济、科技和社会发展密切结合,使教育在科教兴国中发挥更大作用。《决定》号召全国全社会共同努力,为全面推进素质教育创造良好条件。

三、教育管理体制

《教育法》在总则中,对我国教育管理体制作出了法律规定。《教育法》对于我国教育工作的领导和管理,明确规定由国务院和地方各级人民政府根据分级管理、分工负责的原则进行。这一规定,首要的意义在于明确了国务院和地方各级人民政府对于教育工作具有义不容辞的法律责任。即是说,国务院和地方各级人民政府对于各级各类教育工作的领导和管理,必须按照《教育法》规定的原则进行,如果不能按照这种规定进行,或者因此不能有效地实行对教育工作的领导和管理,那就需要从执法、守法的角度追究责任。将教育工作的领导和管理责任与法律责任相联系,显然是对领导和管理工作的一种强化,同时也使教育工作的领导与管理有了法律要求和法律保障。

《教育法》第十四、十五、十六条对我国现阶段教育工作的分级管理、分工负责体制作了如下具体划分:一是中等及中等以下教育在国务院领导下,由地方人民政府管理;二是高等教育由国务院和省、自治区、直辖市人民政府管理;三是全国教育工作由国务院教育行政部门,即国家教育委员会主管,并对全国教育事业实行统筹规划和协调管理。县级以上地方各级人民政府教育行政部门主管本行政区域内的教育工作。这些规定,形成了我国教育管理体制的层级性特征。它要求从国务院到地方各级人民政府,从国家教育委员会到地方各级教育委员会(或教育局),对教育工作的管理依照法定的范围与权限有序地进行。对教育工作管理的不到位或者越位管理,都是一种违法行为。

四、教育基本制度

新中国成立以来,我国教育制度日渐完善,形成一系列基本制度。《教育法》第二章对我国教育的基本制度作了法律规定。

1. 学校教育制度

学校教育制度简称学制。它规定各级各类学校的性质、任务、入学条件、修业年限以及它们之间的衔接和关系。我国现行学制分为学前教育、初等教育、中等教育、高等教育四个等级。我国已初步建立起普通教育和职业教育两种教育,全日制学校、半工半读学校和业余学校三类学校,政府、企事业组织、社会团体、个人多种形式办学的学制系统。现在国家正在采取切实措施改革教育体制,建立更为完善的学制系统。

2. 义务教育制度

新中国成立以来,我国中小学教育有了很大发展,但是,总的来看,我国基础教育还远远不能适应社会主义现代化建设的需要,因此要大力发展。1986 年,国家颁行了《义务教育法》。《教育法》再一次对义务教育制度给予确定。《教育法》第十八条规定:国家实行九年制义务教育制度;适龄儿童、少年有接受义务教育的权利,各级政府应予保障。适龄儿童、少年的父母或者其他监护人以及有关社会组织和个人,必须履行法定义务,使适龄儿童、少年接受并完成规定年限的义务教育。义务教育制度的实施,必然大大促进我国基础教育的发展,使全民的素质有一个较大的提高,为各民族专门人才的培养奠定良好的基础,为"两个文明"建设创造前提条件。

3. 职业教育和成人教育制度

职业教育是培养学生从事某种职业或生产劳动所需要的知识和技能的教育。它包括职业学校教育、职业培训和职业预备教育。职业教育要求就业的公民必须接受培训。职业教育的培训包括转业培训、学徒培训、在岗培训、转岗培训及其他培训等。

我国的职业教育分为初等、中等、高等三级,和普通教育相互对应。通过改革逐步形成和普通教育相互衔接、共同发展、比例合理的新格局。

成人教育是通过业余、脱产或半脱产的途径,对成年人进行的教育。它是学校教育的继续、补充和延伸,是终身教育的组成部分。成人教育具有多方面的职能,它使未受教育的人们受基础教育;使受过不完全教育的人们补受初等、中等文化教育和职业技术教育;使已经受过相当教育的人们充实新的知识;使任何人根据自己的需要和兴趣,进行学习,发展个性,增长知识才能和道德修养。

成人教育是社会主义教育的重要组成部分。其主要形式有:扫盲识字班、职工学校、农民学校、夜大学、广播电视教育、函授教育、各种短期培训班、各种知识和技术讲座、自学等等，构成从扫盲到高等教育的完整体系。

4. 国家教育考试制度

考试是教育的重要环节。《教育法》第二十条规定："国家实行国家教育考试制度。"国家教育考试制度是由国家授权或批准的，由实施教育考试机构承办的一种考试制度。目前，我国设立的国家教育考试主要有：普通高等学校和成人高校的招生考试，研究生入学考试，中等、高等教育自学考试，中国汉语水平考试，全国外国语水平考试，计算机等级考试，对社会力量举办的高等教育进行的国家学历文凭考试以及教师资格证书考核等等。对各种考试，国家教委制定了相应的考试规则或条例。

5. 学业证书制度和学位制度

《教育法》第二十一、二十二条规定，国家实行学业证书制度和学位制度。学业证书，是指学校及其他教育机构颁发的，证明学生完成学业情况的凭证。它是用人单位衡量持有者知识水平和能力的依据。学业证书有很多种，从学生完成学业的情况来分，可分为毕业证书、结业证书、肄业证书。从学历的有效性来分，可分为学历证书、非学历证书。学历包括小学学历、初中学历、高中学历、中专学历、大学专科学历、大学本科学历、研究生学历。相应学校颁发的毕业证书为学历证书。进修证明、资格证书等为非学历证书。

国家承认学历证书持有者的学历，用人单位按照国家规定给予相应的工资福利待遇。国家不承认非学历证书持有者的学历，用人单位视情况确定其工资和福利待遇等。国家证书的管理和颁发有着严格的规定。普通高校的毕业证书，由国家统一印刷，经省教委审查，再由学校颁发给学生，从而保证高等学历教育规格的质量，维护大学专科以上毕业证书的严肃性及社会声誉。

学位制度是国家或高等学校以学术水平为衡量标准，通过授予一定称号来表明专门人才知识能力等级的制度。学位是评价学术水平的一种尺度。学位的授予建立在严格的科学训练和考核的基础上。

我国的学位分为学士、硕士、博士三个等级。学位学科门类分为哲学、经济学、法学、教育学、文学、历史学、理学、工学、农学、医学、军事学 11 类。国务院设学位委员会，负责领导全国的学位授予工作。学士学位由国务院授权的高等学校授予；博士、硕士学位由国务院授权的高等学校和科研机构授予。

6. 扫除文盲制度

党和政府历来重视扫盲工作。1949—1982 年，全国扫除文盲14 350万人，取得了很大的成绩。然而扫盲任务仍很艰巨，现有的文盲要扫除，更要防止新文盲的产生。

扫除文盲是一项群众性的工作,党和政府动员各方面力量参与这项工作。《教育法》第二十三条设定了四类法律义务主体:一是各级人民政府;二是基层群众性自治组织;三是企事业单位;四是特定公民。扫除文盲是全社会的一项重要任务,是提高全民族素质的一个方面,它直接影响着国家的社会主义现代化建设。

7. 教育督导制度和评估制度

《教育法》第二十四条规定:国家实行教育督导制度和教育评估制度。教育督导制度是县以上各级人民政府,授权给所属的教育部门,对下级人民政府及其教育部门的教育工作进行监督、指导的制度。通过监督、检查、评估、指导等活动,保证国家教育方针、政策、法规的贯彻执行和教育目标的实现。现阶段教育督导的范围主要是中小学教育和幼儿教育。教育督导的基本形式有综合型督导、专项督导、经常性检查等。我国教育督导机构分为国家、省(自治区、直辖市)、地(市、州盟)、县(区、旗)四级设置。各级教育督导机构设专职和兼职督学。督导机构或督学有权列席被督导单位的有关会议;要求被督导单位提供与督导事项有关的文件并汇报工作;对被督导单位进行现场调查,制止违反方针、政策、法规的行为。督导机构或督学提出的意见,被督导单位如无正当理由,应当接受并采取相应的改进措施。督导机构完成督导任务后,应向本级人民政府及其教育行政部门及上级督导机构报告督导结果,提出意见和建议。

目前,我国的教育督导工作已初步打开了局面。但发展很不平衡,有待于进一步发展和完善。

教育评估制度是依据一定的教育目标和标准,对学校的办学水平和教育质量等方面进行评价和估量,以保证办学基本质量的一项制度。评估是一个价值判断的过程,也是完整的科学管理过程的一个重要环节。《中共中央关于教育体制改革的决定》提出了要对"高等学校的办学水平进行评估"的要求。为加强对普通高校的宏观管理,我国已建立起教育评估制度。

高等学校评估主要有合格评估、办学水平评估和选优评估三种基本形式。合格评估是国家对新建普通高校的基本办学条件和教育质量的评估。鉴定结论有合格、暂缓通过和不合格三种。如不合格则责令其限期整顿或停办。办学水平评估,是上级人民政府和学校主管部门对高等学校的办学水平进行的经常性评估。这是政府和学校主管部门对学校进行监督和考核的重要形式。评估的结论分为优秀、良好、合格、不合格四种。不合格者责令其限期整顿。选优评估是在高等学校进行的评比选拔活动。其目的是鼓励优秀,树立标兵,促进竞争,提高水平。高等学校评估制度的实施,对加强高校建设,提高办学水平起着极大的推动作用。关于对中小学教育的评估,地方各级人民政府都有相应的规定。随着我国素质教育的全面推行,在对学校教育进行评估时必须以素质教育的要求为标准,不能以升学率作为评价学校工作的标准,也不能单纯的以分数作为评价学生学习成绩的标准。应该尽快建立起符合素质教育要求的对学校、教师、学生工作成绩的评价机制和自上而下的素质教育评估检查体系。

第三节 《教育法》的基本内容(下)

一、教育关系主体的权利和义务

法与权利、义务不可分。任何法律都是社会成员直接或间接的权利和义务规范。《教育法》对各类教育关系主体的权利、义务作了明确的规定,把教育关系主体的行为纳入法制化、规范化的轨道。

《教育法》第二十八条规定了学校及其他教育机构的基本权利。

一是按照章程自主管理的权利。学校及其他教育机构,有权依照章程自主管理学校。办学章程由学校及其他教育机构自行拟定。国家拟定中小学校示范章程。

二是组织实施教育教学活动的权利。学校及其他教育机构可以根据教学大纲、教学计划和课程标准自主开展教学活动、生产劳动、科技活动、义务劳动等。

三是招收学生和其他受教育者的权利。学校及其他教育机构,在符合国家招生规定的情况下,有权自主决定招收学生或其他受教育者。

四是对受教育者进行学籍管理,实施奖励或者处分的权利。学校及其他教育机构要对学生进行学籍管理,包括学生的入学、注册、考核、升级、降级、转学、转系、休学、复学、考勤、奖励、处分、毕业等。对表现好、学习成绩优秀的学生给予奖励;对犯错误的学生给予批评教育或纪律处分。

五是对受教育者颁发相应的学业证书的权利。学校及其他教育机构,根据受教育者完成学业的情况,按照学业证书管理规定,向受教育者颁发毕业证书、结业证书或肄业证书。

六是聘任教师及其他员工,实施奖励或者处分的权利。学校及其他教育机构,有权聘任教师及其他员工。被聘人员成绩优异者,予以表彰或奖励;不胜任本职工作,或玩忽职守者,进行批评或处分。

七是管理、使用本单位的设施和经费的权利。学校及其他教育机构拥有的教育教学经费和设施,是学校开展教学活动的基本物质保障,学校及其他教育机构有权自主管理和使用。

八是拒绝任何组织和个人对教育教学活动的非法干涉的权利。学校及其他教育机构有权拒绝任何组织和个人在招生和分配等方面的非法干涉；有权拒绝任何组织和个人的乱摊派、乱收费、乱罚款。

九是法律、法规规定的其他权利。学校及其他教育机构的合法权益受法律保护，任何组织或个人侵犯学校及其他教育机构的合法权益，造成损失、损害时，将承担相应的法律责任。

权利和义务是紧密相连的。《教育法》第二十九条规定了学校及其他教育机构应当履行的六项义务。

一是遵守法律、法规的义务。遵守国家法律、法规，是一切国家机关、社会团体、企事业单位和个人的法律义务。在中华人民共和国境内的学校及其他教育机构，都必须遵守中国的法律和法规。

二是贯彻国家的教育方针，执行国家教育教学标准，保证教育教学质量的义务。国家的教育方针和教育标准，有着法律效力，对学校和其他教育机构具有普遍的约束力和强制作用。不执行教育方针和教育标准，主管部门要追究其法律责任。学校和其他教育机构，要努力工作，以保证教育质量。

三是维护教育者、教师及其他职工的合法权益的义务。学校或其他教育机构，对内行使行政管理权时，要尊重教育者、教师及其他职工的合法权益，尽量为教育者和教职工提供良好的工作条件；对外作为一级组织，也应维护教育者和教职工的利益。如大力宣传教师的贡献，努力提高教师地位等。

四是以适当的方式为受教育者及其监护人了解受教育者的学业成绩及其他有关情况提供便利。学校及其他教育机构有责任选择适当方式，如邮寄、家访等，使受教育者及其监护人了解其学习成绩及其他情况。

五是按照国家规定收取费用，并公开收费项目。学校收费要按国家规定，不得乱收费，亦不能擅自提高收费标准。学校应公开收费项目，自觉接受社会监督。

六是依法接受社会监督。学校及其他教育机构要依法接受国家行政机关、教育行政部门的监督，还要接受财政、审计、工商、物价、卫生和体育等部门的监督。

此外，《教育法》还确定了学校的法人地位。凡具有法人条件，取得法人资格的，依法享有民事权利，并独立承担民事责任。

《教育法》对教师和其他教育工作者的权利义务作了原则的规定。《教育法》第三十二、三十三条规定，"教师享有法律规定的权利，履行法律规定的义务"，"国家保护教师的合法权益，改善教师的工作条件，提高教师的社会地位"。在《教育法》的"子法"《教师法》中，对教师的权利和义务作了更明确的规定。

受教育权是我国公民的一项基本权利。切实保护受教育者的合法权益是教育法的立法宗旨之一。《教育法》第一次较全面地规定了受教育者的基本权利和义务。

受教育者的权利是：参加教育教学计划安排的各项活动，使用教育教学设施、设备、图书资料；按照国家有关规定获得奖学金、贷学金、助学金；在学业成绩和品行上获得公正评价，完成规定的学业后，获得相应的学业证书；对学校给予的处分不服，可向有关部门提出申诉；对学校教师侵犯人身权、财产权等合法权益提出申诉，或者依法提出诉讼；法律法规规定的其他权利。

值得注意的是，当受教育者的权益受到侵害时，《教育法》给受教育者以申诉权、诉讼权。对犯错误的学生，学校可视情况给予批评教育或纪律处分，但处分要适当。如果受处分者不服，可以向学校或有关部门申诉。如果学校教师侵犯了受教育者的人身权和财产权，受教育者可依法提起诉讼和申诉。学校和教师应当尊重受教育者的人格，不得体罚学生。对于侮辱人格、严重体罚、残害儿童造成严重后果的，要追究法律责任。

《教育法》第四十三条规定了受教育者应履行的义务：遵守法律法规；遵守学生行为规范；尊敬师长，养成良好的思想品德和行为习惯；努力学习，完成规定的学习任务；遵守所在学校或其他教育机构的管理制度。这些义务性规定，受教育者必须严格遵守执行。

二、教育的社会责任

教育是一种社会现象，它牵动着社会的方方面面，要求全社会负起发展教育的责任。因此，《教育法》辟出专章，对社会各方面参与、支持教育的责任和形式，作了法律规定。全社会都要对我们的下一代负责。人才培养和青少年的成长，不仅需要各级各类学校的努力，而且需要良好的社会环境。要加强社会综合治理和文化建设，抵制各种封建迷信、腐朽思想文化对青少年的毒害。文化艺术部门和大众传播媒介必须以内容健康向上、具有艺术魅力的精神产品教育青少年。严禁淫秽书刊、音像制品在社会上流传。社会公共文体事业，应当向青少年敞开大门，提供方便，实行优待。建立校外教育设施，加强对青少年的校外教育。严厉打击犯罪，优化社会，优化育人环境。加强社区建设，积极创造有利于青少年健康成长的家庭、邻里和学校环境，形成家庭教育、学校教育、社会教育密切结合的良好局面。

社会应当为学生实习、实践活动提供帮助。社会实践活动和实习，是培养学生技能、提高学生素质的重要途径和内容。学校要积极组织学生参加社会实践活动，搞好实习。全社会都应当积极为学生的实习及社会实践活动提供帮助和便利。

未成年人的父母或者其他监护人，应为未成年人接受教育创造条件，并应以健康的思想和适当的方法教育未成年人。引导未成年人进行有益身心健康的活动。预防和制止未成年人吸烟、酗酒、赌博等不良行为。

学校要积极组织学生参加社会公益活动。如义务劳动、拥军优属、学英雄人物、普法宣传、扫盲工作等。让学生在这些活动中,培养劳动观点和公民意识,提高思想道德水平。

总之,《教育法》以法律的形式,保障社会对教育的支持,另一方面也提出了学校要面向社会的要求。教育法第四十八条规定:"学校及其他教育机构在不影响正常教育教学活动的前提下,应当积极参加当地的社会公益活动。"教育呼唤着社会的参与与支持,社会也呼唤着教育适应社会的需要。

国运兴衰系于教育,教育振兴,全民有责。全国各族人民都要从实现祖国富强和民族振兴的高度关心支持教育事业,为繁荣我国教育事业提供深厚的群众基础和社会合力。

三、教育投入

长期以来,教育投入不足、经费紧张,严重制约着教育的改革和发展。发展教育,需要人力、物力、财力的投入,这是常识。一些目光短浅的领导认为:"经济要上,教育要让。"把教育投入视为是一种消费,因而对发展教育缺乏责任心和紧迫感。其实教育投入是一种生产性投入。它消费了教育物资,培养出了有用人才,换回来的是劳动能力,最终促进了经济的极大发展。教育投入是有形的、潜在的生产;必要的消费,扩大的生产;今天的消费,明天的生产。邓小平同志说现在的教育就是十年后的工业,说得生动而又深刻。可见,增加教育投入,发展教育事业是功在当代、利在千秋、一本万利、功德无量的大业。

当今世界面临着新技术革命的挑战,世界各国普遍将注意力投向教育,大力增加教育投入。1979 年以来,我国教育经费的增长超过了国家财政收入和国民生产的增长速度。但教育经费支出仍不到国民生产总值的 3%,而发达国家教育经费支出一般占国民生产总值的 6%—7%。我们应该加大教育投入,尽快解决教育经费严重不足的困扰。

为了确保教育投入的正常进行,《教育法》清清楚楚列了 14 条,对教育投入的各个方面作了法律规定。

《教育法》第五十三条对教育投入的体制作了规定,"国家建立以财政拨款为主、其他多种渠道筹措教育经费为辅的体制"。我国实行以国家办学为主,因此,国家财政拨款是教育经费来源的主渠道。但由于我经济还不够发达,教育规模又十分庞大,国拨经费虽连年增长,仍不能满足教育事业发展的需要。因此,需要全社会支持教育,多渠道筹措教育经费,做到国家、集体、个人一起上,最大限度地增加教育投入。

《教育法》对教育投入规定了"两个提高"、"三个增长"的原则。第五十四条规定:"国家财政性教育经费支出占国民生产总值的比例应当随着国民经济的发展和财政收入的增长逐步提高。""全国各级财政支出总额中教育经费所占比例应当随着国民经济的发展逐步提高。"第五十五条规定:"各级人民政府教育财政拨款的增长应当高于财政经常性收入的增长,并使按在校学生人数平均的教育费用逐步增长,保证教师工资和学生人均公用经费逐步增长。"只要我们坚持多渠道筹措教育经费,在教育投资中真正做到"两个提高"和"三个增长",我国的教育经费就会有保障。

四、教育对外交流与合作

教育对外交流与合作,是我国对外开放政策的重要组成部分。它对于吸收国外的先进科学技术、适用的管理经验及有益文化,具有重要的意义。它是加速培养高级专门人才,开展中外技术交流,增进我国同世界各国人民友谊的重要途径。国家鼓励开展教育对外交流与合作。

改革开放以来,我们向美国、日本、澳大利亚、联邦德国等发达国家派遣了大量的留学人员。近几年,又拓宽了留学渠道,鼓励自费留学。教育对外交流合作出现了前所未有的局面。

为促进教育对外交流合作的健康发展,《教育法》规定了教育对外交流合作的基本原则。第六十七条规定:"教育对外交流与合作坚持独立自主、平等互利、相互尊重的原则,不得违反中国法律,不得损害国家主权、安全和社会公共利益。"

《教育法》规定了进行教育对外交流合作的主要方式:境内公民出国留学、研究、任教或进行学术交流;境外个人进入我国学校及其他机构学习、研究、任教或进行学术交流;境外个人或组织同我国合法教育机构合作办学;境内外教育机构间交流与合作。

《教育法》对学业证书的有效性作了规定。实行教育对外交流与合作,必然涉及到相关国家的学历、学位问题。《教育法》第七十条规定:"中国对境外教育机构颁发的学位证书、学历证书及其他学业证书的承认,依照中华人民共和国缔结或者加入的国际条约办理,或者按照国家有关规定办理。"目前我国已签署了《亚洲和太平洋地区承认高等教育学历、文凭等学位的地区公约》。根据对等的原则,对于我国公民在该公约缔结国取得的学位证书、学历证书及其他学业证书,予以承认。缔结国对我国教育机构所颁发的学位证书、学历证书也予以承认。对于缔约国之外国家教育机构所颁发的学位证书,如我国同该国签订有关协议的,按协议规定办理。没有签订协议的,按国家有关规定办理。一般来说,如该国教育机构所颁发的学业证书,与我国有关学业证书不相冲突,不违反我国有关法律规定的,原则上予以承认。

第四节　法　律　责　任

《教育法》针对确立的义务和禁止性规范,结合我国实际,规定了相应的法律责任。法律责任的规定,集中体现了立法精神,在整部《教育法》中,居于非常重要的地位。

法律责任是指人们对实施了违反法规的行为,依照法律、法规的规定,必须承担的具有惩罚性或补偿性的后果。法律责任分为刑事法律责任、民事法律责任和行政法律责任。《教育法》针对教育实践中发生的问题,作了明确的法律责任规定。

一、克扣、挪用教育经费的法律责任

尽管党中央一再强调要重视教育,要优先发展教育,千方百计加大教育投入,可是一些单位和个人,无视党纪国法,不按照预算核拨教育经费,挪用、克扣教育经费,给教育事业的发展带来了严重的影响。对此,《教育法》第七十一条规定:"不按照预算核拨教育经费的,由同级人民政府限期核拨;情节严重的,对直接负责的主管人员和其他直接责任人员,依法给予行政处分。"挪用、克扣教育经费,是一种危害性更大的违法行为。因为资金一旦被挪用或克扣,就难以追回。对此,《教育法》又规定:"由上级机关责令限期归还被挪用、克扣的经费,并对直接负责的主管人员和其他直接责任人员,依法给予行政处分;构成犯罪的,依法追究刑事责任。"

二、乱收费、乱招生的法律责任

一些办学单位巧立名目,乱收费用,侵害了受教育者的利益,影响了学校的声誉。国家三令五申,但是屡禁不止。对此,《教育法》规定了相应的法律责任。这里首先要弄清楚什么是乱收费,划清正当收费和乱收费的界限。凡在法律、法规许可范围内,按规定标准收取费用的,为正当收费。违反国家规定,乱立名目收费,超标准收费,转嫁负担收费,超越当地教育成本和公民承受能力过高收费等,都属于乱收费。对于乱收费,《教育法》第七十八条规定:"由教育行政部门责令退还所收费用;对直接负责的主管人员和其他直接责任人员,依法给予行政处分。"

教育行业中的一个不正之风是违反国家规定乱收学员。主要有以下几种情况:实施学历教育的高等学校和中等学校,不按规定经过全国或省统一入学考试招收学生;普通高校、成人高校、中等专业学校擅自招收不符合规定的自费生;重点中小学利用本校优势,招收计划外学生。违反国家规定招收学员,破坏了正常制度,扰乱了教育管理秩序,这是一种违法行为。《教育法》第十六条规定:"违反国家有关规定招收学员的,由教育行政部门责令退回招收的学员,退还所收费用;对直接负责的主管人员和其他直接责任人员,依法给予行政处分。"

三、在招生考试中作弊行为的法律责任

招生考试中作弊,是一种违法行为,对行为人的法律责任,《教育法》作了原则规定。招生工作中的徇私舞弊行为主要有:在出具、审查考生的户口、政审、体检、三好学生、优秀学生干部、体育竞赛得奖名次,及其他证明材料中弄虚作假的;涂改考生志愿、试卷、考试分数及其他有关材料的,等等。招生工作中的徇私舞弊是一种严重的渎职行为,《教育法》规定:对负有直接责任的主管人员,给予行政处分,情节严重构成犯罪的,以泄露国家机密罪,伪造证件、印章罪,受贿罪等追究行为人的刑事责任。对因徇私舞弊被招来的学生予以退回。针对国家教育考试中的作弊行为,《教育法》规定:"在国家教育考试中作弊的,由教育行政部门宣布考试无效,对直接负责的主管人员和其他直接责任人员,依法给予行政处分。"

举办国家教育考试,必须按照国家规定,由符合条件的部门按一定的程序组织进行。不允许任何组织或个人任意举行,否则考试无效,主管人员和直接责任人给予行政处分。

四、乱发学业证书的法律责任

近几年,社会上出现乱发学业证书的现象。学历证书、学位证书或其他学业证书,在一定程度上表明持有者受教育的水平,是安置工作、晋级提拔的基本条件,因此必须具有真实性。我国有关法律法规对颁发学业证书规定了严格的条件程序。学业证书只能由国家规定的学校或其他教育机构按照有关规定颁发,否则被认为是一种违法行为。对此,《教育法》第八十条规定:"违反本法规定,颁发学位证书、学历证书或者其他学业证书的,由教育行政部门宣布证书无效,责令收回或者予以没收;有违法所得的,没收违法所得;情节严重的,取消其颁发证书的资格。"

五、扰乱学校教学秩序,侵占校产行为的法律责任

有关人员或单位,在学校及其他教育机构内部、周围结伙斗殴、寻衅滋事,扰乱学校及其他教育机构教育教学秩序的,《教育法》第七十二条规定:由公安机关依照治安管理处罚条例予以处罚,包括扣留、罚款和警告;情节严重、构成犯罪的,依照《刑法》规定,以扰乱社会秩序罪、流氓罪等论处。有关人员或单位,哄抢学校财产,未构成犯罪的,由公安机关予以相应的治安管理处罚;情节严重,构成犯罪的,以故

意毁坏公共财物罪依法追究刑事责任。有关人员或单位,侵占学校及其他教育机构的校舍场地及其他财产;侵犯教师、受教育者、学校和其他教育机构的合法权益造成损失、损害的,应追究侵权者的民事责任。责令其停止侵害,排除障碍,消除危险,返还财产,恢复原状,赔偿损失,赔礼道歉,恢复名誉等。

六、其他法律责任

《教育法》第七十三条规定:"明知校舍或者教育教学设施有危险,而不采取措施,造成人员伤亡或者重大财产损失的,对直接的主管人员和其他直接责任人员,依法追究刑事责任。"常见事故有校舍倒塌、走电失火等。这些恶性事故,损失惨重,影响极大,应该追究责任。应该追究哪些人的责任呢? 一是单位主管;二是直接责任人;三是设计者、建筑者、生产者;四是有关知情人。对上述有关责任人员,应按照玩忽职守罪或重大责任事故罪论处。

1994 年在克拉玛依发生了震动全国的特大火灾。12 月 8 日,克拉玛依市教委和新疆石油管理局教育培训中心在克拉玛依市友谊馆,举办迎接新疆维吾尔自治区"两基"评估验收团专场文艺演出活动,全市 7 所中学、8 所小学的学生、教师及有关领导 796 人参加。在演出时,发生火灾,酿成 323 人死亡、132 人受伤的惨剧,并造成直接经济损失 3 800 万元。经克拉玛依市中级人民法院一审查明,这起特大火灾事故是由于友谊馆等单位的领导和工作人员违反规章制度,严重不负责任,玩忽职守,不履行或不正确履行其职责造成的。此案经新疆维吾尔自治区高级人民法院二审终结,14 名责任者受到法律制裁。原克拉玛依市教委副主任唐健,原友谊馆主任兼指导员蔡兆锋,犯有玩忽职守罪,各被判处有期徒刑 5 年;原克拉玛依市副市长赵兰秀,被判处有期徒刑 4 年 6 个月;原新疆石油管理局教育培训中心党委副书记沈丽,原市委普教科科长朱明龙各被判处有期徒刑 4 年。[1]

有些单位滥用职权,违反国家规定,向学校或其他教育机构乱收费、乱罚款、乱摊派,加重了学校的负担,侵犯了学校和其他教育机构的合法权益。《教育法》对此作了法律规定:"违反国家有关规定,向学校或者其他教育机构收取费用的,由政府责令退还所收费用;对直接负责的主管人员和其他直接责任人员,依法给予行政处分。"

第五节 《教育法》的实施

一、教育事业优先发展战略地位的落实

落实教育优先发展的战略地位,推动教育的改革和发展,是《教育法》立法的根

本指导思想。实施《教育法》的首要任务，就是千方百计地落实教育优先发展的战略地位。怎样落实教育优先发展的战略地位呢？

第一，加强党和政府对教育工作的领导，是落实教育优先发展战略的根本保证。各级党委和政府，要切实加强对教育工作的领导，树立"百年大计，教育为本"、"尊重知识，尊重人才"的观念，提高落实教育优先发展战略地位的自觉性和紧迫感。各级党委和政府要把教育列入优先研究和决策的议事日程，在研究、制定发展规划和年度计划时，保证优先发展教育事业；计划部门要把教育发展作为社会发展的优先领域，依法保障教育在国民经济发展计划中的优先位置；财政部门要在资源配置中，依法优先保证教育的资金需求和增长比例；基本建设和物资部门，要依法优先安排学校的基建用地及所需要物资；人事部门要依法优先落实提高教师待遇和社会地位的各项规定；组织部门要把重视教育、为教育办实事作为各级领导干部的任期目标和政绩考核的重要内容，把落实教育战略地位方面有突出成绩的干部，优先选拔到高一层的领导岗位上来。

第二，确保教育投入，是落实教育优先发展战略地位的根本措施。各级党委和政府要树立教育投资是战略性投资的观念，合理调整投资结构，在安排财政预算时，优先保证教育的需求，并切实做到"三个增长"。国家财政拨款是教育经费来源的主渠道，必须予以保证。要完善多渠道筹措教育经费的体制，对教育经费加强管理，保证用于教育事业。

第三，落实教育优先发展的战略地位，必须调动教师的积极性。振兴民族的希望在教育，振兴教育的希望在教师。教师是人类灵魂的工程师，这个职业是崇高而又艰辛的，应当受到社会的尊敬。要在全社会进一步形成尊师重教的良好风尚，要依法维护教师的合法权益，对侵犯教师合法权益的行为，要依法追究责任。要提高教师的待遇，加快改善教师的住房条件，解决教师看病就医问题，大力表彰和奖励优秀教师。搞教育就要靠教师，只有把教师的积极性调动起来，我们的教育事业才能繁荣昌盛。

第四，落实教育优先发展的战略地位，必须加强教育执法和监督。改革开放以来，我们制定了许多关于教育的法律和规章，它们从不同的方面来保证落实教育优先发展的战略地位。各级政府要带头执法，做到有法必依，执法必严，违法必究。教育行政部门要积极协助同级人民代表大会，开展教育执法监督检查，加强与司法机关的协作，凡违纪者，究之以纪；违法者，绳之以法，以法律来保障教育优先发展战略地位的落实。

二、教育主体合法权益的维护

维护教育关系主体的合法权益，是《教育法》的立法宗旨之一。实施教育法的一个重要方面就是要维护教育主体的合法权益。怎样维护教育主体的合法权益呢？增强法制观念，严格依法办事是关键。

第一，各级政府要履行法律规定的各项职责，严格按照《教育法》办事。按时足额核拨教育经费，按规定标准提供教育设施和设备，提供图书资料和教学用品；按时足额发放教师工资。各级领导干部要重视教育，关心教育，努力改善教师的工作条件和生活条件。

第二，加强教育执法力度。在以往的教育执法中，存在着有法不依、执法不严的现象。对违反教育法规的行为打击不力，致使侵犯教育主体合法权益的事件时有发生。这种现象不能再继续下去了。我们应维护法律的尊严，做到凡是《教育法》规定的就要不折不扣地执行，不符合《教育法》的就要制止，违反《教育法》侵犯教育主体的合法权益的，按规定坚决予以惩处。

第三，教师、学生等各类教育主体，要勇于和善于运用《教育法》来保护自己的合法权益，和形形色色的侵权行为作斗争。学生和其他受教育者要依法维护法律赋予的权利。当其入学、升学、就业等方面受到不公平对待时，或人身、财产受到侵害时，可以向有关部门提出申诉，或依法提起诉讼，要求追究行为人的法律责任。当学校的教学秩序受到破坏，财产受到侵占，师生人身安全受到威胁时，学校可以提出申诉或诉讼，要求追究行为人的法律责任。当有人违反国家有关规定，不按照预算核拨教育经费，或违反国家财政制度、财务制度，挪用、克扣教育经费时，学校或个人可以提起申诉，要求追究行为人的法律责任。

三、教育经费的保障

为了保证教育经费的稳定来源、及时到位和合理使用，《教育法》还作了保障性规定。

为了确切了解教育经费支出的数额、增长情况在国民收入中所占的比例，《教育法》第五十五条规定："各级人民政府的教育经费支出，按照事权和财权相统一的原则，在财政预算中单独列项。"过去，我国在财政预算中，一直把文化、教育、卫生等事业经费合并为一项。这种预算编制方法，使教育经费的支出具有不确定性，也很难看出教育经费的增长情况。实行教育经费单独列项，则克服了这个弊端，有利于保证教育经费的投入。为了接受社会的监督，教育部与国家统计局已经实行对全国和各省、自治区、直辖市教育经费执行情况的年度统计公告制度。各省、自治区、直辖市教育行政部门也应会同各级统计部门，建立地方教育经费执行情况的统计公告制度，向社会公布。

设立义务教育专项资金，重点扶持边远贫困地区、少数民族地区实施义务教育。《教育法》第五十六条对此作了规定。2006 年 6 月 29 日，第十届全国人民代表大会常务委员会第二十二次会议通过了新修订的《中华人民共和国义务教育法》。新《义务教育法》明确国家建立义务教育经费保障机制，义务教育经费由国务院和地方各级人民政府分担，省、自治区、直辖市人民政府负责统筹落实。国务院和省、自治区、直辖市人民政府规范财政转移支付制度，国务院和县级以上地方人民政府根据实际需要，设立专项资金，扶持农村地区、民族地区实施义务教育。当前，我们要把继续学习、贯彻《教育法》与学习、贯彻《义务教育法》有机结合起来，严格按照法律要求，保障义务教育的健康投入。

必须对教育经费的使用加强管理。教育经费是发展教育的物质保证，必须严加管理和监督。《教育法》第六十三条规定："各级人民政府及其教育行政部门应当加强对学校及其他教育机构教育经费的监督管理，提高教育投资效益。"近年来国家教育部门制定了《加强普通教育经费管理的若干规定》、《高等学校财务管理改革实施办法》等规章，各级各类学校都要遵照执行。各级人民政府及其教育行政部门应加强对教育经费的审计工作，监督核查教育经费的管理使用情况，及时发现和查处违反财务制度的问题，并要不断提高学校及其他教育机构对教育经费的管理水平，提高教育投资效益。

四、学校及其他教育机构的依法设置

学校及其他教育机构，是教育人的场所，其教育质量的高低，直接关系着受教育者的前途和国家的未来。因此，学校和教育机构的设置是一项十分严肃的工作。举办学校和其他教育机构，必须具备一定的条件，必须履行法定的程序，不得擅自乱办。

《教育法》第二十五条对我国的办学体制作了法律规定。国家是办学的主体。国家制定教育发展规划，对全国教育工作进行统筹计划，合理布局，协调管理，使社会主义教育事业健康有序地向前发展。国家对社会团体、公民依法办学采取积极鼓励、大力支持、正确引导、加强管理的方针。在现阶段，基础教育应以地方政府办学为主，高等教育要以中央、省（自治区、直辖市）两级政府办学为主，社会各界参与办学为辅。职业教育和成人教育，主要依靠行业、企事业单位办学和社会各方面联合办学。改变政府包揽办学，形成以政府办学为主、社会各界共同参与、公办学校和民办学校共同发展的办学体制。

社会力量办学要纳入依法办学、依法管理的轨道。《教育法》有针对性地规定："任何组织和个人不得以营利为目的举办学校及其他教育机构。"教育是培养人的事业，不能把办学作为营利的手段。社会力量办学自行筹集的经费应当用于教育活动，任何单位和个人不得侵占。

国家保证社会力量举办的教育机构自主办学的法人地位，并依法加强对其进行规范化管理。促使其完善法规建设,健全管理制度,加强校容管理,严格财务审计,不断提高教育和管理水平。

举办学校和其他教育机构,必须具备一定的条件。《教育法》第二十六条作了具体的规定:

第一,要有组织机构和章程。学校是一个社会组织,必须有自己的组织机构。学校组织机构包括决策机构、执行机构和监督机构。它对内管理学校事务,对外代表学校进行社会活动。学校和其他教育机构,原则上应实行一校一章程。

第二,要有合格的教师。一定数量的合格教师,是保证教育质量的关键。设立学校,必须要有一批思想品德好、教学能力强、身体健康、学历合格、能胜任教学工作的教师。

第三,要有符合规定标准的教学场所及设施、设备等。包括一定数量的土地,合乎标准的校舍,足够的仪器、设备、标本、模型、图书资料等等。

第四,要有必备的办学资金和稳定的经费来源。学校是非营利单位,办学必须有一定数量的资金和稳定的经费来源。否则就不能保证学校的办学质量和持续稳定的发展。

以上四条是设立学校及其他教育机构必须具备的基本条件,如不具备这些基本条件就不能批准举办。

学校及其他教育机构的设立、变更和终止,必须履行法定手续。国家对幼儿园实行登记注册制度。其他学校和教育机构的设立,应当由教育行政部门按照规定审查。符合条件者,予以批准。学校及其他教育机构更改校名、培养层次、教学场所、举办人或校长,学校合并、分立或设立分校,应按程序办理变更手续。学校及其他教育机构终止,除教育行政部门责令解散的以外,应当履行规定的审核、批准手续,并做好善后工作。

注

① 《中国教育报》1995 年 10 月 13 日。

第四章
《中华人民共和国
教师法》导读

《中华人民共和国教师法》（以下简称《教师法》），于 1993 年 10 月 31 日经第八届全国人民代表大会常务委员会第四次会议审议通过，自 1994 年 1 月 1 日起施行。这是新中国，也是我国教育史上第一部专门为教师制定的法律。它是我国教师队伍建设走向规范化、法制化的根本保障。它的颁布实施，对完善我国的教育法制建设，加快我国教育事业的改革和发展，具有重要作用。

第一节　概　述

一、《教师法》的立法宗旨

立法宗旨是一部法律的灵魂。《教师法》以教师为立法对象，把国家尊师重教的方针上升为法律，体现了全国人民的共同愿望和意志。《教师法》开宗明义，在第一条即对立法宗旨作了明确规定，主要包括以下三点：

第一，保障教师的合法权益。保障教师的合法权益，既要保障教师与职业相联系的特定的权利，也要保障教师作为一般公民的权利。长期以来，我国教师的地位和待遇偏低，侮辱、殴打教师，拖欠教师工资，干扰教师教育教学活动等情况屡有发生，教师的合法权益得不到法律的保障，挫伤了教师的积极性，影响了教育事业的发展。通过制定《教师法》，在法律上明确规定教师的权利和义务，规定政府、学校、各行各业及公民的职责，规定侵害教师合法权益的法律责任，对运用法律手段有效地保护教师的合法权益，具有重要的现实针对性和长远意义。

第二，加强教师队伍建设。建设一支具有良好思想品德修养和业务素质的教师队伍，是搞好社会主义教育事业的关键。新中国成立以来，我国已建成了一支逾千万人的教师队伍，为发展我国教育事业、培养人才作出了重要贡献。但多年来教师队伍的建设未形成一套有效的机制，许多方面无法可依。通过制定《教师法》，可以形成一整套提高教师素质的措施、制度，使教师队伍的建设走上规范化、法制化的轨道。

第三，促进教育事业的发展。振兴民族的希望在教育，振兴教育的希望在教师。制定《教师法》，保障教师的合法权益，加强教师队伍的建设，对于促进教育事业的发展和繁荣，落实教育的战略地位，深化教育改革，建立具有中国特色社会主义教育体系，都具有重要意义。而教育事业的优先发展，是实现我国现代化的根本大计。

为了体现上述立法宗旨，《教师法》既规定了提高教师待遇和社会地位，维护教师合法权益的保障措施，也规定了教师的职责、使命和特有的权利、义务，确立了教师的基本行为规范，还规定了教师管理的各项制度，建立了适应我国社会主义市场经济体制建设和教育发展需要的教师队伍管理的新机制。

贯彻执行《教师法》，必须全面、正确地理解《教师法》的立法宗旨，把上述三方面的内容作为有机统一的整体把握，既不能简单地把《教师法》理解为教师权益保护法，也不能把《教师法》单纯看成是教师工作的行政管理法。《教师法》是教师的一部基本法。

二、《教师法》的适用范围

《教师法》的适用范围，是指《教师法》的适用对象范围、时间效力范围、空间效力范围。

第一，适用对象范围。《教师法》第二条规定："本法适用于在各级各类学校和其他教育机构中专门从事教育教学工作的教师。"教师即是《教师法》适用的对象。这里所指的"教师"，是指在学校中传递人类文化科学知识和技能，进行思想品德教育，把受教育者培养成社会主义社会所需要的建设者和接班人的专业人员。从报酬支付上分，包括由国家支付工资的公办教师，也包括由集体支付工资、国家予以补助的民办教师，还包括社会力量举办的学校的教师。从职责上分，包括在学校中专职对学生进行教育教学活动的教师，也包括"双肩挑"等兼职从事教育教学工作的教师。学校和其他教育机构中专门从事工程、实验技术、图书、情报等工作的教育教学辅助人员以及其他教育教学辅助人员，虽不适用《教师法》，但可以从教育教学辅助工作的特点出发，参照本法的有关规定执行。至于教育行政管理人员和工勤人员，其合法权益的保障，适用其他有关的法律法规，不适用《教师法》。之所以如此规定，是出于如下考虑：一是教师职业的特殊性。因为教师直接肩负着教育儿童、青少年学生的职责，教师职业是社会中培养人的专门职业，教师是履行特殊的具有公职性的教育教学职责的专门人员。二是有利于加强教师队伍的建设。把适用对象范围限于教师，便于在权利、义务、资格、任用、培养、培训、考核、奖励等方面对教师作出统一规定，使教师队伍建设规范化。

第二，时间效力范围。关于生效时间，《教师法》于 1993 年 10 月 31 日经全国人大常委会第四次会议通过,并由国家主席令予以公布。具体生效时间是 1994 年 1 月 1 日,并由《教师法》第四十三条予以规定。如此规定,是为各级党政干部、教师及社会各界贯彻实施《教师法》做好思想上、组织上、业务上的准备。关于溯及力问题,《教师法》规定了施行的起始日期,但没有其他时间适用上的特别规定。因此,根据"法不溯及既往"的法律适用原则,存在或发生于《教师法》生效日之前的事实和社会关系的调整,仍然应当以生效日之前的有关政策和法规、规章为依据,而不适用《教师法》。关于失效时间,没有新的《教师法》代替或国家明令废除等情况出现,《教师法》不存在失效问题。

第三,空间效力范围。根据《教师法》第二条的规定,其空间效力范围涉及中华人民共和国境内的各级各类学校和其他教育机构。这里所称的"各级各类学校",是指实施学前教育、普通初等教育、普通中等教育、职业教育、普通高等教育以及特殊教育、成人教育等在国民教育体系及学制体系内各级各类教育的专门性的教育机构。通常包括:幼儿园、小学、普通中学、职业中学、技工学校、中等专业学校、工读学校、特殊教育学校、中等师范学校、高等专科学校、高等职业学校、大学、广播电视大学、独立设置的学院和研究生院、职工高等学校、农民高等学校、管理干部学院、教育学院、独立函授学校、普通高校举办的函授部和夜大学、各类成人中等专业学校、成人中学、教师进修学校、成人技术培训学校、成人初等学校等。而"其他教育机构",是特指与中小学教育、教学工作紧密联系的少年宫及地、市、县(市、区)的中小学教研室、电化教育馆等教育机构。至于"老年大学"、"书画学校"及神学院、佛学院等其他类型的学校,可以从实际情况出发,参照《教师法》的有关规定执行。军队院校则由中央军事委员会依照《教师法》的规定并根据军队院校的实际情况,另行制定有关规定。

三、《教师法》制定、颁行的意义

《教师法》是我国教育史上第一部关于教师的法律。该法从 1986 年开始起草,1993 年 10 月 31 日颁布,1994 年 1 月 1 日起施行,历时 8 年,是在总结新中国成立 40 多年特别是改革开放以来教师队伍建设的成功经验和广泛听取各方面意见的基础上制定颁行的。它的制定颁行具有重大的现实意义和深远的历史意义。

第一,我国教师有了维护自己合法权益的法律武器。我国教师数以千万计,有各种类别、各种层次。他们根据自己的专业与职责分工,承担着从扫盲、中小幼特教育,直到中等、高等职业技术教育,成人教育和普通专科以上学历教育。《教师法》适用于这样大的一个群体,它的颁行具有非同一般的意义。教师们从此有了维护自己合法权益的法律武器。

第二,教师队伍有了规范化的管理机制。我国教师队伍庞大,但长期以来,其管理工作存在较大的随意性,缺乏规范性,未形成一套有效的运行机制。《教师法》的制定,确立了有关教师队伍建设的一整套法律制度,建立了比较完善的现代化的教师管理机制,既为教师队伍建设提供了基本的法律依据,也为当前教师管理工作的改革指明了方向。

第三,全社会都要尊师重教有了法律的保障。我国从古代就有尊师重教的传统,曾把天、地、君、亲、师并称。①教师担负着教书育人的重要历史使命。国运兴衰,系于教育;教育兴衰,系于教师。古语说,一年之计,莫如树谷;十年之计,莫如树木;终身之计,莫如树人。要让全社会的人都尊师重教,除了帮助人们提高认识外,重要的手段是立法。《教师法》以法律形式规定全社会都要尊师重教,并且具体规定了政府、学校、社会各行各业及公民的职责,通过法律来约束人们的行为,这对进一步形成尊师重教的社会风尚,促进我国教育事业的发展乃至整个社会的进步,将产生巨大影响。

《教师法》的制定、颁行是重要的,但更重要的是依法办事。各级政府首先要履行好法定的各项职责,社会各行各业也要为教师多办实事,多办好事。作为教师,更应当依法执教,从而使教师成为最受人尊敬、羡慕的职业,使我国的教育成为蓬勃兴旺的千秋大业。

第二节 《教师法》的基本内容

《教师法》共九章四十三条,重点对教师的权利和义务、教师的资格和任用、教师的培养和培训、教师的地位和待遇、教师的考核和奖励等作出了明确的规定。

一、教师的权利和义务

教师的权利,是指教师依照《教师法》的规定所享有的权利,表现为教师可以自主作出一定的行为,或要求他人作出相应的行为,在必要的时候可请求国家以强制力保障其权利的实现。教师的义务,是指教师依照《教师法》的规定所承担的必须履行的责任,表现为教师必须作出一定的行为或不得作出一定的行为。《教师法》第七条和第八条分别规定了教师的权利和义务。

1. 教师享有以下六项权利

一是教育教学权。进行教育教学活动,开展教育教学改革和实验,是教师最基本的权利。不具备教师资格的人员,不得享有此项权利;虽具备教师资格,但尚未受聘或已解聘的人员,此项权利的行使处在停顿状态,只有受聘担任教师工作时,其权利的行使才恢复正常状态。非依法律规定,任何个人都不得剥夺在聘教师这一基本权利的行使。但合法的解聘或待聘,不属于侵犯教师这一权利的行为。

二是科研权。从事科学研究、学术交流,参加专业的学术团体,在学术活动中充分发表意见,这是教师作为专业技术人员享有的一项基本权利。教师在完成规定的教育教学任务的前提下,有权进行科学研究、技术开发,撰写学术论文、著书立说,参加有关的学术交流活动,依法成立或参加学术团体并在其中兼任工作。在学术研究中有发表自己观点的自由。

三是指导评价权。指导学生的学习和发展,评定学生的品行和学业成绩,这是与教师在教育教学过程中的主导地位相适应的一项特定的基本权利。教师有权根据学生的身心发展状况和特点,有针对性地指导学生的学习,并在学生的特长、就业、升学等方面给予指导。教师有权对学生的品德、学习、社会活动、劳动、文体活动、师生关系、同学关系等方面的表现作出公正的评价,并通过平时考查以及学期、学年、毕业考试及其他方式对学生的学业成绩作出客观的评价,这也是学校教育教学活动中业务性很强的一项专门工作,任何组织和个人都不得非法干预教师这项权利的行使。

四是获得报酬权。按时获取工资报酬,享受国家规定的福利待遇及寒暑假期的带薪休假,这是教师的基本物质保障权利。教师的工资报酬包括基础工资、职务工资、课时报酬、奖金及教龄津贴、班主任津贴及其他津贴在内的工资性收入。福利待遇一般包括医疗、住房、退休等方面依法享有的各项待遇和优惠,以及寒暑假期的带薪休假。教师属工薪阶层,教师职业又是专业性强、脑力和体力消耗较大的一种职业。教师这项基本权利的行使,是教师维持个人及家庭生活,保持其工作体能的基本保障。因此,各级人民政府,有关部门、学校及其他教育机构,应当采取有力措施,依法保障教师工资、福利待遇及带薪休假等权利的落实。教师亦可借助国家强制机关保护自己权利的实现。

五是参与学校管理权。教师可以对学校教育教学、管理工作和教育行政部门的工作提出意见和建议,并可通过教职工代表大会或者其他形式,参与学校的民主管理。这是教师参与教育管理的民主权利。保证教师此项权利的行使,能够调动教师对教育教学工作的主动性和积极性,加强对学校和教育行政部门的监督。《教师法》首次在法律上明确了教职工代表大会的法律地位。规定教师可以通过教职工代表大会、工会等组织形式以及其他适当方式,参与学校的民主管理,讨论学校的发展、改革及其他方面的重大事项。教师此项权利的行使,有利于发挥教师的主人翁精神,推进学校的民主建设。

六是培训进修权。教师有权参加进修或其他方式的培训。现代社会和科技的不断发展,要求教师及时更新知识,调整知识结构,不断提高政治思想和业务水平。因此,教师参加进修或其他方式的培训,是教师的一项基本权利,学校和教育行政部门应当作出规划,采取多种方式,开辟多种渠道,为教师参加进修和培训创造条件,提供机会,切实保障教师权利的实现。

2. 教师应当履行以下六项义务

一是遵守宪法、法律和职业道德的义务。宪法和法律是国家、社会组织和公民活动的基本行为准则。教师要教书育人、为人师表,更应当模范地遵守宪法和法律。教师是"人类灵魂的工程师","教育工作者的全部工作就是为人师表"②。因此,教师在从事教育教学工作中应当遵守职业道德,做到敬业爱岗、诚实守信、热爱学生、诲人不倦、博学多才、精益求精、以身作则、团结奋进、奉献教育、为人师表。

二是完成教育教学任务的义务。教育教学工作是教师的本职工作。教师在教育教学工作中,应当全面贯彻教育必须为社会主义现代化建设服务,必须与生产劳动相结合,培养品德、智力、体质等全面发展的建设者和接班人的方针;遵守教育行政部门和学校及其他教育机构制定的教育教学管理的各项规章制度;执行学校依据国家规定的教学大纲、教学计划或教学基本要求而制定的具体的计划;履行教师聘任合同中约定的教育教学职责,完成职责范围的教育教学任务,保证教育教学质量。否则,要承担相应的法律责任。

三是进行思想品德教育的义务。"名副其实的教育,本质上就是品格教育。"③教师的职责不仅是教书,更重要的是育人。"千教万教,教人求真。"④教师应当结合自己教育教学业务的特点,把政治思想品德教育贯穿于教育教学工作的始终。对学生进行政治思想品德教育,不仅是政治思想品德课教师的职责,也是每一位教师的基本义务。在对学生进行政治思想品德教育的内容上,《教师法》强调了教师要进行宪法所确定的四项基本原则教育和爱国主义教育、民族团结教育和法制教育以及思想品德、文化、科学技术教育,组织、带领学生开展有益的社会活动。四项基本原则是我国的立国之本,是宪法的根本指导思想,也是对学生进行思想政治教育的首要内容。在教育的形式和方法上,要注意适应学生身心发展的特点,采用生动活泼的形式和方法,寓教于乐,讲究实效,反对形式主义。

四是热爱学生、尊重学生人格的义务。"教师对学生要有母亲般的爱。"⑤热爱学生是教师的天职和美德。教师要关心、爱护全体学生,无论是男生还是女生,是优生还是差生,是性格开朗的学生,还是沉默寡言的学生,都要一视同仁,都要满腔热情地教育、指导他们按照要求认真完成各阶段的学习任务,德智体美劳全面发展。特别对于有缺点、错误的学生,更要满腔热情地帮助他们。要树立尊重学生人格尊严的法制观念,不可歧视学生,更不允许侮辱、体罚学生。对于极个别屡教不改、错误性质严重、需要给予纪律处分的学生也只能以理服人,不能以力压人。教师违反本法规定,侮辱、体罚学生,经教育不改的,依法追究法律责任。

五是保护学生合法权益和身心健康成长的义务。教师应当制止有害于学生的行为或者其他侵犯学生合法权益的行为,批评和抵制有害于学生健康成长的现象。保护学生的合法权益和身心健康成长,是全社会的共同责任。作为教师,自然更负有保护学生合法权益和身心健康成长的义务。教师履行本项义务具有特定的范围,主要是制止在学校工作中或与教育教学工作相关的活动中,侵犯其所负责教育管理的学生合法权益的违法行为,批评社会上出现的有害于学生身心健康成长的不良现象。例如,有段时期,各地出现了一批以营利为目的、带有赌博性质的电子游戏机,致使许多中小学生着迷,严重损害了他们的身心健康。对于这一现象,全国各地教师纷纷提出批评,并建议有关部门依法取缔,这些做法有力地保护了学生的身心健康。

六是不断提高政治业务水平的义务。教育教学工作是一项专业性很强的工作,要求教师具有较高的思想觉悟和业务水平。随着社会的进步,科学技术的发展,知识更新步伐不断加快。据美国技术预测专家詹姆斯·马丁预测,人类知识在19世纪是每50年增长一倍,20世纪上半叶是每5年增长一倍,而目前已达到了每2年增长一倍。所以,作为一个教师,要胜任工作,跟上时代发展的步伐,必须不断地学习,加强自身道德修养,提高政治觉悟,把握知识更新的脉搏,调整知识结构,提高业务水平。

权利和义务是相辅相成的,"没有无义务的权利,也没有无权利的义务"⑥。因此,作为教师,既是权利的享受者,又是义务的承担者。权利应正确地行使,义务须自觉地履行。

二、教师的资格和任用

教师的资格和任用制度是教师管理制度的重要内容。《教师法》分别从教师的资格条件、认定办法、过渡办法、职务制度、聘任制度等几个方面作了规定,构成了符合教育规律、符合教师劳动特点、适应社会主义市场经济发展需要的教师资格制度和任用制度。

1. 教师资格制度

教师资格制度,是国家对教师实行的一种特定的职业资格认定制度。教师资格是公民担任教师的前提条件。只有具备教师资格的人才能担任教师,否则不允许从事教师职业。教师资格一经取得,即在全国范围内普遍有效,不受时间、地点的限制,非依法律规定不得剥夺。

教师资格由五个要素构成:

一是国籍。取得教师资格者,必须是中国公民,即具有中华人民共和国国籍的公民,不分民族、种族、财产、职业等情况,凡符合条件的,均可取得教师资格。

二是思想品德。取得教师资格者必须具有良好的政治思想觉悟和职业道德修养,热爱教育事业。

三是学历。学历是一个人受教育的经历,一般表明其具有的文化程度。教师专业技术职务是需要具备专门的业务知识和技术水平才能担负的工作岗位。因此,各级教师专业技术职务都对学历有基本要求。学历既反映教师知识的程度,也反映着不同的培养目标,而人才的培养目标和使用目标是一致的,所以,学历因素是教师资格的主要方面,是教师任职资格的一般标准。这也是世界上许多国家的通行做法。

《教师法》第十一条对我国公民取得教师资格应当具备的相应学历作了规定。取得幼儿园教师资格应当具备幼儿师范学校及其以上学历;取得小学教师资格应具备中等师范学校毕业及其以上学历;取得初级中学教师、初级职业学校文化课、专业课教师资格应具备高等师范专科学校或其他大学专科毕业及其以上学历;取得高中及中等专业学校、技工学校、职业高中文化课、专业课教师资格,应具备高等师范本科或其他大学本科及其以上学历;取得高等学校教师资格,应具备研究生或大学本科学历。中等专业学校、技工学校和职业高中学生实习指导教师,因为必须具有丰富的实践经验和专业技能,所以其具备的学历不一定都是大学专科及其以上学历,具体要求由国务院行政部门另行规定。取得成人教育教师资格,应当按照成人教育的层次、类别,分别具备高等、中等学校毕业及其以上学历,但要照顾成人教育的特点。

《教师法》的上述规定,既坚持了教师资格应具备的学历条件,又照顾到了目前我国教师队伍的实际情况。随着教育事业的发展和教师队伍素质的提高,对教师资格的学历标准将会逐步提高。国务院 1999 年 1 月 13 日批转的教育部 1998 年 12 月 24 日制定的《面向 21 世纪教育振兴行动计划》提出,2010 年前后,具备条件的地区力争使小学和初中专任教师的学历分别提升到专科和本科层次,经济发达地区高中专任教师和校长中获硕士学位者应达到一定比例。

四是教育教学能力。指教师从事相应教育教学工作所需要的教育学、心理学等知识与技能,如现行《技工学校教师职务实行条例》规定,文化课、技术理论课教师必须受过不少于 100 学时教育学和教学法基础知识的培训。

五是程序。教师资格必须经过法律授权的行政机关或其委托的其他机构认定。在国办或公办中小学供职的教师(包括民办教师)资格认定,应按其学校隶属关系由其主管政府部门认定。省、市级教育行政部门可根据实际情况委托给县级的教育行政部门认定。在民办学校供职的教师资格按审批权限由相应的审批部门认定。目前,许多中等专业学校和技工学校由有关部门主管,因此,其教师资格要由县级教育行政部门组织有关部门予以认定。高等学校的教师资格由国务院或省、自治区、直辖市教育行政部门予以认定。对于一些具备条件的高等学校,也可以由国务院或省级人民政府委托高等学校对本校的教师资格予以认定。

不具备本法规定的教师资格学历的公民申请获得教师资格,必须通过国家教师资格考试,考试制度由国务院规定。已具备教师资格条件的公民要求有关部门认定其教师资格的,有关部门应当依照其所申请的资格条件及时予以认定,不得推诿、拖延。

对取得教师资格的限制。《教师法》第十四条规定,正在服刑或者剥夺政治权利期限未满的人员,不能取得教师资格。本法实施后,被判处剥夺政治权利期限已满,或因故意犯罪被判处有期徒刑以上刑罚并刑满释放的人员,也不能取得教师资格。已取得教师资格的人员,从其被判处剥夺政治权利或有期徒刑以上刑罚之日起,自动丧失资格,今后不能再重新取得教师资格。自动丧失资格的,由其资格认定机构收回教师资格证书。

随着改革开放的深入和教育对外交流的扩大,我国一些学校与教育机构正在聘任或将会继续聘任来自不同国度的外籍教师。对此《教师法》第九章附则第四十二条提出"外籍教师的聘任办法由国务院教育行政部门规定"。这一规定表明,聘任外籍教师也应按照法律许可的办法与程序进行。

2. 教师任用制度

国家实行教师职务制度。教师职务制度是教师任用的重要制度。教师职务是专业技术职务。根据原国家教委有关文件规定,目前,小学教师职务设小学高级、一级、二级、三级教师;中学设中学高级、一级、二级、三级教师;中等专业学校教师包括技工学校文化课、技术理论课教师,其职务设高级讲师、讲师、助理讲师、教员;技工学校生产实习课教师职务设高级、一级、二级、三级实习指导教师;高等学校教师职务设教授、副教授、讲师、助教。为适应改革的需要,国家教育行政部门将对现行的教师职务制度作进一步的完善。

国家实行教师聘任制和全员聘用制,加强考核,竞争上岗。长期以来,教师是作为国家正式干部进行计划分配的,造成了平均主义、大锅饭、包得过多、管得过死的弊端。这已远远不能适应社会主义市场经济发展的需要。实行教师聘任制度,将本着公开招聘、平等竞争、择优录用的原则,采取用人单位和教师之间签订具有明确任职期限的聘任合同的形式,明确双方的权利、义务和责任,形成劳动契约关系。实行聘任制,为教师和学校双方提供更大的选择机会,有利于发挥人才的作用,提高学校的办学自主性和积极性。2000年前后,中小学已经通过提高师生比、分流富余人员等途径,优化教职工队伍。同时,向社会招聘具有教师资格的非师范类高校优秀毕业生到中小学任教,改善了教师队伍结构。从1998年起,在全国高校的重点学科设立的特聘教授岗位,面向国内外公开招聘特别优秀的中青年学者进入岗位。由于我国幅员辽阔、人口众多、地区间经济文化和教育发展不平衡,沿海与内地、发达地区与"老、少、边、穷"地区存在着差别,学校的层次、类别、培养目标、管理权限和地理位置也各不相同。因此,教师聘任制要逐步实施,不可能一蹴而就。具体步骤、办法由国务院教育行政部门规定。

取得教师资格的人首次任应当有试用期。在试用期内,学校或教育行政部门可以对其从事教育教学工作的能力、水平予以考察,决定是否予以聘任或担任某种教师岗位工作。试用期通常为一年。

实行教师资格和聘任两项制度,辅之以加强编制管理,精简机构,减员增效,增强社会参与管理监督等方式,为改革分配和奖励制度,施行多劳多得、优劳优酬的办法,进一步调动教师工作积极性打下了基础,对于依法建设教师队伍和提高教师整体素质,具有多方面的重要意义。

三、教师的培养和培训

教师的培养和培训,对于提高教师素质具有重要意义,是体现《教师法》立法宗旨的重要组成部分。为了保证教师的培养、培训工作正常而有效地进行,本法第一次用法律条文专门对教师培养、培训工作作了规定。

1. 教师的培养

我国教师的培养主要是通过师范教育渠道进行的。师范教育是培养师资的专业教育,其独特作用在于它能提供专门的教育训练,传授教育科学知识,使未来教师的工作活动符合客观规律,从而取得更大的教育效果。办好师范教育是教育工作中的一项基本任务。本法明确规定各级人民政府应当采取有力措施予以保证;明确规定国家采取优先录取、定向招生、免试推荐等措施,鼓励优秀青年进入各级师范学校学习;明确规定师范生享受专业奖学金等优惠政策。新中国成立以来,我国逐步建立起了三级师范(高师本科、高师专科、中等师范)教育体系。目前,为了提高师资培养质量,必须改革师范教育,其中一个重要的环节是调整师范学校的层次和布局,逐步推进由三级师范教育向二级师范教育(高师本科、高师专科)过渡。同时,鼓励综合性大学和非师范高校参与培养师资的工作,特别是要"探索在有条件的综合性高等学校中试办师范学院"。国家鼓励综合、理工、农业、林业、医学、财政、政法、体育、艺术、民族院校等非师范高等学校的毕业生,根据国家需要,到中小学或职业学校任教。对此,《教师法》在第十条、第十八条作了规定。这为改变师范院校配置师资的单一渠道,拓宽教师来源,形成非师范毕业生同师范毕业生良性竞争的机制,逐步提高我国教师队伍素质提供了法律保证。

2. 教师的培训

教师培训是加强教师队伍建设的重要方面,党和国家历来十分重视。联合国教科文组织 1998 年发布的《世界教育报告》的主题是"教师和变革世界中的教学工作",在报告中,曾多次介绍我国教师的案例,对占全世界教师人数五分之一的我国在职教师教育培训活动予以高度的评价。这也反映了各地依法建立健全规范化在职教师定期进修(培训)制度取得的实效。

《教师法》规定,教师的培训是一项长期的工作,各级人民政府教育行政部门、学校主管部门和学校均负有重要责任。应当制定规划,使培训工作具有系统性、规范性、目的性和针对性。原国家教委《关于加强在职中小学教师培训工作的意见》、《高等学校接受国内访问学者的试行办法》、《全国重点高等学校接受进修教师工作的暂行办法》等文件,对中小学和高等学校教师的培训工作作了比较全面的规定。

教师培训的主要渠道是各级教师进修院校、高等学校以及广播、电视电化教育机构、自学考试等。

教师培训的形式。目前,高等学校的教师培训形式主要有在职研究生班、助教进修班、骨干教师进修班、国内访问学者、国外进修等。中小学教师的培训方式主要有为取得考核合格证书的培训、职务培训等,可以举办本、专科班,还可举办各种短训班、单科培训班、教学研究班等。各学校要注意组织教师密切结合教学进行自学和互教,这是在职教师最基本、最经常、最普遍的进修方式。各师资培训学校和教育机构,要根据自己的办学条件,充分发挥各自的优势,开展脱产、函授、业余面授等各种形式的培训。为了提高现有专任教师的学历层次,增强教师队伍的整体素质,必须走多样化的发展道路。

教师培训的原则主要是政治渗透业务的原则,缺什么补什么的原则,传授知识与发展智能相结合的原则,提高教师素质和促进教改两兼顾的原则等。当前,特别应充分认识新信息技术构成的挑战和可以抓住的机遇,加强计算机基础知识和技术培训,让教师学会应用计算机网络技术辅助教学,教会学生掌握新信息技术。

教师培训的范围和重点主要是利用远程教育等现代科技手段加速对教师的培训。今后几年或更长的一段时间,教师在职培训任务的重点仍然是使绝大多数不具备合格学历或不胜任教学工作的教师逐渐取得《教材教法证书》、《专业合格证书》直至合格学历,主要抓好中青年骨干教师、农村教师的培训,从合格学历达标培训逐步转向岗位培训,要开展以培训全体教师为目标、骨干教师为重点的严格规范的继续教育。在大中小学都要培训一批高水平的学科带头人和有较大影响的教书育人专家。各级人民政府应当采取措施,积极为少数民族地区和边远贫困地区培养、培训教师。

让教师走出校门进行调查和参加社会实践活动,也是培训教师的一个重要途径。本法明确规定,国家机关、企事业单位和其他社会组织应当为教师的社会调查和社会实践提供方便,给予协助,不得推诿,更不得阻挠、刁难,这是法定的责任。同时,注意吸收企业优秀的工程技术人员和管理人员到职业学校任教,积极开展校企合作,加快建设兼有教师资格和其他专业技术职务的"双师型"教师队伍。

四、教师的待遇

教师的待遇包括教师的工资、津贴、住房、医疗、退休等方面的内容。教师的待遇是《教师法》的一个重点问题。长期以来,我国教师的待遇偏低,不适应教育事业发展的需要,因而迫切需要提高教师的待遇。本法第六章对此作了较全面的规定。近几年来,各级党政部门落实《教师法》,积极为教师办实事,教师的待遇正在逐步提高。

1. 工资

工资是国家以货币形式支付给教师的劳动报酬。我国教师工资较长时间处于偏低状况,据国家统计资料显示,我国教师平均工资一直在国民经济十二个行业中居第十至十二位。为此,本法第二十五条规定,教师的平均工资水平应不低于或者高于国家公务员的平均工资水平,并逐步提高。教师工资水平之所以与国家公务员相比,是因为国家公务员和教师都具有为国家和社会负责的公共职责。从长远看,国家公务员的工资将有较高的水平,且保障机制好,比较稳定。与国家公务员相比,有利于教师平均工资水平的增长和稳定。本法还规定,教师的平均工资水平在不低于或者高于国家公务员平均工资水平的基础上,仍要逐步提高。要建立正常的晋级增薪制度,并由国务院制定具体办法、政策予以保证,显然,这里更突出了"高于"的精神。依法实行教师比照公务员工资待遇制度,以及改善学校管理水平,健全教师内部奖励制度,使教师工资待遇已有较大幅度提高。

2. 津贴

教师的津贴包括教龄津贴和其他津贴。执行的范围是:普通中学、中等专业学校、职业中学、农业中学、技工学校、教师进修学校、工读学校、盲聋哑学校、小学、弱智儿童学校和幼儿园的公办教师。其他津贴指国家给教师发放的有关教育教学工作的津贴。如在中小学、中等专业学校及盲聋哑学校中发放的班主任津贴,给聋哑人手语教师和翻译干部发放的特教津贴等。国家采取增发津贴等优惠政策,吸引和鼓励毕业生和教师到经济不发达地区、少数民族地区和边远贫困地区从事教育教学工作。

3. 住房

教师住房是教师待遇的重要方面。多年来我国城市教师住房人均面积低于居民人均居住面积,缺房户、困难户占相当的比例。为解决这一问题,并使教师住房人均面积达到或超过居民人均面积,本法规定,对城市教师住房的建设、租赁、出售实行优先、优惠政策,国务院和地方各级人民政府要采取措施,制定具体办法,狠抓落实。县、乡两级政府要为农村公办教师和家在农村的教师建房采取一些倾斜政策。为了落实《教师法》的这些规定,国家启动了中小学教师"安居工程"。各高校进行了筒子楼建设和危房改造,同时安排银行贷款,加快新建"经济适用型"住房,使教师住房状况有了较大的改善。

4. 医疗

建国以来,根据有关政策规定,我国教师在医疗待遇上享受实报实销的公费医疗待遇。但是,在实际执行过程中,要从教育经费中列支。由于教育经费困难,医疗费按规定的比例超支严重,许多教师看病不能报销,造成看病不及时或因经费缺少得不到有效治疗。国家实行公务员制度后,国家公务员的医疗待遇得到了较好的保障。因此,本法规定教师的医疗同当地公务员享受同等的待遇;定期对教师进行身体健康检查,并因地制宜安排教师进行休养。医疗机构要对当地教师的就诊、住院、转院等医疗提供方便。

5. 退休、退职

本法第三十条第一款规定了教师享受国家规定的退休或退职待遇。教师男满60周岁,女满55周岁,参加革命工作年限满10年的,视不同情况,其退休费可以发给其本人工资的60%—90%。教师退职,可按国家有关规定办理并享受相应的待遇。第三十条第二款规定了对教师提高退休金的优惠政策,是对地方人民政府提高教师退休金的授权性条款。北京、上海、重庆、河北、福建、江西、甘肃、宁夏、新疆、黑龙江等省市自治区和一些地、县,先后规定了30年以上教龄的教师可享受提高退休金比例的待遇。本法如此规定,既有利于照顾到各地的不同情况,又有利于配合国家退休制度的改革和养老保险制度的建立。

五、教师的考核与奖励

1. 教师的考核

《教师法》第五章规定了教师的考核制度。所谓教师的考核,是指各级各类学校及其他教育机构,按照教师考核规章规定的考核内容、考核原则、考核程序,对教师进行的考察和评价。教师考核制度是教师规范化管理制度的重要组成部分。

教师考核的机构,是教师所在的学校或其他教育机构。学校及其他教育机构的主管教育部门,负责指导和监督。

教师考核的内容,包括政治思想、业务水平、工作态度和工作成绩,即德、能、勤、绩。(1)德,主要指教师的政治素质、思想作风、道德修养等。(2)能,主要指与教师所担任的职务相适应的教学水平、学术水平和工作能力。(3)勤,主要指教师履行教育教学职责的工作积极性。(4)绩,主要指教师的工作实绩和贡献。教师的考核,应当按担任不同教师职务的相应的任职条件和职责,分别进行。对德能勤绩四个方面应当进行全面考核,不能偏废。

教师考核应遵循的基本原则是"客观、公正、准确"。程序上的基本要求是"充分听取教师本人、其他教师以及学生的意见"。

教师考核结果的使用,一是教师受聘任的重要依据。学校在教师聘任合同期满时,以及职务晋升时决定是否续聘或晋升职务,要以平时考核、年度考核或专门考核结果为依据。对于称职或基本称职的,可续聘;对于不称职的,可以按规定解聘或不再续聘;对于符合相应条件的,可以晋升教师职务。二是教师晋升工资的重要依据。建立正常的教师晋级增薪制度后,不仅教师的晋级应当以考核结果为依据,而且教师的定期增薪,也应以考核结果为依据。凡考核结果为优秀或称职的,可以晋升工资。三是教师受奖惩的重要依据。经考核优秀的应当予以奖励;经考核不称职的或表现不良的,可根据情况,作出相应的处理。对教师进行处分时,除要看其违法、违纪情况外,还应参考其以往的考核结果,以便作出公正的处理。

2. 教师的奖励

奖励是按照教师的工作成绩、对教育事业的贡献大小而给予的一定精神奖励和物质奖励。这是加强教师队伍建设的一个重要方面,具有很强的现实意义。本法第七章对此作了专门规定。

教师在教育教学、培养人才、科学研究、教学教改、学校建设、社会服务、勤工俭学等方面做出优异成绩的,由所在学校予以表彰和奖励;作出突出贡献的,由国务院和地方各级人民政府及有关部门予以表彰和奖励;作出重大贡献的,可以依照国家有关规定授予国家的荣誉称号或其他荣誉称号。

为了使高等学校成为跟踪国际学术发展前沿,成为知识创新和高层次创造性人才培养的基地,高校可从国内外吸引一批能够领导本学科进入国际先进水平的优秀学术带头人。按照"选到一个聘任一个"的原则,国家给予重点资助,对做出突出成绩的,国家予以重奖。在全国高校重点学科中,设立一批特聘教授岗位,面向国内外公开招聘特别优秀的中青年学者进入岗位,实行特别奖励政策。如北京大学、武汉大学等院校的特聘教授岗位规定年薪 10 万元以上并专拨科研经费等。1986 年国家成立了中国中小学幼儿教师奖励基金会,各地也成立了教师奖励基金组织。国家和地方及学校还设立了优秀教学成果奖等,积极开展了各种形式奖励教师的活动。国家有关部门、企事业单位和一些公民个人向教师奖励基金组织捐助资金,如曾宪梓教育基金等,推动了教师奖励活动的开展。本法以法律的形式对教师奖励作出明确规定,有利于继续推动和促进为奖励教师而进行的有关活动的开展。

第三节　法　律　责　任

《教师法》第八章专门规定了法律责任的问题。法律责任是由违法行为引起的依法承担的具惩罚性或补偿性的后果,分为刑事法律责任、民事法律责任和行政法律责任。与法律责任相适应的是法律制裁,即由国家机关对违法者依法采取强制措施给予的惩罚,亦分为刑事制裁、民事制裁和行政制裁,行政制裁又分为行政处分和行政处罚。

一、侮辱殴打教师的法律责任

侮辱教师,是指在众多人面前,或者是在可能使众多人知道的情况下,以暴力或者其他方法公然贬低教师人格,破坏教师名誉的违法行为。侮辱的方式可以归纳为三种:一是言词侮辱,即以对教师进行嘲笑、辱骂等方法,使其人格、名誉受到损害;二是行为侮辱,即对教师作出某些损害其自身人格或名誉的举动;三是图文侮辱,即以漫画、大小字报等图文形式对教师进行侮辱。殴打教师是指以暴力方法故意非法伤害教师人身健康的行为。

对侮辱、殴打教师者,应根据不同情况,依法追究其法律责任:(1)对于国家机关、企事业单位、社会团体等组织的人员侮辱、殴打教师的,由其所在单位给予相应的行政处分。(2)对于违反《治安管理处罚条例》第二十二条规定,殴打教师,造成轻微伤害的;公然侮辱教师,侵犯教师人身权利,尚不够刑事处罚的,由公安机关处以十五日以下拘留、二百元以下罚款或警告。(3)对于侮辱、殴打教师,造成损害的,应当承担民事责任。其中造成教师人身伤害的,应当赔偿医疗费、误工费等费用;造成教师的姓名权、肖像权、名誉权、荣誉权等权利损害的,应当停止侵害、恢复名誉、消除影响、赔礼道歉,并赔偿相应的精神损失。(4)对于侮辱、殴打教师,情节严重,构成犯罪的,依法追究刑事责任。其中,侮辱教师,情节严重,构成犯罪的,依照《刑法》第二百四十六条的规定,处三年以下有期徒刑、管制、拘役或剥夺政治权利。殴打教师,情节严重,主要指教师身体健康受到伤害的情形。这里又分重伤和轻伤两种。重伤一般包括:使人肢体残疾或毁人容貌,使人丧失听觉、视觉或其他器官的机能,以及其他对于人身健康的重大伤害。伤害未达到前述重伤程度的为轻伤。殴打教师造成轻伤的,依照《刑法》第二百三十四条的规定,处三年以下有期徒刑、拘役或管制;殴打教师造成重伤的,处三年以上十年以下有期徒刑;致人死亡或者以特别残忍手段致人重伤造成严重残疾的,处十年以上有期徒刑、无期徒刑或者死刑。

二、打击报复教师的法律责任

教师有申诉、检举、控告的权利。教师在有关自身权益受到侵害时,有权向主管的国家机关申述理由,请求处理。教师对国家机关和国家工作人员,以及有关社会组织和管理人员在职权活动中侵害其合法权益的违法违纪行为,有权要求有关国家机关依法惩处违法违纪人员。教师有权向公安、司法机关或纪检、监察机关揭发违法犯罪事实和嫌疑人,要求依法追究其法律责任。

国家工作人员、企事业单位和其他社会组织的负责人及其他行使一定职权的人员,故意滥用自己的职权,对进行申诉、控告、检举的教师实施打击报复的,由所在单位或上级机关责令其改正;对于多次或多方面打击报复,影响恶劣,造成教师精神失常或自杀、伤亡及其他严重后果的,可根据具体情况给予行政处分。打击报复行为构成犯罪的,国家工作人员要依照《刑法》第二百五十四条的规定,以报复陷害罪处二年以下有期徒刑或者拘役;情节严重的,处二年以上七年以下有期徒刑。

三、教师违反本法应承担的法律责任

教师违反本法主要有以下四种情形:(1)故意不完成依照聘任合同的约定或岗位职责明确规定的教师应当完成的教育教学任务,给教育教学工作造成损失的。(2)体罚学生,经教育不改的,即多次以暴力方法或以暴力相威胁,或以其他强制性手段侵害学生身体健康经批评教育仍不改正的。(3)品行不良,影响恶劣的,即教师的人品、行为严重有悖于社会公德和教师职业道德,或者严重有损为人师表形象和身份,在学生中和社会上产生恶劣影响的。(4)侮辱学生,影响恶劣的,即教师公然贬低或侵害学生的人格,破坏学生的名誉,影响恶劣、后果特别严重的,以及其他影响恶劣的。

凡有以上四种情形之一的教师,按现行学校管理权限,由所在学校、其他教育机构或教育行政部门给予行政处分。例如:四川省广元市元坝区石井铺乡中心小学六年级班主任黎××,在班上学生做错题时,她就令其用木条自己打自己,或让学生互打。为此,元坝区政府给黎开除公职留用察看一年的行政处分,同时,责令其赔偿给学生造成的经济损失。[⑦]学校、其他教育机构亦可解聘教师,被解聘的教师可另行安排其他工作或自谋职业。

教师体罚学生,造成伤害后果的,依照《刑法》对故意伤害罪的规定,追究其刑事责任。教师品行不端、情节严重、构成犯罪的,根据其犯罪行为追究刑事责任。教师侮辱学生、情节严重、构成犯罪的,依照《刑法》有关侮辱罪的规定,追究刑事责任。例如,1999年12月13日,贵州省湄潭县抄乐乡完小班主任教师罗远寿强迫学生冯航吞吃大便,情节严重,影响恶劣,被依法判处有期徒刑三年,剥夺政治权利三年。

有上述情形之一,对学校、其他教育机构和学生造成损失或损害的,还应当依照《民法通则》的有关规定,承担赔偿损失、消除影响、恢复名誉等民事责任。

四、拖欠教师工资或侵犯教师其他合法权益的法律责任

拖欠教师工资,是指未按时、定额地支付教师的工资性报酬,包括基础工资、岗位职务工资、奖金、津贴和其他各种补贴等。拖欠教师工资,是违反《教师法》、侵害教师合法权益的违法行为。这一问题,一直受到社会的广泛关注,但多年来并未完全解决好。有一段时期,全国不少地区尤其广大农村拖欠教师工资仍达数亿元以上。这不仅侵害了教师获取劳动报酬的基本权利,危及教师本人及家庭的生计,影响教师队伍的稳定,而且严重损害了党和政府的威信。

拖欠教师工资的原因和情况比较复杂,主要有两种:一是因违反财政、财务制度,挪用、克扣教育经费造成拖欠教师工资;二是因确属当地财政困难而难于解决,造成拖欠教师工资。不管哪种原因,究其根本,关键在于政府自身。因此,对违反本法规定、拖欠教师工资的,无论是政府及其有关部门,还是学校及其他教育机构,无论是公办学校还是民办学校,均由地方人民政府责令其限期改正;当地政府拖欠的,由上一级人民政府责令限期改正。对于违反国家财政、财务制度,挪用国家财政用于教育的经费,造成拖欠教师工资,严重妨碍教学工作,损害教师合法权益的,由上级机关责令限期归还被挪用的经费并对直接责任人员给予行政处分。国家机关工作人员或其他经手、管理公共财物的人员,利用职务上的便利以侵吞、窃取、骗取或以其他手段非法占有教育经费的,均构成贪污罪,依照《刑法》第三百八十二条、第三百八十三条的规定,追究刑事责任。国家工作人员利用职务上的便利,挪用教育经费归个人使用、进行非法活动的,或挪用教育经费数额较大、进行营利活动的,或者挪用教育经费数额较大、超过三个月未还的,构成挪用公款罪,按《刑法》第三百八十四条的规定追究刑事责任。

侵犯教师的其他合法权益,主要有以下几种情况:侵犯本法第七条规定的教师享有除按时获取工资报酬以外的各项权利的;未履行第九条规定的保障教师完成教育教学任务而应当履行的各项职责,妨害教师完成教育教学任务的;违反本法第二十三条规定,对教师进行考核不公正的;违反本法有关规定,未向教师提供相应福利待遇的等。侵犯教师以上合法权益,除按本法第八章有关条款规定追究相应的法律责任外,均依照本法的规定,由地方各级人民政府及其有关部门按行政管理权限,责令侵权人限期改正。

五、其他法律责任

教师是专门从事教育教学工作的专业人员,但教师同时是一个普通公民。因此,教师除享有《教师法》规定从事教师这一职业的特定的权利义务外,还享有宪法确定的基本权利和义务。例如,作为公民,教师享有宪法规定的政治权利、人身自由、批评建议和申诉控告权、物质生活保障权、社会文化权、男女平等权、婚姻继承权等基本权利。承担维护国家统一和民族团结,遵纪守法,遵从社会公德,维护祖国安全、荣誉和利益,保守国家机密,服兵役,保卫祖国,依法纳税等基本义务。又如,作为民事主体,教师享有民法规定的财产权、人身权、知识产权等权利,同时负有民法上的义务。

违反宪法和其他法律,侵犯教师合法权益的,应依照有关法律规定,追究其民事的、行政的、刑事的法律责任,以维护教师的合法权益。

教师违反宪法和其他法律法规,侵犯了国家的、集体的、社会的、他人的合法权益的,按有关法律规定,承担民事的、行政的、刑事的法律责任。

六、教师申诉的程序

《教师法》第三十九条规定了教师申诉的程序。教师申诉,是指教师在其合法权益受到侵害时,依照法律、法规的规定,向主管的行政机关申诉理由,请求处理的制度。

教师申诉的程序分三个依次进行的环节。

1. 申诉的提出

在下列三种情况下,教师可以提出申诉:一是认为学校、其他教育机构侵犯其合法权益的;二是对学校、其他教育机构在工作安排、人员调配、工作条件、教学科研、民主管理、职务评聘、考核奖惩、培训进修、工资福利、退休退职等教师管理的各个方面作出的决定不服的;三是认为当地人民政府有关行政部门侵犯其根据《教师法》规定享有的权利的。前两种情况教师可以向主管该学校、其他教育机构的教育行政部门或主管本行政区域内教育工作的教育行政部门提出。后一种情况可以向同级人民政府或上一级人民政府有关部门提出。申诉应当以书面形式提出。

2. 申诉的受理

主管的教育行政部门或其他有关部门接到申诉书后,应对申诉人的资格和申诉的条件进行审查,分别不同情况,做如下处理:(1)对符合申诉条件的应予受理;(2)对于申诉书未说清申诉理由和要求的,通知重新提交申诉书;(3)对于不符合申诉条件的,决定不予受理。

3. 申诉的处理

主管的教育行政部门应当在接到申诉的三十日之内(其他政府有关部门虽没确定期限,但也应尽快)进行调查研究,查清事实,区别情况,作出如下处理决定:(1)学校或其他教育机构的管理行为符合法定权限和程序,事实清楚,适用法律法规正确的,维持原处理结果;(2)管理行为一部分适用法律法规错误、处理不当或越权的,变更原处理结果;(3)管理行为违反法律法规的规定,越权或滥用职权,处理明显不当的,撤销原处理决定或责令被申诉人重新作出决定;(4)管理行为所依据的内部规章制度与法律法规及国家颁布的其他规范性文件相抵触的,决定撤销该内部管理规定或责令被申诉人修改其内部管理规定;(5)被申诉人违法不履行职责的,责令其限期改正;(6)管理行为存在程序上和形式上的不足,决定由被申诉人补正。教师申诉是一项法定的权利救济性质的行政申诉制度,对于教师合法权益的保护有着重要作用。

第四节　《教师法》的实施

《教师法》正式实施已有十余年。十余年来,《教师法》日益深入人心,有力地维护了教师的合法权益,教师在工资住房等待遇方面有了较大改善,大大调动了教师的积极性。教师管理逐步走上规范化、法制化的轨道,教师的政治和业务素质有了较大提高,教师队伍建设出现了新局面。全社会尊师重教的风气正在形成,中华民族尊师重教的优良传统正在发扬光大。依法管理,依法治教,促进了教育的改革和发展。

一、切实提高教师的社会地位

《教师法》的制定,使广大教师有了自己的法律武器,这是值得庆贺的喜事。但法律的生命力不仅在于它的制定,更重要的在于它的实施,在于它在社会生活中得到贯彻落实。因此,认真实施《教师法》,就是至关重要的问题,它不仅是教育部门的事,而且是全党全社会的事。只有认真执行《教师法》,自觉遵守《教师法》,才能切实提高教师的社会地位,在全社会形成尊师重教的良好风尚。

我国有尊师重教的传统,党和国家对此也十分重视,制定了许多重要政策,采取了许多重要措施,使教师的社会地位有了显著提高。但是,从全社会看,教师的实际待遇和地位仍然偏低,其得到的与付出的仍不相称,教师的岗位还没有成为人们最崇敬的职业,教师还没有成为最受人尊敬的人。

早在 1985 年,邓小平同志在全国教育工作会议上就严肃指出:"忽视教育的领导者,是缺乏远见的、不成熟的领导者,就领导不了现代化建设。各级领导要像抓好经济工作那样抓好教育工作。"人民教师是教育大业的主体,重视教育,首先必须尊重教师、关心教师、培养教师、保护教师,提高教师的社会地位。

《教师法》第一章总则规定:"各级人民政府应当采取措施……提高教师的社会地位。"这是法定的职责。提高教师的社会地位,必须为教师办实事办好事,做实实在在的工作。譬如,开辟多种渠道,增加对教育的投入,努力改善办学条件,改善教师的工作环境;过好教师节,大力宣传尊师重教的好人好事,形成社会风尚;评选与表彰优秀教师和优秀教育工作者,对作出突出贡献的给予重奖;落实好教师的工资、津贴、住房、医疗、退休等待遇,改善教师的生活条件;保障教师各项权利的行使,全心全意依靠教师办教育;大力宣传《教师法》,使《教师法》家喻户晓、人人皆知,制止和惩处侵犯教师合法权益的行为,加强监督,使《教师法》真正落到实处,等等。

《教师法》还规定:"全社会都应当尊重教师。"这是对各行各业及全体公民的要求。作为一个组织、一个公民应懂得荀子说过的"国将兴,必贵师而重傅"的道理。充分认识到只有尊重教师,才能振兴教育,培养人才,实现四化,使中华民族立于世界民族之林。因而自觉地尊重教师的劳动,维护教师的人格尊严,关心教师的工作、生活,爱护教师的身心健康,主动为教师排忧解难,为在全社会形成尊师重教的好风尚添薪加柴。这是每个社会成员的法律责任。

依靠法律武器提高教师的社会地位,这是广大教师也是全社会多年来盼望的事情。《教师法》的颁行,使我们"有法可依"了,但是,要切实提高教师的社会地位,关键还在于"有法必依,执法必严,违法必究"。我们不要认为有了《教师法》,一切问题就都解决了。可以断言,违反《教师法》,侵犯教师合法权益,损害教师社会地位的现象还会发生。因此,各级政府、各社会团体、各社会组织、各级干部及每个公民都要同违反《教师法》的行为作斗争。对歧视鄙薄教师的现象要严厉批评,对侮辱、殴打教师,打击报复教师的事件要严肃处理,维护法律的权威和尊严,切实提高教师的社会地位,使教师成为人们羡慕的职业,使教师成为全社会最让人羡慕的人。

二、依法造就合格的教师队伍

我们已经跨入 21 世纪,全国上下都在为实现国民经济和社会发展的新世纪宏伟目标而努力奋斗,全世界都在思考怎样才能赢得新世纪更加激烈的国际竞争,而竞争的优势在人才,人才的培养靠教育,振兴教育,师资先行。因此,依法造就一支具有良好政治业务素质、结构合理、相对稳定、适应教育发展需要的精干高效的教师队伍,是百年大计,是贯彻落实《教师法》的重要内容。

当前,我国教师队伍的发展趋势是健康的,教师的整体素质明显提高,教师队伍不断扩大,教师特别是青年教师的培养工作得到普遍重视,教师队伍不稳定的状况有所缓解。总之,教师队伍的主流是好的。但是,存在的问题也是不容忽视的。譬如,教师队伍的整体素质并不令人十分乐观;部分青年教师思想政治素质有下滑的趋势;教师外流现象依然存在;不安心教学的仍占不小比例;业务素质和知识结构不适应社会需要的问题比较突出;后继乏人的困难和危机并没有完全解除,等等。因此,依法加强教师队伍建设,造就合格的教师队伍是当务之急。

《教师法》总结了我国教师队伍建设的经验,借鉴国外先进的管理制度和做法,确立了教师的资格和任用、培养和培训、考核和奖励等一整套法律制度,建立了比较完善的现代化的教师管理机制,为进一步深化改革、造就合格的教师队伍提供了法律依据。

各级政府和教育行政部门要站在法律的高度认识造就合格教师队伍的战略意义,以法律手段促进全社会尊师重教;要加强地方立法,制定与《教师法》相配套的地方法规;要实行目标责任制,把重点工作指标逐级分解,落实到干部任期目标责任中去;在完善管理体制,强化政府行为,坚持依法治教,加大执法监督力度上形成行之有效的机制,把教师队伍建设纳入法制轨道。

教师资格制度是国家的一项职业资格制度,是依法管理教师队伍的重要手段。各级教育行政部门要以高度负责的精神,代表国家依法认定教师资格,切实保证质量,以吸引优秀人才从教,不断提高教师队伍素质。

完善教师职务聘任制度,是加强教师队伍建设的重要环节。各地应按《纲要》和《教师法》的要求及国家教育行政部门提出的教师职务比例的目标,制定实施意见和计划目标,搞好教师职务评聘。利用这一杠杆,全面提高教师的政治、业务素质,调动教师的积极性,加强教师队伍建设。

搞好教师的培养培训工作是加强教师队伍建设的一项长期任务。师范教育是培养教师的摇篮。改革开放以来,我国的师范教育虽有长足的进步,但还不能满足和适应形势发展的需要。各级政府应继续坚持优先办好师范教育的方针,大力提高办学质量和效益,从根本上扭转师范教育仍然滞后的局面,加快师范教育的改革和发展步伐,做好教师队伍的补充、更新和提高。

加强对教师的考核工作,是教师规范化管理的组成部分。各级教育行政部门应加强指导监督,学校和其他教育机构应当客观、公正、准确地搞好教师考核工作。通过考核,教育、激励教师,加强队伍建设。

奖励是加强教师队伍建设的一个重要方面。对做出成绩的教师必须给予物质或精神奖励,对作出突出贡献的还应重奖,从而调动教师的积极性,比、学、赶、超,以点带面,整体推进教师队伍建设。对于教师违反《教师法》,不履行应尽义务的,也应按《教师法》的规定承担相应的责任,给予应有的处罚。惩戒违法行为也是搞好教师队伍建设的一种手段。

《教师法》关于加强教师队伍建设的规定,涉及到各级人民政府及部门,特别是教育行政部门的职责、权限,涉及到学校及其他社会各界的权利、义务,直接关系到广大教师的切身利益,各有关方面应当严格执行法律的规定,以保证新的教师管理机制的正常运行,依法造就合格的教师队伍。

三、保障教师的合法权益

《教师法》规定了教师的基本权利,如教育教学权、科研权、指导评价权、获得报酬权、参与学校管理权、要求培训进修权等,这些权利是教师履行其职责必须具备的。《教师法》对教师的工资、津贴、住房、医疗、退休、退职等待遇作了明确规定,在解决教师待遇问题上有新的突破。

但是,由于全国范围内教育发展极不平衡,加上各项配套的社会改革如住房、保险、失业救济等制度的改革尚未完全配套,再加上其他种种原因,教师某些权利的行使还存在着障碍,教师的劳动还未完全得到应有的尊重,教师的福利待遇等一些实际问题也还解决得不尽如人意。这不但不利于调动教师的积极性,而且也不利于吸收优秀人才进入教师队伍。从长远看,这对教育事业的发展乃至经济的发展和社会的进步都会带来影响。

邓小平同志指出:要千方百计,在别的方面忍耐一些,甚至于牺牲一点速度,也要把教育解决好。再穷,也要照顾教育科技。再穷,也不能穷教师。各地要高度重视教师权益问题,采取有效措施,依法予以保障。

要保证教师工资不低于或高于国家公务员工资水平,并按时增长。解决拖欠教师工资问题要有紧迫感。凡是教师工资不能按时发放的农村地区,教师工资一定要收归县管。各级政府办公厅和财政部门要加强督查,教育部门要积极配合检查,反映真实情况。

对于教师住房问题,由于前些年欠账太多,解决教师住房困难的任务仍很艰巨,各级政府及部门和单位应继续予以关注和支持。要探索新的解决问题的模式。北京市采取中央给予重点支持,市里提供优惠政策,中央部委和院校集资的方式,建设高校住宅园区,为教师乐业兴教迈出了较大的步伐,值得各地参考。

教师的医疗问题,在许多地方还未得到有效的保障。各级政府和有关部门、单位要结合医疗改革,尽快解决教师就医难的问题。要切实保证教师享受同国家公务员一样的医疗待遇,保证教师的身心健康。

总之,依法保护教师合法权益,是各级政府及其部门的职责,是学校及其他教育机构的职责,是全社会及全体公民的责任。只有大家都重视都努力,教师的合法权益才能得到有力的保障。

四、增强教师自身的义务感、使命感

《教师法》第三条对教师的身份和使命作了明确的规定。指出教师既不同于国家公务员，又不同于职员和管理人员，是履行教育教学职责的专业人员。教师负有特殊的历史使命，一是教书育人，培养社会主义事业的建设者和接班人；二是提高全民族思想政治、科学文化和身体素质。教师的工作看起来是平凡的，但却是崇高的、光荣的。正如著名教育家杨昌济所说："教育者，寂寞之事业，而实为神圣之天职，扶危定倾，端赖于此。"[8]

长期以来，广大教师不辞辛苦，默默耕耘，涌现出了一大批敬业爱岗、成绩卓著、师德高尚、堪称楷模的优秀教师。如 1996 年 12 月 11 日在人民大会堂作模范事迹报告、震撼京城的我国千万个中学模范班主任代表黄静华老师；21 年如一日扎根农村、甘于清贫的民办教师代表胡志珍老师；呕心沥血、鞠躬尽瘁的少数民族教师代表戴俊秀老师。2000 年 3 月 31 日，《中国教育报》一版以"永为人师"为题，报道了辽宁省凤城市东方红小学校长、特级教师包全杰的事迹。包全杰几十年呕心沥血，把一个"乱校"改变成省级名校；使学校资产增加了 100 倍，自己不拿一分好处费，清贫一生；为 80 多位教师解决了住房，自己一家 8 口老少同堂仍挤在使用面积仅 27.8 平方米的小房中；在担负繁重的行政工作的情况下，却创造了"包氏教学法"等 10 项课题研究，大多获得了国家和省级一等奖；胃癌晚期，仍坚持工作。他在生命垂危弥留之际，仍念念不忘的是孩子、学校、老师、工作。这些优秀教师的代表，他们热爱教育事业、艰苦奋斗、无私奉献的敬业精神；淡泊明志、积极向上的乐观主义人生态度和进取精神；以兴天下为己任的强烈的事业心和高度的社会责任感，都深刻体现了当代人民教师的风貌。

正因为如此，社会从不同角度对教师的功德给予了诸多的盛誉："人梯"、"春蚕"、"烛炬"、"孺子牛"、"园丁"、"人类灵魂工程师"、"太阳底下最高尚的职业"等等。这些赞誉，既道出了教师的艰辛，更道出了教师的伟大，也是广大教师辛勤劳作、以身作则、为人师表而树立的丰碑。作为一个教师，应当认识到自己辛勤劳动的价值和伟大的社会意义，忠诚于人民的教育事业，"毕生事业一教鞭"[9]。

一位优秀教师就是一位开发人力资源的科学家、专门家。因此，作为教师，应认识到自己特殊的身份和历史使命，图新、创新、开拓、进取，尽展当代教师的风采，凝聚 21 世纪教育发展的希望。

进入新世纪以来，我国提出了全面建设小康社会的奋斗目标，教育事业被进一步置于优先发展的战略地位。现阶段教育事业的发展面临着须进一步解决的两大重要问题：一是教育要全面适应现代化建设对各类人才培养的需要；二是要全面推进素质教育,提高办学质量和效益。要实现这两个"转变",广大教师负有义不容辞的责任。

著名教育家第斯多惠说:"只有当你不断地致力于自我教育的时候,你才能教育别人。"因此,作为一名教师,应严于律己,自尊自重,教书育人,为人师表,要以自己的高尚情操、廉洁作风、渊博知识、卓越才能来教育和培养学生。教师要把自己的博才和美德统一起来,形成完善的师表,去影响、激励学生。如犁铧,一点点地磨损自己,去开垦蒙昧的荒原,播撒智慧的种子;像春蚕,吐尽银丝织锦绣,化作红浪护桃李。

作为教师,要时刻牢记,兼有人类灵魂工程师和人类智慧启蒙者两个光荣称号的,只有人民教师。这是光荣,也是责任。当前,要注意增强教书育人的社会使命感,加强尊重学生、爱护学生、保护学生的责任意识,不断提高思想政治素质和业务素质。真正做到"一息尚存须努力,留作青年好范畴"[10];"自闭桃源称太古,欲栽大木柱长天"[11]。

注

① 《荀子·地位》,见《荀子·大略》一书,转引自邵小武等主编:《教师职业道德概论》,山东大学出版社 1988 年版,第 216 页。

② 叶圣陶 1983 年为全国"五讲四美、为人师表"先进代表大会的题词。

③ 布贝尔:《品格教育》,人民出版社 1980 年版,第 299 页。

④ 《陶行知文集》,江苏人民出版社 1981 年版,第 821 页。

⑤ 裴斯泰洛齐语,转引自《社会主义职业道德讲话》,北京日报出版社 1987 年版,第 138 页。

⑥ 《马克思恩格斯全集》第 16 卷,人民出版社 1964 年版,第 16 页。

⑦ 引自全国人大教科文卫委员会教育教研室编:《教育法学习宣传辅导》,高等教育出版社 1995 年版,第 246 页。

⑧ 杨昌济语,转引自邵小武等主编:《教师职业道德概论》,山东大学出版社 1988 年版,第 215 页。

⑨ 苏步青语,转引自《名人格言》,山西人民出版社 1984 年版,第 133 页。

⑩ 吴玉章语,引自《吴玉章同志诞生一百周年纪念专刊》,中国人民大学出版社 1987 年版。

⑪ 《湖南第一师范校史》,上海教育出版社 1983 年版,第 92 页。

第五章
《中华人民共和国义务教育法》导读

《中华人民共和国义务教育法》（以下简称《义务教育法》），经 1986 年 4 月 12 日第六届全国人大第四次会议通过，2006 年 6 月 29 日第十届全国人大常委会第二十二次会议修订，是确立和发展我国义务教育制度的重要法律，是促进和保证我国基础教育健康发展的基本法。它的颁布和实施，对于保障公民接受义务教育的权利，提高全民族的素质，实施科教兴国战略和人才强国战略，对于落实科学发展观，推进社会主义和谐社会建设和实现全面建设小康社会的目标，具有重大的现实意义和深远的历史意义。

第一节 概 述

一、义务教育在经济社会发展中的重要作用

在现代社会，各国十分重视教育事业的发展。教育能够改变和决定一个人未来的命运，也能够改变和决定一个国家未来的发展。从公民角度看，受教育是个人摆脱愚昧、享受社会文化财富的前提，是个人自我发展和实现自我价值的需要；从国家和社会的角度看，教育关系国家和民族的未来，国民经济的发展要靠教育来开发人才资源，民主政治建设也要靠提高全民族的文化素质才能实现。可以说，民族的振兴，教育是基础。而义务教育是整个教育乃至国家现代化建设大厦的根基。实施义务教育，已成为世界各国政府的共识。据联合国教科文组织统计，全世界已有 170 多个国家宣布实施义务教育制度。[①]

当前，我国正处于发展的关键时期。全国人民在中国共产党的领导下，认真贯彻落实以人为本的科学发展观，努力构建社会主义和谐社会，为实现全面建设小康社会的目标，不断开创有中国特色社会主义事业新局面而不懈努力。而建设社会主义和谐社会，就是要努力构筑一个民主法治、公平正义、充满活力、安定有序、人与自然和谐相处的社会，这为义务教育实现其重要的社会功能提供了更大的空间和条件，提出了更高的要求。然而，我国的义务教育工作基础还比较薄弱，这与实

现我国社会主义现代化建设的战略目标的迫切需要还存在着尖锐的矛盾和差距。因此,国家制定和修订《义务教育法》,普及和巩固九年义务教育,必将有力地推动全民族素质的提高,在经济社会的发展中发挥出重要的作用。

同时,在现代社会,教育不仅被看作社会经济发展的手段,也是个人的一项不可剥夺的基本权利。在世界上大多数国家,受教育都被看作是基本人权而在宪法中占有一席之地,有 51.4% 的世界各国成文宪法规定了受教育的权利和实施义务教育。② 我国是社会主义国家,使人民充分享受受教育的权利是社会主义制度重要的特征,享受教育基本权利和接受良好教育,是人民群众的最基本需求和最大利益。新中国成立后不同时期的宪法,都把受教育规定为公民的基本权利。我国现行《宪法》明确规定,中华人民共和国公民有受教育的权利和义务;国家举办各种学校,普及初等义务教育;国家培养青年、少年、儿童在品德、智力、体质等方面全面发展等。同时还规定,国家尊重和保障人权。受教育权作为现代社会公民的一项宪法权利,所对应的正是国家和政府的基本义务。制定、实施《义务教育法》,正是国家和政府履行这种义务,实现公民权利的必由之路。因此,全面、公平、公正地开展义务教育,也是国家保障公民基本权利、维护社会基本公平的要求。

二、《义务教育法》的制定与修改

《义务教育法》是从我国的国情出发,依据我国 20 世纪 80 年代社会主义建设与发展的实际需要,以及教育发展的现实条件而制定的。党的十一届三中全会以来,党中央确定了现代化建设的发展战略,要把我国建设成为一个高度民主、高度文明的社会主义现代化强国。对于我们这样一个人口众多、资源相对不足、经济文化比较落后的国家来说,要实现现代化建设的宏伟目标,具有决定意义的一条就是把经济建设转到依靠科学技术进步和提高劳动者素质的轨道上来,提高全民族的思想道德和科学文化水平。可以说,实现现代化,科学技术是关键,教育是基础。

新中国成立后,我国的教育事业有了很大的发展,从根本上改变了旧中国基础教育极为落后的状况。在旧中国只有 20% 的学龄儿童能够入学。到 1985 年,全国共有小学 83 万多所,在校学生达到 1 亿 3 千多万人,95% 以上的学龄儿童都能够入学。初中教育有了更大的发展,学校数量由 4 000 多所增加到 76 000 多所,增加了 17 倍,在校学生人数由 80 多万人增加到 4 000 万人,增加了 46 倍。③ 但是,从总体上看,我国基础教育仍然比较薄弱,相当部分农村地区尚未普及小学教育,许多适龄儿童特别是女童没有受完小学教育,青壮年中的文盲和半文盲仍在继续产生,不少中小学师资不适应教育教学的需要,中小学经费严重不足等。基础教育存在的种种问题,与我国现代化建设的宏伟目标形成了尖锐的矛盾。为此,党和国家从我国人口众多、国民素质偏低的情况出发,根据现代化建设的实际需要,确立了教育在经济、社会发展中的优先地位，作出了有步骤实施九年义务教育的决策。另一方面，新中国几十年普及教育工作，特别是党的十一届三中全会以后的教育体制改革，也创造了一些成果，积累了一定的经验。因此，有必要通过制定《义务教育法》，以法律强制的手段促进基础教育的发展。

党的改革开放政策推动了社会经济的发展，也使我国社会主义法制建设不断完善，教育法制建设也随之进入了一个新的阶段。1984年国务院教育主管部门开始着手准备起草《义务教育法》。1985年5月27日《中共中央关于教育体制改革的决定》，明确提出了制定《义务教育法》、普及九年制义务教育的任务，认为：实行义务教育"为现代生产发展和现代社会生活所必需，是现代文明的一个标志……现在，我们完全有必要也有可能把实行九年制义务教育当作关系民族素质提高和国家兴旺发达的一件大事，突出地提出来，动员全党、全社会和全国各族人民，用最大的努力，积极地、有步骤地予以实施。为此，需要制定《义务教育法》，经全国人民代表大会审议通过后颁行"。这是新中国成立后第一次明确提出通过立法在全国实施义务教育，推动了《义务教育法》起草工作的进行。1986年4月12日，第六届全国人民代表大会第四次会议审议通过了《义务教育法》，共十八条，于同年7月1日开始实施。1992年2月29日，经国务院批准，原国家教委于同年3月14日制定实施了《义务教育法实施细则》。

《义务教育法》的颁布、实施，标志着我国义务教育制度的确立，使我国义务教育事业开始走上了依法治教的轨道，对基本普及九年制义务教育，提高全民族素质发挥了重要的作用。2000年我们实现了"基本普及九年义务教育、基本扫除青壮年文盲（简称'两基'）"的伟大目标。2005年，全国有13个省级单位、2 890个县（市、区）实现了"两基"，全国"普九"地区人口覆盖率超过95%。④但是，随着我国经济社会的快速发展，义务教育出现了一些新情况、新问题，《义务教育法》原有的一些规定，已不适应形势发展的需要。主要是：各级政府投入责任不明确，义务教育财政经费投入总量不足，不少学校公用经费存在缺口，有的学校还存在危房和欠债，一些地方教师工资不能按时、足额发放；义务教育阶段学生学习负担较重，应试教育没有得到根本改观；义务教育资源配置不尽合理，发展不均衡，城乡之间、地区之间、学校之间的差距依然存在，在一些地方和有些方面还有扩大的趋势；有些义务教育学校乱收费现象严重，学生家长经济负担沉重；义务教育学校时有事故发生；农村流动人口子女入学、留守子女教育、农村学生辍学等现象依然严峻。据统计，2004年我国随父母进城的义务教育阶段的适龄儿童已达640多万，托留在农村的"留守儿童"有2 200多万，全国农村初中辍学率达到3.55%，使义务教育面临着新的挑战。⑤人民群众和社会各界对这些问题反应强烈，仅十届全国人大一到三次会议，就有2 132位代表提出46件议案，要求修订这部法律。因此，有必要完善有关义务教育的制度,对《义务教育法》进行修订。为此,教育部于 2004 年 6 月在认真调查研究、总结实践经验的基础上,起草了《义务教育法(修订送审稿)》上报国务院。国务院经反复论证,形成了修订草案,经 2006 年 1 月国务院常务会议批准后,报全国人大审议。在此期间,2005 年 12 月,国务院下发了《关于深化农村义务教育经费保障机制改革的通知》,明确了各级政府对农村义务教育经费的分担责任和实施步骤,为《义务教育法》的修订奠定了良好的基础。2006 年 6 月 29 日,第十届全国人大常委会第二十二次会议审议通过了新修订的《义务教育法》,于 2006 年 9 月 1 日起实施。

三、《义务教育法》颁布实施的意义

修订后的《义务教育法》,坚持以人为本,全面落实科学发展观,把普及九年义务教育、实施素质教育、保障受教育权利和促进人的全面发展作为立法的基本目标。它对《义务教育法》实施 20 年来的经验进行了总结,吸纳了近年来促进义务教育发展的新思路,对义务教育的制度和发展进行了重新思考和定位,作出了一系列重大的制度创新。《义务教育法》的修订与实施,是我国教育事业发展的一个新的里程碑。它对于坚持教育优先发展,实施素质教育,培养有理想、有道德、有文化、有纪律的社会主义建设者和接班人,提高中华民族的整体素质,具有十分重要的意义。

第一,修订后的《义务教育法》,为在新起点上更好地实施九年义务教育提供了法律保障。党的十六大提出的全面建设小康社会的目标之一,是形成比较完善的现代国民教育体系,使人民享有接受良好教育的机会。义务教育是现代国民教育体系的核心部分,是其他各级各类教育的基础。修订后的《义务教育法》进一步明确了义务教育的性质和培养目标,规定了义务教育是公益性事业,明确了义务教育的管理体制,明确了各级人民政府及有关部门等主体的职责和义务,规定了相应的法律规范。特别是将义务教育全面纳入财政保障范围,将义务教育经费保障机制以法律的形式固定下来,明确义务教育不收学费、杂费。这为我国在新世纪更好地实施义务教育,提供了有力的法制保障。这对于进一步构建比较完善的现代国民教育体系,提高全民族素质,必将产生重大而深远的影响。

第二,修订后的《义务教育法》,为促进人的全面发展提供了法律保障。全面推进素质教育是我国教育事业的一场深刻变革,关系到培养什么人、怎样培养人的大问题。多年来,我国素质教育取得了一些重要成果和成功经验,但仍然存在着不少问题。修订后的《义务教育法》第一次将素质教育的要求写入法律,使素质教育从一般的政策指导转变为统一的法律规定,要求根据适龄儿童、少年的身心发展状况,确定教学制度、教育教学内容和课程设置,改革考试制度,注重培养学生的独立思考能力、创新能力和实践能力,推进素质教育。同时还对教育教学和教师予以专章规定,为推进素质教育提供教育教学和师资保障。这一系列的规定,有利于促进学生全面发展,培养创新型人才,将为造就数以亿计的高素质的劳动者、数以千万计的专门人才和一大批拔尖创新人才的重大目标奠定坚实的基础。

第三,修订后的《义务教育法》,为促进教育公平提供了法律保障。随着社会经济的发展,受教育条件和机会的平等问题,成为人们关注的热点。推进义务教育均衡发展,是社会主义制度的本质体现,是构建社会主义和谐社会的基础性工作。修订后的《义务教育法》针对我国促进义务教育均衡发展的成熟政策、成功经验和存在的问题,将促进义务教育均衡发展作为方向性要求确定下来,明确各级政府应当合理配置教育资源,改善薄弱学校的办学条件,并从师资流动、预算编制、设立专项资金等方面规定了促进义务教育均衡发展的措施。这些规定,有利于进一步完善政府推进义务教育均衡发展的体制机制,保障农村地区、民族地区实施义务教育,保障家庭经济困难和残疾适龄儿童、少年接受义务教育,推动各级政府、教育行政部门和学校切实办好每一所学校,关注每一个学生的健康成长。

第四,修订后的《义务教育法》,为进一步完善中国特色教育法律法规体系,全面实施依法治教提供了法制基础。随着社会主义法治建设的不断深入,教育立法工作不断加强,从 1980 年至今,已经颁布实施了《学位条例》、《义务教育法》、《教师法》、《教育法》、《职业教育法》、《高等教育法》、《民办教育促进法》等教育法律。其中一些制定较早的法律,在一定的历史时期发挥了较好的法制保障作用,但随着形势的发展,有必要进行修订。《义务教育法》的修订,针对义务教育存在的突出问题,认真总结经验,广泛征求意见,体现了党和国家对义务教育的新要求,具有较强的时代性、针对性和前瞻性,为教育立法提供了典范。修订后的《义务教育法》的贯彻实施,不仅为新时期全面推进依法行政、依法治教、依法治校,加强教育执法和监督工作提供了明确的法律依据,而且为提高义务教育法制建设的总体水平奠定了良好的基础。

第二节 《义务教育法》的基本内容

修订后的《义务教育法》,共八章六十三条,对我国义务教育的基本内容进行了规定。

一、义务教育的性质与特征

义务教育作为近代各国普遍实施的一项教育法律制度,其实质就是国家依照法律规定对适龄儿童、少年实施一定年限教育的强制教育制度。由于各国的社会、经济、文化的背景不同，因而各国的义务教育也有自己的特征。《义务教育法》第二条规定："国家实行九年义务教育制度。义务教育是国家统一实施的所有适龄儿童、少年必须接受的教育，是国家必须予以保障的公益性事业。实施义务教育，不收学费、杂费。国家建立义务教育经费保障机制，保证义务教育制度实施。"这一规定明确了我国义务教育的性质，也体现了我国义务教育的特征。

（一）义务教育的公益性

义务教育的公益性，是义务教育的本质特征。义务教育是不是公共的事业，是不是公益性事业，义务教育所提供的服务产品是不是一种公共产品，这是近年来社会最关注的一个问题，直接影响到发展义务教育的理念和路径选择。《义务教育法》明确了义务教育是"国家必须予以保障的公益性事业"。公益性突出强调"义务教育是政府的责任"，是与免费性联系在一起的，是指国家保障义务教育经费，对接受义务教育的学生免除其费用。1986年制定的《义务教育法》并没有直接明了规定义务教育不收学费、杂费。1992年颁布的《义务教育法实施细则》中规定，"实施义务教育的学校可收取杂费"。为此，杂费以各种名目出现在义务教育学校的收费单上，成为农村乃至城市居民的主要开支之一。"杂费是个筐，什么都往里面装"，为义务教育学校乱收费留下了借口，有的人认为"义务教育就是你有义务交费接受教育"，甚至把义务教育也当作一个产业，以致引起社会强烈的反响，直接损害了义务教育的公益性。修订后的《义务教育法》明确规定，国家建立义务教育经费保障机制，保证义务教育制度的实施；实施义务教育，不收学费、杂费；不收杂费的实施步骤，由国务院规定。可以预见，在不远的将来，义务教育免收学费、杂费的法律原则，就将惠及我国城乡广大适龄儿童、少年。正确认识义务教育这一重要特征，对于义务教育的健康发展具有十分重要的现实意义。

（二）义务教育的统一性

义务教育的统一性，是指义务教育是由国家统一实施的教育，强调的是在全国范围内实行统一的义务教育，这是义务教育的重要特征。我国各地社会经济发展极不平衡，为了保证义务教育阶段国家意志的统一体现，在《义务教育法》的修订中，统一性是贯穿始终的一个理念。《义务教育法》第四条规定：凡具有中华人民共和国国籍的适龄儿童、少年，不分性别、民族、种族、家庭财产状况、宗教信仰等，依法享有平等接受义务教育的权利，并履行义务教育的义务。同时，法律还规定了统一的义务教育阶段教科书设置标准、教学标准、经费标准、学校建设标准、学生公用经费标准等，来保障国家统一实施义务教育。

（三）义务教育的强制性

义务教育的强制性，或叫义务性，也是义务教育的一个重要特征。它是指义务教育是依照法律的规定，由国家强制力保证其施行的教育法律制度。任何违反《义务教育法》，阻碍或破坏义务教育实施的违法行为，都应当依法承担法律责任，受到法律的制裁。1986年制定的《义务教育法》只有十八条，没有专门规定法律责任，甚至被认为是一个"软法"。修订后的《义务教育法》，对法律责任进行了专章的规定，明确了各级政府及教育行政部门、有关社会组织、学校、教师、适龄儿童、少年的父母或其他法定监护人的义务教育责任，使义务教育的推行有可能在必要的时候通过国家的强制措施获得实现。

（四）义务教育是国家强制的一定年限的教育

义务教育是国家依法强制适龄儿童、少年必须接受的一定年限的教育，强调的是适龄儿童、少年在校学习的年限，完成年限，一般即完成义务教育。这一定年限的教育，是适龄儿童、少年将来继续受教育及参与社会生活所必须具备的社会及文化知识基础，是提高公民素质的重要途径，奠定了其一生发展的基础。在实行义务教育的国家和地区中，规定的义务教育的年限不尽相同。美国、德国为12年，韩国、日本为9年，印度、巴西为8年。⑥根据我国的情况，《义务教育法》规定，国家实行九年义务教育制度；义务教育学校对违反学校管理制度的学生，应当予以批评教育，不得开除。

二、义务教育的指导思想和基本原则

（一）义务教育的指导思想

《义务教育法》第三条规定："义务教育必须贯彻国家的教育方针，实施素质教育，提高教育质量，使适龄儿童、少年在品德、智力、体质等方面全面发展，为培养有理想、有道德、有文化、有纪律的社会主义建设者和接班人奠定基础。"这一规定表明，贯彻实施国家教育方针，实施素质教育，是我国义务教育的根本指导思想。

1. 关于国家的教育方针

教育方针是国家规定的教育工作的总方向，是党和国家在一定历史时期内，为实现该时期的总路线和总任务，对教育工作所提出的根本指导思想和总的工作方向。我国《宪法》第四十六条第二款规定："国家培养青年、少年、儿童在品德、智力、体质等方面全面发展。"1995年通过的《中华人民共和国教育法》第五条规定了我国的教育方针是："教育必须为社会主义现代化建设服务，必须与生产劳动相结合，培养德、智、体等方面全面发展的社会主义事业的建设者和接班人。"1985年《中共中央关于教育体制改革的决定》指出："实施素质教育就是要全面贯彻党的教育方针,以提高国民素质为根本宗旨,以培养学生的创新精神和实践能力为重点,造就'有理想、有道德、有文化、有纪律'的德智体美等方面全面发展的社会主义事业建设者和接班人。"国家的教育方针自然应在义务教育中得以全面贯彻和实施。

2. 全面实施素质教育

全面推进素质教育,是近年来我国教育体制改革一直努力的方向。义务教育作为基础教育,应当全面实施素质教育,使学生得到全面发展。所谓素质教育,就是指提高人的身体的、政治的、思想的、道德的、文化的、心理的等诸方面素质而进行的基础性的教育。义务教育所实施的素质教育,就是要抓好政治素质、思想素质、道德素质、科学文化素质、身体素质、心理素质的培养。政治素质教育事关基本的政治方向,要着重解决坚持四项基本原则和坚持改革开放的基本方向和路线问题。思想素质教育,主要是指基本的世界观和思想方法问题的教育,要用辩证唯物主义和历史唯物主义的立场、观点、方法武装学生,培养和发展学生正确的观察、分析和解决问题的能力。道德素质教育,主要是指养成学生良好的基本道德修养和文明的行为习惯的教育,包括道德的思维能力的培养和道德判断能力的训练。科学文化素质教育,着重解决基础学科的基本知识和技能的教育和训练,为适应自身的发展和现代社会生活、职业岗位的选择及科技发展的需要,奠定坚实的科学文化和技能的基础。身体素质教育,既要运用各种适当的方式,锻炼学生的体魄,增强学生的体质,使其掌握基本的体育锻炼方法,又要对他们进行健康教育,掌握各种常见病、传染病的防治措施,保证他们健康成长。心理素质教育,从根本上说,是要发展健全的个性,使学生生动活泼地发展。实施素质教育,必须把德育、智育、体育、美育、劳动技术教育等有机地统一在教育活动的各个环节中。学校不仅要抓好智育,更要重视德育,还要加强体育、美育、劳动技能教育和社会实践,使诸方面教育互相渗透、协调发展,促进学生的全面发展和健康成长。为此,《义务教育法》规定,义务教育必须实施素质教育,提高教育质量,使适龄儿童、少年在品德、智力、体质等方面全面发展。同时,在教师和教育教学的专章规定中,对实施素质教育提出了具体的措施。

(二) 义务教育的基本原则

《义务教育法》第六条规定:"国务院和县级以上地方人民政府应当合理配置教育资源,促进义务教育均衡发展,改善薄弱学校的办学条件,并采取措施,保障农村地区、民族地区实施义务教育,保障家庭经济困难的和残疾的适龄儿童、少年接受义务教育。""国家组织和鼓励经济发达地区支援经济欠发达地区实施义务教育。"这一规定,确定了义务教育实行均衡发展的基本原则和基本方向,被认为是对整个义务教育未来发展影响最大的最核心的一个问题。

教育的公平、公正是社会公平、公正的基础。教育均衡发展是教育现代化的基本价值,也是现代教育的基本出发点。义务教育是公共教育、平等的教育,每个适龄儿童、少年都应当享有平等的接受义务教育的权利,这是整个社会平等的基础。然而,在我国教育的发展过程中,由于历史和现实的原因,义务教育的资源配置不合理,一方面是基础教育投入严重不足,另一方面是有限的教育经费向城市和重点学校集中,造成地区之间、城乡之间、学校之间的差别,并呈现出继续拉大的趋势,"择校"问题突出。同时,随着市场经济的发展,部分弱势群体的就学条件得不到保障等。义务教育的公平和均衡发展成为社会关注的热点。

在《义务教育法》修订过程中,均衡发展观贯穿始终。《义务教育法》不仅在第六条将促进义务教育均衡发展作为方向性要求确定下来,规定了我国义务教育均衡发展的重、难点,指明了发展的方向。同时,还规定了具体措施来确保义务教育均衡发展。

第一,在教育资源管理及监督方面,规定县级以上人民政府及其教育行政部门应当促进学校均衡发展,缩小学校之间办学条件的差距,不得将学校分为重点学校和非重点学校,学校不得分设重点班和非重点班;人民政府教育督导机构对义务教育均衡发展状况等进行督导,督导报告向社会公布。

第二,在师资力量的配置方面,规定县级人民政府教育行政部门应当均衡配置本行政区域内学校师资力量,组织校长、教师的培训和流动,加强对薄弱学校的建设;国务院和地方各级人民政府鼓励和支持城市学校教师和高等学校毕业生到农村地区、民族地区从事义务教育工作;国家鼓励高等学校毕业生以志愿者的方式到农村地区、民族地区缺乏教师的学校任教,县级人民政府教育行政部门依法认定其教师资格,其任教时间计入工龄。

第三,在经费投入方面,规定县级人民政府编制预算,除向农村地区学校和薄弱学校倾斜外,应当均衡安排义务教育经费;国务院和县级以上地方人民政府根据实际需要,设立专项资金,扶持农村地区、民族地区实施义务教育。

第四,规定了违反义务教育均衡发展原则的法律责任。

三、义务教育的主体

义务教育的主体是指由《义务教育法》规定的,在实施义务教育中享有一定权利(职权)和承担一定义务(职责)的人或组织,通常包括国家、社会、学校、家庭和适龄儿童、少年等。《义务教育法》第五条对义务教育各主体的职责作了原则的规定:"各级人民政府及其有关部门应当履行本法规定的各项职责,保障适龄儿童、少年接受义务教育的权利。""适龄儿童、少年的父母或者其他法定监护人应当依法保证其按时入学接受并完成义务教育。""依法实施义务教育的学校应当按照规定标准完成教育教学任务,保证教育教学质量。""社会组织和个人应当为适龄儿童、少年接受义务教育创造良好的环境。"厘清义务教育的主体及其权利义务,有利于我们明确各主体在实施义务教育中的相互关系,更牢固地掌握义务教育法的有关内容;有利于各级人民政府及其有关部门明确自己的职责,更好地执行义务教育法;也有利于各级人民政府、司法机关对义务教育活动中的违法现象进行监督检查,追究相关的法律责任;还有利于人民群众更有效地对实施义务教育活动进行社会监督。

(一)国家在实施义务教育中的职责

国家作为义务教育的主体,是指国家机构,主要是指各级人民政府及其有关部门。根据《义务教育法》的规定,国家在实施义务教育中的主要职责有:

(1)国家将义务教育全面纳入财政保障范围,建立义务教育经费保障机制,保证义务教育制度顺利实施。

(2)国务院和县级以上人民政府应当合理配置教育资源,促进义务教育均衡发展。

(3)完善义务教育管理体制,实行国务院领导,省、自治区、直辖市人民政府统筹规划实施,县级人民政府为主的管理体制。县级以上人民政府教育行政部门具体负责义务教育实施工作,县级以上人民政府其他有关部门在各自的职责范围内负责义务教育的实施工作。

(4)人民政府教育督导机构对义务教育工作执行法律法规情况、教育教学质量以及义务教育均衡发展情况等进行督导,督导报告向社会公布。

(5)地方各级人民政府应当保障适龄儿童、少年在户籍所在地学校就近入学。父母或其他法定监护人在非户籍所在地工作或居住的适龄儿童、少年,在其父母或其他法定监护人工作或居住地接受义务教育的,省、自治区、直辖市要制定具体办法,规定当地人民政府应当为其提供平等接受义务教育的条件。

(6)县级人民政府教育行政部门和乡镇人民政府组织和督促适龄儿童、少年入学,帮助解决适龄儿童、少年接受义务教育的困难,采取措施防止适龄儿童、少年辍学;对本行政区域内因身体状况需延缓入学或休学的适龄儿童、少年进行审批。县级人民政府教育行政部门对本行政区域内的军人子女接受义务教育予以保障,对自行实施义务教育的个人进行审批。

(7)县级以上地方人民政府根据本行政区域内居住的适龄儿童、少年的数量和分布状况等因素,按照国家有关规定,制定、调整学校设置规划。

(8)县级人民政府根据需要设置寄宿制学校,保障居住分散的适龄儿童、少年入学接受义务教育。县级以上地方人民政府根据需要设置相应的实施特殊教育的学校(班),对视力残疾、听力语言残疾和智力残疾的适龄儿童、少年实施义务教育;

为具有《预防未成年人犯罪法》规定的严重不良行为的适龄少年设置专门的学校实施义务教育；定期对学校校舍安全进行检查，对需要维修、改造的，及时予以维修、改造。人民政府对未完成义务教育的未成年犯和被采取强制性教育措施的未成年人，应当给予义务教育所需的经费保障。

（9）国务院教育行政部门和省、自治区、直辖市人民政府根据需要，在经济发达地区设置接受少数民族适龄儿童、少年的学校(班)。

（10）县级以上人民政府及其教育行政部门不得以任何名义改变或者变相改变公办学校的性质。

（11）各级人民政府及其有关部门依法维护学校周边秩序，保护学生、教师、学校的合法权益，为学校提供安全保障。

（12）县级人民政府教育行政部门依法聘任义务教育学校校长。

（13）国家建立统一的义务教育教师职务制度。

（14）各级人民政府保障教师工资福利和社会保险待遇，改善教师工作和生活条件；完善农村教师工资保障机制。

（15）县级以上人民政府应当加强教师培养工作，采取措施发展教师教育。

（16）国务院教育行政部门根据适龄儿童、少年身心发展的状况和实际情况，确定教学制度、教育教学内容和课程设置，改革考试制度，并改进高级中等学校招生办法，推进实施素质教育。国家规定教育教学基本质量要求，鼓励学校和教师采用启发式教育等教育教学方法，提高教育教学质量。

（17）国家实行教科书审定制度，国务院教育行政部门规定教科书的审定办法。国家机关工作人员和教科书审查人员，不得参与或变相参与教科书的编写工作。国务院价格行政部门会同出版行政部门按照微利原则确定教科书的基准价。省、自治区、直辖市人民政府价格行政部门会同出版部门按照基准价确定零售价。国家鼓励教科书循环使用。

（18）负有领导责任的人民政府或者人民政府教育行政部门负责人，对违反《义务教育法》的重大事件，妨碍义务教育实施，造成重大社会影响的，应当引咎辞职。国务院、上级地方人民政府及其有关部门对违反《义务教育法》的行为，应当承担法律责任的，依法作出处理。

（19）各级人民政府及其有关部门依照有关规定，对在义务教育实施工作中作出突出贡献的社会组织和个人给予表彰、奖励。

（二）社会在实施义务教育中的权利和义务

社会作为义务教育的主体，是指社会组织和个人。社会组织主要包括企业、事业单位和社会团体等。社会应当为适龄儿童、少年接受义务教育创造良好的环境，其承担的权利义务主要有：

（1）任何社会组织和个人有权对违反《义务教育法》的行为，向有关国家机关提出检举或控告。

（2）居委会和村委会协助政府做好工作，督促适龄儿童、少年入学。经批准招收适龄儿童、少年进行文艺、体育等专业训练的社会组织，应当保证所招收的适龄儿童、少年接受义务教育。社会公共文化体育设施应当为义务教育学校开展课外活动提供便利。

（3）用人单位禁止招用应当接受义务教育的适龄儿童、少年。1991年4月国务院发布的《禁止使用童工规定》，对童工问题作了明确的规定，禁止国家机关、社会团体、企事业单位和个体工商户、农户、城镇居民户使用童工，对违反规定使用童工的单位和个人，劳动行政部门应当责令其立即将童工送回原居住地，所需费用全部由使用童工的单位或个人承担。《中华人民共和国未成年人保护法》也对少年儿童受教育权利作了明确的规定，任何组织和个人不得招用未满十六周岁的未成年人，企事业组织、个体工商户非法招用未满十六周岁的未成年人，由劳动部门责令改正、处以罚款，情节严重的，由工商行政管理部门吊销营业执照。这些强制规定，对九年义务教育的普及、巩固是十分必要的。

（4）全社会应当尊重教师。

（5）捐资助学。国家鼓励社会组织和个人向义务教育捐资，鼓励按照国家有关基金会管理规定设立义务教育基金。

（6）任何组织和个人不得侵占、挪用义务教育经费，不得向学校非法收取或摊派费用。

（7）社会组织或者个人可依法举办民办学校实施义务教育。

（三）学校在实施义务教育中的职责

依法实施义务教育的学校，作为义务教育的主体，其职责主要有：

（1）按时接纳适龄儿童、少年入学；对违反学校管理制度的学生进行批评教育，不得开除。

（2）学校建设，应当符合国家规定的办学标准，适应教育教学需要；应当符合国家规定的选址要求和建设标准，确保学生和教职工安全。

（3）特殊教育学校（班）应当具备适应残疾儿童、少年学习、康复、生活特点的场所和设施；普通学校应当接受具有接受普通教育能力的残疾适龄儿童、少年随班就读，并为其学习、康复提供帮助。

（4）学校应当建立、健全安全制度和应急机制，对学生进行安全教育，加强管理，及时消除隐患，预防发生事故；不得聘用曾经因故意犯罪被依法剥夺政治权利或其他不适合从事义务教育工作的人担任工作人员。

（5）学校不得违反国家规定收取费用，不得以向学生推销或变相推销商品、服务等方式谋取利益。

（6）学校实行校长负责制。

（7）学校的教师在教育教学中，应当平等对待学生，关注学生的个体差异，因材施教，促进学生的充分发展；应当尊重学生的人格，不得歧视学生，不得对学生实施体罚、变相体罚或者其他侮辱人格尊严的行为，不得侵犯学生的合法权益。

（8）学校的教育教学工作应当符合教育规律和学生身心发展的特点，面向全体学生，教书育人，将德育、智育、体育、美育等有机统一在教育教学活动中，注重培养学生的独立思考能力、创新能力和实践能力，促进学生全面发展。学校和教师按照确定的教育教学内容和课程设置开展教育教学活动，保证达到国家规定的基本质量要求；采用启发式教育等教育教学方法，提高教育教学质量。

（9）学校应当把德育放在首位，寓德育于教育教学之中，开展与学生年龄相适应的社会实践活动，形成学校、家庭、社会相互配合的思想道德教育体系，促进学生养成良好的思想道德和行为习惯；应当保证学生的课外活动时间，组织开展文化娱乐等课外活动。

（四）家庭在实施义务教育中的权利和义务

家庭作为义务教育的主体，是指父母或其他法定监护人，其主要的义务，就是依法保证适龄儿童按时入学接受并完成义务教育。如适龄儿童、少年因身体状况需延缓入学或休学的，应当向当地乡镇人民政府或县级人民政府教育行政部门提出申请。其主要权利，就是对违反义务教育的行为有权向有关国家机关提出检举或控告。

（五）适龄儿童、少年在实施义务教育中的权利和义务

适龄儿童、少年作为义务教育的主体，是指依法应当入学至受完规定年限义务教育的年龄阶段的儿童、少年，既包括生理正常的儿童、少年，也包括具有普通教育能力的残疾儿童、少年及视力残疾、听力语言残疾、智力残疾的儿童、少年。保障适龄儿童、少年接受义务教育的权利，是《义务教育法》第一条开宗名义规定的立法宗旨，是全部《义务教育法》的中心内容。《义务教育法》关于国家、社会、家庭、学校应承担的各种职责、义务，都是为保障这种权利而规定的。《义务教育法》规定，凡年满六周岁的儿童（条件不具备的地区，可推迟到七周岁），不分性别、民族、种族、家庭财产状况、宗教信仰等，应当按时入学接受义务教育；适龄儿童、少年在户籍所在地学校免试、就近入学；父母或者其他法定监护人在非户籍所在地工作或居住的适

龄儿童、少年,在其父母或其他法定监护人工作或居住地接受义务教育的,当地人民政府应当为其提供平等接受教育的条件。适龄儿童、少年受教育的权利不可侵犯,任何组织和个人都不可剥夺。反之,接受并完成规定年限的义务教育是适龄儿童、少年必须履行的义务,违者,国家有权强制执行。

四、义务教育的保障

(一) 设施保障

学校是实施义务教育的载体。《义务教育法》第三章对"学校"专章进行了规定,规范了各类保障义务教育实施的各类学校。《义务教育法》规定,县级以上地方人民政府根据本行政区域居住的适龄儿童、少年的数量和分布状况等因素,制定调整学校设置规划,保障适龄儿童、少年就近入学。新建居民区需要设置学校的,应当与居民区的建设同步进行。国务院教育行政部门和省、自治区、直辖市人民政府,根据需要在经济发达地区设置招收少数民族适龄儿童、少年的学校(班);县级以上人民政府为视力残疾、听力语言残疾、智力残疾的适龄儿童、少年设置相应的实施特殊教育的学校(班),为具有《预防未成年人犯罪法》规定的严重不良行为的适龄少年设置专门的学校;县级人民政府为居住分散的适龄儿童、少年设置寄宿制学校。县级以上人民政府及其教育行政部门不得以任何名义改变或变相改变公办学校的性质。县级以上政府还要定期对学校校舍安全进行检查,对需要维修、改造的,及时予以维修改造。

(二) 师资保障

教育大计,教师为本。建设一支数量足够、质量合格、结构合理并相对稳定的教师队伍,是实施义务教育的关键所在。《义务教育法》第四章"教师",对教师的地位、职务、待遇及社会保障等制度作出了详细的规定。《义务教育法》规定,县级以上人民政府应当加强教师培养工作,采取措施发展教师教育。国务院和地方各级人民政府鼓励和支持城市学校教师和高校毕业生到农村、民族地区从事义务教育工作;国家鼓励高校毕业生以志愿者的方式到农村、民族地区缺乏教师的学校任教,县级政府教育行政部门依法认定其教师资格,任教时间计入工龄。国家建立统一的义务教育教师职务制度。全社会应当尊重教师。各级人民政府保障教师工资福利和社会保险待遇,改善教师工作和生活条件,完善农村教师工资保障机制;特殊教育教师享有特殊岗位补助津贴,在民族地区和边远贫困地区工作的教师享有艰苦贫困地区补助津贴;教师的平均工资应当不低于当地公务员的平均工资水平。

（三）经费保障

经费保障是发展义务教育的基础。在《义务教育法》的修订过程中，解决义务教育的经费问题是新《义务教育法》的重要内容之一。新《义务教育法》明确了义务教育是国家予以保障的公益性事业，规定实施义务教育，不收学费、杂费，国家建立义务教育经费保障机制，保证义务教育制度实施，这是我国教育史上具有里程碑意义的一件大事，必将对我国义务教育的发展产生深远的影响。为此，《义务教育法》第六章"经费保障"，规定了义务教育经费保障的各项措施。

第一，对义务教育经费保障提出了明确的目标。《义务教育法》规定，国家将义务教育经费全面纳入财政保障范围，国务院和地方各级人民政府按照教职工编制标准、工资标准和学校建设标准、学生人均公用经费标准等，纳入财政预算，及时足额拨付，确保学校的正常运转和校舍安全，确保教职工的工资按照规定发放；各级人民政府应当确保义务教育经费"三增长"，即：用于实施义务教育财政拨款的增长比例应当高于财政经常性收入的增长比例，保证按照在校学生人数平均的义务教育费用逐步增长，保证教职工工资和学生人均公用经费逐步增长。

第二，明确义务教育经费投入体制和来源。《义务教育法》规定，义务教育经费投入实行国务院和地方各级人民政府根据职责共同负担，省、自治区、直辖市人民政府负责统筹落实的体制，强调了省级人民政府统筹实施义务教育的作用，这是对我国义务教育"以县为主"管理体制的进一步完善。同时还规定，农村义务教育所需经费，由各级人民政府根据国务院的规定分项目、按比例分担；国务院和省、自治区、直辖市人民政府规范财政转移支付制度，加大一般性转移支付规模和规范义务教育专项转移支付，支持和引导地方各级人民政府增加对义务教育的投入；地方各级人民政府要确保将上级人民政府的义务教育转移支付资金按照规定用于义务教育；各级人民政府对家庭经济困难的适龄儿童、少年免费提供教科书并补助寄宿生生活费；国务院和县级以上地方人民政府根据实际需要，设立专项资金，扶持农村地区、民族地区实施义务教育。同时，国家还鼓励社会组织和个人向义务教育捐赠，鼓励按照国家有关基金会管理规定设立义务教育基金。

第三，规范义务教育经费的使用和管理。《义务教育法》规定，地方各级人民政府在财政预算中要将义务教育经费单列，义务教育经费严格按照预算规定用于义务教育，县级以上人民政府建立健全义务教育经费的审计监督和统计公告制度。

第三节　法　律　责　任

法律责任是指由于实施的行为违反了法律规定而引起的必须承担具有强制性

的法律上的义务(责任)。根据违法的性质和危害的程度不同,法律责任可以分为刑事责任、民事责任、行政责任等。《义务教育法》第七章"法律责任",对违反《义务教育法》的行为必须承担的法律责任进行了规定,主要是行政责任和刑事责任。刑事责任是指由刑事违法行为所导致的受刑罚处罚的法律责任,只能由审判机关来认定和追究,是最严厉的一种法律责任。《义务教育法》第六十一条规定:"违反本法规定,构成犯罪的,依法追究刑事责任。"行政责任是指行政违法行为的法律责任,主要是职务或管理上的责任。它分为职务过错责任和行政过错责任。前者是指国家工作人员在执行公务中滥用职权或违法失职行为而承担的法律责任。后者是指行政管理相对人违反行政管理法规而承担的法律责任。行政责任的追究方式主要有通报批评、行政处分和行政处罚等。通报批评是指责任主体所承担的惩戒性违法行政责任,由有权机关在会议上或文件上公布,目的是为了教育责任人,同时也对其他人起到警戒作用。行政处分是国家行政机关或其他组织依照行政隶属关系,对于违反行政法律规定的国家公务员或所属人员所实施的惩罚措施,根据《公务员法》的规定,处分分为警告、记过、记大过、降级、撤职、开除。行政处罚是由特定执法机关对违反行政法律规定的公民或社会组织所实施的惩罚措施。根据《行政处罚法》的规定,行政处罚的种类主要有警告、罚款、没收违法所得、没收非法财物、责令停产停业、暂扣或者吊销许可证、暂扣或者吊销执照、行政拘留等。

根据责任主体的不同,可以把违反《义务教育法》的法律责任分为以下几种。

一、行政机关及其工作人员的法律责任

实施义务教育,首先是政府的责任。因此,《义务教育法》对行政机关及其工作人员的法律责任作了较具体的规定。

第一,重大领导责任。发生违反义务教育法的重大事件,妨碍义务教育实施,造成重大社会影响的,负有领导责任的人民政府或人民政府教育行政部门负责人应当引咎辞职。

第二,违反经费保障职责的责任。国务院有关部门和地方各级人民政府违反《义务教育法》第六章经费保障的规定,未履行义务教育经费保障职责的,由国务院或上级人民政府责令限期改正;情节严重的,对直接负责的主管人员和其他直接责任人员依法给予行政处分。

第三,违反学校建设要求的责任。县级以上人民政府未按照国家有关规定制定、调整学校设置规划的,或学校建设不符合国家规定的办学标准、选址要求和建设标准的,或未定期对学校校舍进行安全检查,并及时维修改造的,由上级人民政府责令限期改正;情节严重的,对直接负责的主管人员和其他直接责任人员依法给予行政处分。

第四,违反义务教育均衡发展原则的责任。县级以上人民政府未按照《义务教育法》规定均衡安排义务教育经费的,由上级人民政府责令限期改正;县级以上人民政府或者其教育行政部门将学校分为重点学校和非重点学校的,或改变或变相改变公办学校性质的,由上级人民政府或者其教育行政部门责令限期改正、通报批评。上述三种情形,情节严重的,对直接负责的主管人员和其他直接责任人员依法给予行政处分。

第五,对适龄儿童、少年就学组织不力的责任。县级人民政府教育行政部门或乡镇人民政府未采取措施组织适龄儿童、少年入学或者防止辍学的,由上级人民政府或者其教育行政部门责令限期改正、通报批评;情节严重的,对直接负责的主管人员和其他直接责任人员依法给予行政处分。

第六,违反教科书审定制度的责任。国家机关工作人员和教科书审查人员参与或变相参与教科书编写的,由县级以上人民政府或者其教育行政部门根据职责权限责令限期改正,依法给予行政处分;有违法所得的,没收违法所得。

二、学校及其有关人员的法律责任

学校是义务教育的载体,学校、教师及其他有关人员在实施义务教育中担负着教书育人的神圣职责。因此,《义务教育法》也明确规定了学校及其有关人员的法律责任。

第一,违反《教育法》、《教师法》的责任。学校或者教师在义务教育中违反《教育法》、《教师法》规定的,依照《教育法》、《教师法》的有关规定处罚。

第二,乱收费或谋取不当利益的责任。学校违反国家规定收取费用的,由县级人民政府教育行政部门责令退还所收费用;对直接负责的主管人员和其他直接责任人员依法给予处分。学校以向学生推销或变相推销商品、服务等方式谋取利益的,由县级人民政府教育行政部门给予通报批评;有违法所得的,没收违法所得;对直接负责的主管人员和其他直接责任人员依法给予处分。

第三,违反教育教学管理有关规定的责任。学校拒绝接收具有接受普通教育能力的残疾适龄儿童、少年随班就读的,或分设重点班和非重点班的,或违反《义务教育法》规定开除学生的,或选用未经审定的教科书的,由县级人民政府教育行政部门责令限期改正;情节严重的,对直接负责的主管人员和其他直接责任人员依法给予处分。

三、家庭的法律责任

适龄儿童、少年的父母或者其他法定监护人无正当理由未依照《义务教育法》规定送适龄儿童、少年接受义务教育的,由当地乡镇人民政府或者县级人民政府教育行政部门给予批评教育,责令限期改正。

四、其他有关社会组织和个人的法律责任

社会组织和个人应当为适龄儿童、少年接受义务教育创造良好的环境。任何组织或个人侵占、挪用义务教育经费的,或向学校非法收取或者摊派费用的,由上级人民政府或者上级人民政府教育行政部门、财政部门、价格行政部门和审计机关根据职责分工责令限期改正;情节严重的,对直接负责的主管人员和直接责任人员依法给予处分。任何组织或者个人有胁迫或者诱骗应当接受义务教育的适龄儿童、少年失学、辍学的,或非法招用应当接受义务教育的适龄儿童、少年的,或出版未经依法审定的教科书的,将依照有关法律、行政法规的规定予以处罚。

第四节 《义务教育法》的实施

1986 年的《义务教育法》为我国普及九年义务教育奠定了法律基础。1992 年党的十四大首次明确提出,到 20 世纪末基本普及九年义务教育,基本扫除青壮年文盲(简称"两基")。经过 20 年的努力,我国顺利实现了基本普及九年义务教育的历史任务,实现了跨越式的发展。然而,在新的历史时期,义务教育面临着新的形势和任务,社会主义现代化建设对义务教育提出了新的要求,广大人民群众对义务教育提出了新的期望,需要国家在更高的层次上实施义务教育。2006 年《义务教育法》的修订,为实施高质量、高水平的九年义务教育创造了条件,提供了法律制度的保证,标志着我国义务教育事业站在了一个新的历史起点上。因此,要采取有效措施,深入贯彻实施《义务教育法》,进一步落实义务教育"重中之重"的地位,进一步强化政府对义务教育的保障责任,把这一关系我国教育长远发展和广大人民群众切身利益的大事抓紧抓好,全面提升我国义务教育的质量和水平。

一、深入学习宣传《义务教育法》,营造实施义务教育的良好环境

新修订的《义务教育法》于 2006 年 9 月 1 日开始实施。《义务教育法》的修改是在全面建设小康社会和构建社会主义和谐社会的新形势下进行的一次全面修订,《义务教育法》坚持以人为本,全面贯彻落实科学发展观,体现了建设社会主义和谐社会的时代特征,体现了近年来义务教育领域的观念创新、制度创新和机制创新的成果。因此,要充分认识学习宣传和贯彻实施《义务教育法》的重大意义,深入宣传、普及,使《义务教育法》的基本内容家喻户晓,深入人心,为《义务教育法》的贯彻实施创造良好的社会氛围。各级人民政府及其有关部门,特别是教育行政部门

要带头学习《义务教育法》，切实提高认识，明确法定职责。近年来，各级人民政府重视教育工作的程度不断增大。但是，在深化改革、扩大开放和现代化建设的新形势下，在处理教育与经济发展的关系上，仍存在着顾此失彼的现象。一些地方和部门对义务教育是教育发展中的"重中之重"的地位认识不到位，常常谈起来重视，实际做起来忽视；在建设中长期形成重物质资源的投入，轻人力资源的开发，重眼前经济增长，轻基础性教育投入的倾向仍然存在。思想是行动的先导，发展义务教育的关键是各级领导，各级党委和政府的负责同志要深入学习《义务教育法》，深刻领会其精神实质，充分认识普及和巩固义务教育的重大意义，亲自抓义务教育，推动全社会关心和支持义务教育。要为贯彻实施《义务教育法》做好充分准备，国务院有关部门和省、自治区、直辖市要研究制定《义务教育法》的配套法规、实施办法、不收杂费的实施步骤和义务教育经费保障的具体办法等配套规定，将法律规定落到实处。义务教育学校和教师要深入学习《义务教育法》，把办学观念、教育观念统一到法律规定的精神上来，按照《义务教育法》的要求依法治教、依法办学，不断提高义务教育的质量和水平。要充分发动居委会、村委会等社会组织采取多种方式深入城市社区、农村、企事业单位等，向家庭、父母、适龄青少年宣传《义务教育法》，使适龄儿童、少年及其父母、社会组织了解自己的权利和义务，切实保障适龄儿童、少年依法享有的接受义务教育的权利。

二、依法落实义务教育公共财政经费保障体制

经费保障是发展义务教育的基础。理顺义务教育财政经费保障机制，明确各级政府的投入职责，满足义务教育发展的基本需求，是解决义务教育发展中诸多问题的关键所在。《义务教育法》在经费保障方面作出了重大制度创新，将义务教育经费全面纳入财政保障范围。各级人民政府要依法落实并不断完善《义务教育法》确立的经费保障体制，确保义务教育经费纳入财政预算并及时足额拨付。要进一步深入贯彻落实国务院《关于深化农村义务教育经费保障机制改革的通知》，建立中央和地方分项目、按比例分担的农村义务教育经费保障的新机制，到 2007 年全面免除农村义务教育学杂费，为《义务教育法》的实施奠定经费保障的基础。要重点扶持农村地区、贫困地区、民族地区义务教育的发展，同时加快推进城市义务教育综合改革进程，促进义务教育持续协调健康发展。

三、全面实施素质教育

《义务教育法》将素质教育的要求写入法律，使素质教育成为统一的法律规定，对实施素质教育提出了新的更高的标准和要求。教育行政部门和学校要进一步提高对素质教育的认识，研究制定推进素质教育的具体措施；要全面贯彻党和国家的

教育方针,面向全体学生,教书育人,培养有理想、有道德、有文化、有纪律的社会主义建设者和接班人;要加强和改进德育,把德育放在首位,积极推进社会主义荣辱观教育进课堂、进教材,成为学生行为规范;要深化教育教学改革,优化课程设置,改进教学方法,改革考试评价制度,切实减轻学生负担,提高教师素质,将素质教育贯穿到义务教育阶段的全过程,启发学生独立思考,增强学生创新精神和实践能力,使学生生动活泼地主动地得到全面发展。要自觉建立与社区、家长的互动机制,形成实施素质教育的良好的社会氛围。

四、切实推进义务教育的均衡发展

当前我国地区之间、城乡之间及区域内义务教育发展中存在着较大的差距,不利于少年儿童享有平等的受教育的权利,必须采取措施加以解决。《义务教育法》充分体现了促进义务教育公平的重要理念,对推进义务教育的均衡发展作出了明确的规定。各级人民政府,特别是教育行政部门要依法履行政府职责,建立公平、合理分配资源的机制,合理配置教育资源,保证办好每一所学校。要把重点放在改善农村学校和城镇薄弱学校的办学条件上,抓紧实施西部地区"两基"攻坚计划、"农村中小学现代远程教育工程"等,促进区域之间、城乡之间义务教育的均衡发展,逐步实现区域内义务教育的均衡发展。要从严治教,依法规范学校办学行为,坚决治理乱收费。要进一步完善经济困难子女、农民工子女接受义务教育的工作机制,保障其依法接受义务教育的权利。

五、加强教师队伍建设

教育大计,教师为本。提高教育质量,关键靠教师。《义务教育法》对教师的地位、职务、待遇及社会保障等制度进一步作出了详细的规定,对于提高教师素质将会发挥重大的作用。教育行政部门要按照法律的要求,全面实施教师资格制度,加强教师管理,选拔优秀人才担任教师;要重视并加强教师的培训,形成优秀教师脱颖而出的机制,不断提高教师素质;要依法落实保障教师待遇,使教师安心于教育工作;要采取措施鼓励和支持城市学校教师到农村地区、民族地区从事义务教育工作,依法组织校长、教师流动,加快薄弱学校的师资队伍建设。教师作为人类文明的传播者,要认真履行法律规定的义务,教书育人,为人师表,忠诚于人民的教育事业。

六、加强对义务教育的监督检查

法贵在行。随着教育法律法规体系的逐步建构和完善,我国教育事业正在全面走上依法治教的轨道。要依法加强对义务教育实施的监督检查,推动《义务教育法》的贯彻实施；要增强法治观念，坚持依法行政，加强执法队伍建设，建立健全执法的各项程序和制度，进一步加强和完善义务教育行政执法；实施义务教育的学校还要自觉接受公民和社会组织的监督。同时，《义务教育法》对国家教育督导制度也进一步作了具体规定，明确了督导的主体，强调了督导的主要职责和内容，规定了督导的结果要公开，因此，还要进一步完善义务教育的督导制度，加强对义务教育实施的监督检查。

注

① 见全国人大教科文卫委教育室：《谈义务教育法的修改》，中国人大网。
② 参见亨利·范·马尔赛文、格尔·范·德·唐合著：《成文宪法的比较研究》第三章，华夏出版社 1987 年版；转引自劳凯声著：《教育法论》，江苏教育出版社 1993 年版第三章。
③ 见陈德尊：《中华人民共和国义务法讲话》，法律出版社 1993 年版，第 44 页。
④ 见教育部周济部长在中宣部等六部委联合举行的形势报告会上的报告，《人民日报》2006 年 4 月 18 日；国家教育督导团办公室副主任于芳：《在全国义务教育监测会议上的讲话》，教育部网，2006 年 4 月 7 日。
⑤ 见《农村学生辍学等现象使义务教育面临新的挑战》，新华网，2006 年 4 月 27 日。
⑥ 见《义务教育普及与财政保障情况的国际比较》，《人民日报》2006 年 3 月 16 日第十三版。

第六章
《中华人民共和国
职业教育法》导读

《中华人民共和国职业教育法》(以下简称《职业教育法》)由中华人民共和国第八届全国人民代表大会常务委员会第十九次会议于 1996 年 5 月 15 日通过,自 1996 年 9 月 1 日起施行。它的颁布实施是我国教育法制建设史上的一件大事,是职业教育发展史上重要的里程碑,对深化职业教育改革和促进职业教育事业进一步健康发展,具有十分重要的意义。

第一节 概 述

一、《职业教育法》的立法宗旨

职业教育,是指根据一定社会发展的需要,在一定的普通教育基础上,对受教育者进行的从事某种职业或生产劳动所需要的专门知识、技能和职业道德教育,使受教育者成为社会职业所需要的人才的活动。相对于普通教育而言,职业教育更加具有"职业针对性"。就教育内部而言,它是现代教育的重要组成部分。就经济建设和社会发展而言,它又是促进经济社会发展和劳动就业的重要途径,是经济发展的基石。从我国社会经济发展的需要和职业教育的现状来看,我国职业教育立法的宗旨包括以下三个方面。

第一,职业教育立法是为了实施"科教兴国"的战略。科教兴国战略是 1995 年 5 月 6 日在《中共中央国务院关于加速科学技术的进步的决定》中提出来的。科教兴国,就是指全面落实邓小平同志提出的科学技术是第一生产力的思想,坚持教育为本,把科学技术和教育摆在重要位置,增强国家的科技实力以及科技向现实生产力转化的能力,提高全民族的科学技术和文化素质,把经济建设转移到依靠科技进步和提高劳动者素质的轨道上来,加速实现国家的富强、民族的昌盛。作为现代国民教育体系的重要组成部分,职业教育在实施科教兴国战略和人才强国战略中具有特殊的重要地位。大量事实证明,职业教育的发展对经济和社会发展具有十分明显的促进作用。因此,制定《职业教育法》,依法规范并促进职业教育的发展,是落实科教兴国战略的重大举措。

第二,职业教育立法是为了发展职业教育。改革开放以来,我国的职业教育有了很大的发展。在全国已初步建立了从中等职业教育到高等职业教育,学校教育与职业培训并重的职业教育体系。但从总体上看,职业教育仍然是我国教育事业的薄弱环节,发展不平衡,投入不足,办学条件比较差,办学机制以及人才培养的规模、结构、质量还不能适应经济社会发展的需要。因此,迫切需要对职业教育的一系列问题作出明确的规定,扫除职业教育发展和改革中的障碍,把职业教育纳入规范化、法制化的轨道,以保障职业教育的健康发展。

第三,职业教育立法是为了提高劳动者素质,促进社会主义现代化建设。人是生产力中最重要、最活跃的要素,先进的设备、技术及现代化的管理方法,都需要具有现代化素质的人去掌握运用。而职业教育的实施,能够有效地提高劳动者思想道德素质、文化科学素质、职业技能素质和身体素质。因此,大力发展职业教育,培养高技能人才和高素质劳动者,造就一支高技能、专业化的劳动大军,既是当前刻不容缓的任务,又是一项长期的历史任务。同时,职业教育作为现代国民教育的重要组成部分,也是促进经济、社会发展和劳动就业的重要途径,它担负着推动社会主义现代化建设的重要任务。因此,必须加强职业教育立法,大力发展职业教育,全面实现职业教育的目的,对受教育者进行思想政治教育和职业道德教育,传授职业知识,培训职业技能,进行职业指导,全面提高受教育者的素质,为促进我国社会主义现代化建设服务。

二、《职业教育法》的立法依据

第一,《职业教育法》是根据《宪法》制定的。《宪法》第十九条规定:"国家举办各种学校,普及初等义务教育,发展中等教育、职业教育和高等教育,并且发展学前教育。"第四十二条规定:"国家对就业前的公民进行必要的劳动就业训练。"

第二,《职业教育法》是根据《劳动法》制定的。《劳动法》第八章第六十六条专门对"职业培训"进行了规定:"国家通过各种途径,采取各种措施,发展职业培训事业,开发劳动者的职业技能,提高劳动者素质,增强劳动者的就业能力和工作能力。"并在其他条款中规定各级人民政府应当把发展职业培训纳入社会经济发展的规划,鼓励和支持有条件的企业、事业组织、社会团体和个人进行各种形式的职业培训;用人单位应当建立职业培训制度,根据实际需要,有计划地进行职业培训;从事技术工种的劳动者上岗前必须经过培训;国家实行职业资格证书制度等等。这些都为《职业教育法》的制定提供了法律依据。

第三,《职业教育法》是根据《教育法》制定的。《教育法》是教育的基本法,它是制定其他教育法律的基础，自然也是制定《职业教育法》的依据。《教育法》第十九条规定："国家实行职业教育制度和成人教育制度。各级人民政府、有关行政部门以及企业事业组织应当采取措施，发展并保障公民接受职业学校教育或者各种形式的职业培训。"这一条款，对于制定《职业教育法》具有指导意义。《职业教育法》的内容则处处体现了《教育法》的基本精神。

三、《职业教育法》的适用范围

《职业教育法》是我国职业教育活动的规范，适用于各级各类职业学校教育和各种形式的职业培训。

从办学主体看，职业教育有政府办的，有部门办的，有行业办的，还有其他社会力量和个人举办的，它们分别由不同的部门管理。从形式上看，职业教育包括职业学校教育和职业培训，并有学历教育和非学历教育之分。对《职业教育法》的适用范围，不能理解为只适用于职业学校教育和职业培训的某一个部分，也不能理解为只适用于某一办学主体举办的职业学校教育和职业培训。同样，也不能理解为只适用于某一部门管的职业学校教育和职业培训。无论什么形式、什么层次，也不论是谁举办的，谁主管的，只要是职业教育，都属《职业教育法》的调整范围。这一规定有利于加强对职业教育的管理，有利于充分调动社会各方面力量举办职业教育的积极性，有利于充分利用我国的资源，提高职业教育的整体效益，推动职业教育的健康发展。

由国家机关实施的对国家机关工作人员进行的专门培训，具有不同于一般职业培训的特点，不适用本法。因此，本法规定："国家机关实施的对国家机关工作人员的专门培训由法律、行政法规另行规定。"

但是，应当明确的是，这里所规定的是专门培训，而不是专门教育。如果是学历教育，仍适用本法。换句话说，国家机关若实施对国家机关工作人员的学历教育，不管有无法律、行政法规规定，都属于本法的调整范围。同样，国家机关工作人员的专门培训或其他业务培训，是由非国家机关实施的，当然也适用于本法。

第二节 《职业教育法》的基本内容

《职业教育法》共五章四十条，重点对职业教育的体系、职业教育的管理体制、职业教育的举办、职业教育的师资、职业教育的经费等一系列问题作出了明确的规定。

一、职业教育的体系

职业教育体系是指不同类型、不同层次的职业学校教育与职业培训的总称,它是整个教育体系的一个子系统,受社会经济和科学文化发展水平的制约,并随社会经济的发展和科学文化水平的提高而不断调整和完善。

对我国职业教育体系,《职业教育法》作出了明确的规定:"国家根据不同地区的经济发展水平和教育普及程度,实施以初中后为重点的不同阶段的教育分流,建立、健全职业学校教育与职业培训并举,并与其他教育相互沟通、协调发展的职业教育体系。"具体地说,我国的职业教育,从类型上看,分为职业学校教育和职业培训两大类;从层次上看,重点包括中等职业教育和高等职业教育。中等职业教育包括中等职业学校教育和中级职业培训,主要是对具有中等文化程度的对象进行的基础理论、专业知识和相关技能的教育和培训;高等职业教育包括高等职业学校教育和高级职业培训,是在高等教育阶段进行的职业教育,由高等职业学校或由普通高等学校实施。

建立我国的职业教育体系,必须注重职业学校教育与职业培训并举。职业学校教育是严格按照教学计划和教学大纲的要求,有目的、有计划、有组织、有系统地进行的教育活动,主要是为就业做准备,打基础。职业培训是根据从业人员从业岗位的需要,遵循"先培训,后就业"的原则而进行的最基本的、多层次、多形式的职业教育,主要是为了更新知识和技能,提高就业能力。从一定的意义上说,职业学校教育是职业培训的基础和前提,职业培训是职业学校教育的继续和发展。只有两者相互结合,共同发展,形成一个比较系统的、功能齐全的职业教育网络,才能满足经济社会发展对高素质劳动者的需求和从业人员的从业需要。职业学校教育和职业培训必须与考核制度结合起来,对接受职业学校教育的学生,经学校考核合格,应按国家有关规定发给学历证书;对接受职业培训的学生,经培训的职业学校或者职业培训机构考核合格,应按照国家有关规定发给培训证书。学历证书、培训证书应按照国家有关规定,作为职业学校、职业培训机构的毕业生、结业生从业的凭证,真正实行"考核上岗"、"持证上岗"。用人单位招录职工必须从取得职业学校学历证书、职业资格证书和职业培训合格证书的人员中优先录用。

建立我国的职业教育体系,必须注重职业教育与其他教育相互沟通、协调发展。从我国目前的情况来看,在职业教育与其他教育相互沟通方面还存在一些问题,如在普通教育中还未能有机地渗透职业教育的内容;高等职业教育虽在不断发展,但迄今为止,并未完全得到全社会普遍的认同与重视。这些都反映出我国目前的职业教育体系还不够完善。因此,必须加强职业教育与普通教育、成人教育、高等教育的相互沟通。从提高劳动者整体素质这个角度而言,特别应当重视职业教育与普通教育的沟通。普通中学可以根据实际需要,因地制宜地开设职业教育的课程,或者根据实际需要适当地增加职业教育的教学内容。

建立我国的职业教育体系下一步的任务是,进一步建立和完善适应社会主义市场经济体制,满足人民群众终身学习的需要,与市场需求和劳动就业紧密结合,校企合作、工学结合,结构合理、形式多样,灵活开放、自主发展,有中国特色的现代职业教育体系。

二、职业教育的管理体制

职业教育的管理体制是指管理职业教育的一种组织模式,实质上解决的是职业教育如何运转的问题。

我国职业教育的管理应是一种什么样的体制呢?《职业教育法》第十一条对我国职业教育的管理体制作了具体的规定。

第一,国务院教育行政部门负责全国职业教育的统筹规划、综合协调、宏观管理。有关部门按职责分工负责有关的职业教育工作。

关于国务院教育行政部门的管理职能,国务院曾有多次规定,1988 年第 7 期《国务院总理办公会议纪要》明确规定,国务院教育行政部门应负责对整个职业教育加强宏观指导和协调。1994 年《国务院关于〈中国教育改革和发展纲要〉的实施意见》指出,中央和地方教育行政部门负责对职业教育进行统筹、协调和宏观管理,以进行学历教育为主的职业学校原则上由各级教育部门进行管理,职业培训和在职的岗位培训工作,原则上由各级劳动、人事和有关业务部门进行管理。但从实际工作看,由于职业教育与社会、经济有着最为直接的、紧密的联系,尤其与企业的关系密不可分,职业教育的发展离不开部门、行业的参与和支持,职业教育的管理十分复杂。因此,在实施对职业教育管理的过程中必须明确并强化国务院教育行政部门对全国职业教育工作的统筹规划、协调管理的职能,同时规定其他有关部门对发展职业教育的职责。

第二,县级以上地方各级人民政府应当加强对本行政区域内职业教育工作的领导、统筹协调和督导评估。

区域性、地方性强是职业教育的一个显著特点。县级以上地方各级人民政府要把职业教育的发展纳入当地经济和社会发展的总体规划,加强领导,统筹协调和督导评估。要在国家教育法律、方针、政策指导下,统筹安排各类职业教育的布局、专业设置、招生、毕业生就业等工作,制定本地区职业教育的中长期发展规划。上级政府及有关部门对下级政府的统筹、决策应给予支持。县、市两级政府要着力办好示范性职业学校和职业培训机构,充分发挥其示范作用。要充分调动各部门、企事业单位和社会各界举办职业教育的积极性。在新形势下,各级人民政府要以邓小平理论和"三个代表"重要思想为指导,落实科学发展观,把加快职业教育,特别是加快中等职业教育发展与繁荣经济、促进就业、消除贫困、维护稳定、建设先进文化紧密结合起来,增强紧迫感和使命感,采取强有力措施,大力推动职业教育快速健康发展。

总之,我国职业教育的管理体制是:在国务院的领导下,分级管理、地方为主、政府统筹、社会参与。

三、职业教育的举办

我国的职业教育已经形成了一种多元办学的格局,办学主体主要有各级人民政府、政府主管部门及行业组织、企业、事业组织和其他社会力量等。"十一五"期间,要继续完善"政府主导、依靠企业、充分发挥行业作用、社会力量积极参与、公办与民办共同发展"的多元办学格局。

1. 各级人民政府举办职业教育

各级人民政府应当将职业教育纳入国民经济和社会发展的规划之中。一个地方的国民经济和社会发展规划,如果不考虑纳入职业教育因素,那么这种经济与社会发展必然因为缺乏职业教育而失去应有的支撑力与后劲。对于各级人民政府来说,能否考虑这一点,即能否将职业教育纳入经济与社会发展的规划之中,决不是一般的认识与态度问题,而是一个法律问题。各级人民政府应当从战略高度充分认识发展职业教育的重要意义,把发展职业教育纳入国民经济和社会发展规划,统筹规划经济、科技、教育及其他各项社会事业的发展,把职业教育的改革和发展与大面积提高劳动者素质、实现国民经济与社会发展的目标结合起来,组织政府各部门制定与经济社会协调发展的劳动者培训计划和人才培养计划,明确各有关部门的职责,调动各有关部门的积极性,形成发展职业教育的合力,共同发展职业教育。

发展职业教育的责任主要在地方。县级以上各级人民政府有责任举办发挥骨干和示范作用的职业学校、职业培训机构。各级政府要把这项工作作为提高职业教育质量和办学效益,振兴当地经济的一项重要措施,加强统筹,发挥各部门的作用。同时,县级以上各级人民政府还有责任对农村、企业、事业组织、社会团体、其他社会组织及公民个人依法举办的职业学校和职业培训机构给予指导和扶持。

2. 政府主管部门和行业组织举办职业教育

政府主管部门、行业组织有责任举办或联合举办职业学校、职业培训机构。它们举办的职业教育是我国职业教育的重要组成部分。我国政府主管部门、行业组织,办学面比较大,它们举办的职业教育机构的服务面也比较广,既为本系统培养技术人才,又面向社会,为社会服务。

政府主管部门和行业组织在办好自己举办的职业教育机构的同时,还要负责对本行业的企业、事业组织举办的职业学校、职业培训机构进行组织、协调和指导，包括培养目标、专业设置、毕业生就业等方面。

3. 企业组织和其他社会力量举办职业教育

企业组织应当依法履行实施职业教育的义务。至于如何履行实施职业教育的义务，《职业教育法》对此作了规定。任何企业组织决不可把职业教育作为可有可无的事情对待，应当按照法律规定，认真履行应有的义务，切实实施职业教育，为促进国民经济和社会发展服务。

企业举办职业教育要建立健全现代企业培训制度。在企业内部，从事技术工种的职工上岗前必须经过培训；从事特种作业的职工上岗前必须经过培训取得特种作业资格。因此，企业应当负责对本单位的职工和准备录用的人员实施职业教育。企业举办职业教育可以采取多种形式，既可以单独办学，也可以联合办学，还可以委托办学。

同时，国家还鼓励事业组织、社会团体、其他社会组织及公民个人按照国家有关规定举办职业学校、职业培训机构。各级政府要大力支持社会力量举办职业教育，在招生、毕业生就业等方面，对民办职业学校与其他职业学校要一视同仁，并在可能条件下，对民办职业学校的用地、基建和经费等方面给予扶持。同时也要加强对社会力量办学的引导和管理，社会力量举办职业教育也要自觉地接受政府的指导和管理。

不管是政府主管部门、行业组织，还是企业、事业组织和其他社会力量，举办职业教育都必须具备相应的条件。

设立职业学校必须具备下列条件：有组织机构和章程；有合格的教师；有符合规定标准的教学场所，与职业教育相适应的设施、设备；有必备的办学资金和稳定的经费来源。

设立职业培训机构必须具备下列基本条件：有组织机构和管理制度；有与培训任务相适应的教师和管理人员；有与进行培训相适应的场所、设施、设备；有相应的经费。

四、职业教育的师资

有合格的、与培训任务相适应的教师和管理人员，是职业学校、职业培训机构设立的基本条件之一。当前，专业师资不足，高水平师资少，是影响职业教育质量提高的最突出的问题之一。因此，建立一支数量充足、素质优良、结构合理的职业教育师资队伍，是提高职业教育质量和效益的关键所在。《职业教育法》对职业教育教师队伍的培养和培训，聘请专业技术人员担任职业教育的兼职教师等作出了明文规定。

1. 大力开展职业教育教师队伍的培养和培训

世界发达国家为提高职业教育质量，保持本国在经济竞争、人才竞争中的优势，都十分重视职业教育师资队伍建设，力求培养出高质量的师资，来确保职业教育的质量。一方面，发达国家对职业教育的师资都有严格的要求，达不到规定的条件，一律不许担任职业教育教师。另一方面，发达国家都建立了比较健全的职业教育师资培训体系，以保障职业教育稳定的师资来源。借鉴国际经验，我们必须大力加强职业教育师资队伍的建设。县级以上人民政府和有关部门应当把职业教育教师的培养和培训工作纳入教师队伍建设规划，保证职业教育教师队伍适应职业教育发展需要。

在开展职业教育教师培养和培训工作中，一要建立稳定的师资来源渠道，依靠各类普通高校培养职教师资；二要采取措施，加强在职教师培训工作。

2. 聘请兼职教师

那些既有丰富的实践经验又有教学能力的专业技术人员、有特殊能力的人员和其他教育机构的教师，熟悉实际情况，讲授内容针对性强，能理论联系实际。聘请他们担任兼职教师，是目前解决职业教育专业技术课教师、实习指导教师不足的一个好办法。行业组织、企事业单位对专业技术人员、有特殊能力人员和其他教育机构的教师到职业学校兼任教师，应予以支持，各有关部门和单位应当提供方便。鉴于兼职教师具有不稳定性，职业学校应对兼职教师的数量进行控制，在教学计划上要作出妥善安排。

职业教育师资队伍建设，是当前职业教育发展中最薄弱的一个环节。"职业院校教师工作是重要的，而且是光荣的。"肩负这样重要而光荣的任务的职业院校教师的使命是神圣的。为了更好地发展我国的职业教育事业，必须加强职业教育师资的培养和培训，建立职业教育专业教师到企业生产一线实践的制度，制定和完善职业教育兼职教师聘用政策，鼓励工程技术人员、高技能人才到职业院校兼职，打造"双师型"教师队伍。

要保障职业教育有一支稳定的师资队伍，必须采取相应措施，改善职业教育教师的待遇。要采取多种措施为教师办实事，帮助他们解决实际问题，使他们安心献身于职业教育事业。实践性较强的专业教师，可以按照相关专业技术职务试行条例的规定，申请评定第二个专业技术职务任职资格，也可根据有关规定申请取得相应的职业资格证书。

五、职业教育的经费

充分保证职业教育经费是发展职业教育的物质基础。《职业教育法》规定："国家鼓励通过多种渠道依法筹集发展职业教育的资金。"这些渠道主要有以下四条。

1. 各级政府财政拨款

根据《教育法》和《职业教育法》有关规定,政府举办的职业教育机构所需的经费应列入财政预算。国务院有关部门和省、自治区、直辖市人民政府应当制定本部门或本地区职业学校生均经费标准。职业学校的举办者应当按生均经费标准足额拨付职业教育经费。国务院各有关部门、各级人民政府用于举办职业教育的财政经费应当逐步增长。

各级财政要安排职业教育专项经费,重点支持技能型紧缺人才专业建设,职业教育师资培养培训,农业和地矿等艰苦行业、中西部农村地区和少数民族地区的职业教育和成人教育发展。

2. 企业承担职业教育经费

企业是我国职业教育办学主体之一。企业承担职业教育经费是我国职业教育经费来源的渠道之一,企业不仅要对在职职工进行培训,而且要对准备录用的人员进行培训,企业应当承担对这部分人员进行职业教育的费用。从企业的生存和发展来看,企业对职业教育投入是对劳动者智力和技能的一种开发性投入,其目的是为了提高劳动者素质,而劳动者素质的提高又会带来经济效益的增长,因此,这种投资实际上是一种生产性投资。一个真正的企业家应该充分认识到这一点。

3. 开征教育费附加

受国家财力限制,我国多数地区职业教育经费严重不足,影响了职业教育的发展,因此,必须进一步拓宽职业教育经费来源的渠道,开征地方教育费附加,专项或划出一定比例用于职业教育,增加对职业教育的投入。

为了进一步落实城市教育费附加用于职业教育的政策,国务院 2005 年 10 月发布了《关于大力发展职业教育的决定》(以下简称《决定》)的规定,从 2006 年起,城市教育费附加安排用于职业教育的比例,一般地区不低于 20％,已经普及九年义务教育的地区不低于 30％。

4. 适当收取学费

根据《中国教育改革和发展纲要》及其实施意见的规定,实行学生缴费上学制度。职业教育(义务教育阶段的职业教育除外)是非义务教育。职业学校、职业培训机构对接受中等、高等职业学校教育和职业培训的学生适当收取学费是十分必要的。但学费收取和使用时应注意以下几个问题:一是制定合理的收费标准。收费标准的制定既要考虑培训成本,又要考虑群众的承受能力,不能搞"一刀切"。二要对贫困家庭学生进行资助。为了防止接受职业教育的学生因贫困而失学,各地应安排一定专项资金资助贫困家庭学生,使他们的生活无后顾之忧。中等职业学校要从学校收入中安排一定比例用于奖、助学金和学费减免,并把组织学生参加勤工俭学和半工半读作为助学的重要途径。金融机构要为贫困家庭学生接受职业教育提供助学贷款,各地区要把接受职业教育的贫困家庭学生纳入国家助学贷款资助范围。通过建立和完善职业教育学生资助制度,使贫困家庭学生顺利完成学业。三要加强收费管理,严禁乱收费。四要确保学费收入全额用于学校发展。

此外,还可以适当利用农村科技开发、技术推广的经费进行农业职业培训;通过接受企事业单位、社会团体和公民个人对职业教育的捐助进行职业教育。

第三节 《职业教育法》的实施

一、充分认识职业教育的重要意义,认真学习、宣传《职业教育法》,深入领会《职业教育法》

职业教育在实施科教兴国战略和人才强国战略中具有特殊的重要地位。要贯彻实施《职业教育法》,各级领导、政府部门、企事业组织和其他社会力量首先要深刻认识职业教育的重要意义。

大力发展职业教育,是推进我国工业化、现代化的迫切需要。我国要走出一条科技含量高、经济效益好、资源消耗低、环境污染少、人力资源优势得到充分发挥的新型工业化路子,不断提高现代化水平,就需要培养数以千万计的高技能人才和高素质劳动者。这就要求我们更加重视和加快发展职业教育,全面提升人力资源的整体素质。

大力发展职业教育,是促进社会就业和解决"三农"问题的重要途径。要促进社会就业,适应经济社会发展对劳动力需求的变化,提高城市就业率,就必须大力发展职业教育,特别是要加强对新增劳动力和下岗失业人员的技能培训。要解决"三农"问题,一方面引导农村富余劳动力向非农产业和城镇转移就业,推进工业化和城镇化;另一方面大力发展现代农业,推进社会主义新农村建设,使广大农民适应工业化、城镇化和农业现代化的要求,同样需要加强职业教育,提高农村劳动力的整体素质。

大力发展职业教育,也是完善现代国民教育体系的必然要求。我国人力资源丰富,但劳动力整体素质不高,人才结构不尽合理,重要原因是教育结构不够完善,职业教育发展滞后。如果不发展职业教育,不仅教育需求与教育资源供给之间的矛盾很难缓解,而且还会造成教育资源和人力资源的浪费。因此,发展职业教育是我国教育事业发展规律的内在要求。要把基础教育、职业教育和高等教育放在同等重要位置,统筹兼顾,协调推进。这样,才能最大限度地满足社会成员多样化的求学愿望,才能适应经济社会发展对多层次人才和劳动力的需求,才能有利于构建和谐社会。

总之，大力发展职业教育，是落实科教兴国战略和人才强国战略，推进我国走新型工业化道路，解决"三农"问题，促进就业和再就业的重大举措；是全面提高国民素质，把我国巨大人口压力转化为人力资源优势，提升我国综合国力，构建和谐社会的重要途径；是贯彻党的教育方针，遵循教育规律，实现教育事业全面协调、可持续发展的必然要求。只有充分认识到了职业教育的重要意义，才会增强依法办职业教育的自觉性。

诚然，守法必先知法。要实施《职业教育法》，就要认真学习、宣传、深入领会《职业教育法》。各级党政领导干部、教育行政部门、职业学校师生、行业、企业和社会各方面，都要认真学习《职业教育法》，深刻领会《职业教育法》的法律原意、立法宗旨，全面了解《职业教育法》的基本内容，增强法律意识，切实明确各自在依照《职业教育法》行动中的权利、义务和应承担的责任，依法促进职业教育的健康发展，为增强国民经济和社会发展的后劲做好人才准备。

二、坚持以就业为导向，努力提高职业院校的办学水平和质量

"职业教育就是就业教育。"职业教育要认真贯彻党的教育方针，坚持"以服务为宗旨、以就业为导向"的办学方针，积极推动职业教育从计划培养向市场驱动转变，从政府直接管理向宏观引导转变，从传统的升学导向向就业导向转变。促进职业教育教学与生产实践、技术推广、社会服务紧密结合，积极开展订单培养，加强职业指导和创业教育，建立和完善职业院校毕业生就业和创业服务体系，推动职业院校更好地面向社会、面向市场办学。

职业教育要加强基础能力建设，建立和完善遍布城乡、灵活开放的职业教育和培训网络。同时，要加强县级职教中心建设，使其成为人力资源开发、农村劳动力转移培训、技术培训与推广、扶贫开发和普及高中阶段教育的重要基地。各地区要安排资金改善县级职教中心办学条件。

要加强示范性职业院校建设。职业教育示范性院校要在整合资源、深化改革、创新机制的基础上，大力提升培养高素质技能型人才的能力，在深化改革、创新体制和机制中真正起到示范作用，带动全国职业院校办出特色，提高水平。

从职业教育内部改革来看，职业教育要十分注重教学内容和教学方法的改革，高度重视实践和实训环节的教学。

职业教育要根据市场和社会需要，不断更新教学内容，改进教学方法。合理调整专业结构，大力发展面向新兴产业和现代服务业的专业，大力推进精品专业、精品课程和教材建设。加快建立弹性学习制度，逐步推行学分制和选修制。加强职业教育信息化建设，推进现代教育技术在教育教学中的应用。

职业教育要高度重视实践和实训环节教学,进一步推进学生获取职业资格证书工作,大力培养技能型人才。对取得职业院校学历证书的毕业生,参加与所学专业相关的中级职业技能鉴定时,只应当要求参加操作技能考核。操作技能考核合格即可获得相应的职业资格证书。同时,省级以上重点中等职业学校和有条件的高等职业院校都应当逐步建立职业技能鉴定机构,开展职业技能鉴定工作,使学生考核合格后,可同时获得学历证书和相应的职业资格证书,为毕业生就业成才和终身学习创造条件。

三、积极推进体制改革与创新,增强职业教育发展活力

公办职业学校办学体制要大胆改革与创新。公办职业学校要积极吸纳民间资本和境外资金,探索以公有制为主导、产权明晰、多种所有制并存的办学体制。

为更好地实施《职业教育法》,促进职业教育事业不断发展,公办职业学校要深化以人事分配制度改革为重点的内部管理体制改革,进一步落实职业院校的办学自主权。要按照国务院《决定》的要求,在中等职业学校和高等职业院校实行不同的内部管理体制。中等职业学校实行校长负责制和聘任制,高等职业院校实行党委领导下的校长负责制和任期制。同时,《决定》要求职业学校要全面推行教职工全员聘用制和岗位管理制度,建立能够吸引人才、稳定人才、合理流动的制度。为了更好地调动教职工的积极性,职业学校要深化内部收入分配改革,将教职工收入与学校发展、所聘岗位及个人贡献挂起钩来。

温家宝总理于 2005 年 11 月 7 日在全国职业教育工作会议上的讲话中指出:"要积极办好公办职业院校,大力发展民办职业教育,形成公办民办共同发展的新格局。"为了进一步推动职业教育的发展,在办好公办职业教育的同时,要大力发展民办职业教育,认真贯彻落实《中华人民共和国民办教育促进法》及其实施条例,把民办职业教育纳入职业教育发展的总体规划。加大对民办职业教育的支持力度,制定和完善民办学校建设用地、资金筹集的相关政策和措施。在师资队伍建设、招生和学生待遇等方面对民办职业院校与公办学校要一视同仁。同时,要依法加强对民办职业院校的管理,规范其办学行为。为了进一步增强职业教育发展活力,职业教育要扩大对外开放,借鉴国外有益经验,积极引进优质资源,推进中外合作办学,努力开拓职业院校毕业生国(境)外就业市场。

四、依靠行业企业发展职业教育,推动职业院校与企业的密切结合

发展职业教育是企业发展的内在需求。许多成功企业都将发展职业教育、强化职工培训,作为促进企业发展、提高企业竞争力的重要措施。依靠企业发展职业

教育,一是要强化企业职工培训,提高企业职工的素质。要认真落实"一般企业按照职工工资总额的 1.5% 足额提取教育培训经费,从业人员技术要求高、培训任务重、经济效益较好的企业可按 2.5% 提取"的规定,足额提取教育培训经费,主要用于一线职工的教育和培训。二是企业要继续办好已有的职业学校。企业可以联合举办职业学校,也可以与职业院校合作办学。行业主管部门和行业协会要发挥优势,开展本行业人才需求预测,制订教育培训规划,组织和指导行业职业教育与培训工作。

要推动公办职业学校与企业合作办学,形成前校后厂(场)、校企合一的办学实体。公办职业学校要进行资源整合和重组,走规模化、集团化、连锁办学的路子,积极探索、大胆试验,盘活资源、激发活力,整合力量,在做强做大上下功夫,办出水平,办出特色。

要加强学生的生产实习和社会实践,改革以学校和课堂为中心的传统人才培养模式。中等职业学校在校学生最后一年要到企业等用人单位顶岗实习,高等职业院校学生实习实训时间不少于半年。要建立企业接收职业院校学生实习和教师实践的制度。学生在企业实习期间,企业要与学校共同组织好学生的相关专业理论教学和技能实训工作,做好学生实习中的劳动保护、安全等工作,为顶岗实习的学生支付合理报酬。

五、重视发展面向农村的职业教育,开展城市对农村、东部对西部的职业教育对口支援

要重视发展面向农村的职业教育,提高广大农民的职业技能和转移就业能力。今后,我国新增劳动力的主要来源在农村。农村初高中毕业生不仅是农业现代化建设的骨干力量,也是我国产业工人的后备军,搞好农村职业教育具有特殊重要的意义。

发展面向农村的职业教育,要为农村劳动力转移服务,为建设社会主义新农村服务。一是要制定好农村职业教育和职业培训计划。二是要注重面向农村、面向农民的职业教育和技能培训的多样化、灵活性和实用性。三是各级各类职业学校都要扩大面向农村初高中毕业生的招生规模。四是要充分利用广播电视大学、自学考试、远程教育等方式,发展面向农村青年的职业教育。五是要加强县级职业教育中心建设,每个县(市、区)都要重点办好一所职业教育中心或中等职业技术学校。六是要加强农民工转移就业培训,提高进城务工农民的职业技能和就业能力。同时,也要做好在乡务农青年的农业实用技术培训工作,大力提高农民的科学文化素质。

在发展面向农村职业教育的同时,要积极开展城市对农村、东部对西部职业教

育对口支援工作。要把发展职业教育作为城市与农村、东部与西部对口支援工作的重要内容。各地区要加强统筹协调，把职业教育对口支援工作与农村劳动力转移、教育扶贫、促进就业紧密结合起来。要充分利用东部地区和城市优质职业教育资源和就业市场，进一步推进东西部之间、城乡之间职业院校的联合招生、合作办学。

六、重视职业教育与普通教育的沟通

众所周知，普通教育的任务是提高全民族的素质，培养德、智、体全面发展的、对未来社会发展有较大适应能力的合格的公民。它的教学内容，是人类优秀文化遗产和现代科学基础知识。普通教育包括普通小学教育、普通中学教育和普通高等学校教育。职业教育是在大工业基础上发展起来的，是现代生产发展的要求。在职业教育过程中，运用各种有效的方法、手段，把知识、经验、技能传授给学生，从而改变人的劳动能力、性质和形态，使没有掌握专业知识与生产技能的劳动者成为具有某种知识和技能的劳动者。

尽管职业教育和普通教育的侧重点有所不同，但它们之间有着诸多的共同点。从宏观上看，都是为社会发展培养合格的劳动者；从微观上看，都是为了开发学生的智能。蔡元培用"房屋"和"地基"形象地论证了职业教育与普通教育的关系。他说："普通教育和职业教育，显有分别，职业教育好像一所房子，内分教室、寝室等，有各自的用处，普通教育则像一所房屋的地基，有了地基，便可以把房屋建筑起来。"他还说："我们要盖房子时，必须先求地基坚实，若起初不留意，等到高屋将成，才发现地基不稳才想方设法补救，已经来不及了。"

实施职业教育，应当充分发挥普通教育的功能，将普通教育和职业教育完好地结合起来，在普通教育中渗透职业教育的内容，建立文化科学知识与基础职业内容相融合的普通教育体系，培养现代生产者所应具有的劳动技能和科学的职业观。但这并不意味着改变普通教育的基础性，也不是普通教育与职业教育的简单相加，更不是强调单一的技术与技能的训练，以劳动代替教学，由普通教育单一化这个极端走到职业教育单一化的另一极端。

在普通教育中渗透职业教育的内容，是全面提高劳动者素质的需要。我们应该在人才培养的方式和途径上进行改革，在普通教育中引进职业教育因素，沟通普通教育与职业教育之间的联系，使学生受到多方面的训练和教育，具备多方面的能力，尤其是操作使用劳动工具的能力，使学生了解最主要的生产部门和生产工艺原理，成为"各方面都有能力的人，即通晓整个生产系统的人"。

如何引进职业教育因素，充实普通教育的内容？新中国成立以来，我们在这方面进行了较长时间的探索，有成功的经验，也有失败的教训。总结我国历史经验，借鉴国外的一些做法,在普通教育中渗透职业教育的内容的一个重要措施就是将劳动技术课作为一门独立的课程纳入教学计划,并保证劳动技术课的课时,使之成为普通教育的重要内容。劳动技术课的特点是技术性强,紧密联系实际,动手与动脑相结合,着重于知识的应用。普通中小学要依据当地自然特点和经济发展形式,选择适应性广、日常生活需要、与普通教学内容相联系的劳动技术项目,开设劳动技术课。

因此,不论是从教育必须为社会主义建设服务的角度考虑,还是从提高劳动者素质的角度考虑,或是从《职业教育法》的实施,注重职业教育与普通教育相互沟通的角度考虑,在普通中学加强劳动技术教育,渗透职业教育因素,都是十分必要的。

第七章
《中华人民共和国
高等教育法》导读

　　《中华人民共和国高等教育法》(以下简称《高等教育法》)由中华人民共和国第九届全国人民代表大会常务委员会第四次会议于 1998 年 8 月 29 日通过,自 1999 年 1 月 1 日起实施。作为教育法体系的一个重要组成部分,它是高等教育实现依法治教的法律依据,是深化高等教育改革和促进高等教育事业进一步健康发展的有力保障。因此,认识高等教育立法的意义,领会《高等教育法》的基本内容及其实施要义,尤显重要。

第一节　概　述

一、《高等教育法》的立法依据和立法宗旨

　　我国《高等教育法》的制定是以《宪法》和《教育法》为依据的。

　　《高等教育法》第一条明确规定:"为了发展高等教育事业,实施科教兴国战略,促进社会主义物质文明和精神文明建设,根据宪法和教育法,制定本法。"由此十分明显地看出,《高等教育法》的立法宗旨主要包括以下三个方面。

1. 发展高等教育事业

　　高等教育是指在完成高级中等教育基础上实施的教育。它担负着培养高级专门人才,繁荣和发展科学、技术和文化,提高全民族思想道德和科学文化水平的任务,在我国社会主义现代化建设中,发挥着极为重要的作用。经过几十年的努力,我国的高等教育事业获得了很大的发展。现在已基本建立了一个学科门类比较齐全,形式较为多样,专科、本科和研究生教育相互配套,具有相当规模的社会主义高等教育体系。但是高等教育在发展过程中也暴露出了这样或那样的问题,诸如管理体制问题、办学体制问题、教育投入和条件保障问题等等,这些问题如果得不到圆满的解决,必将影响高等教育事业进一步深入有序的健康发展。因此,为了发展我国高等教育事业,确立我国高等教育领域的基本制度,全面规范高等教育领域内各行为主体之间的法律关系,必须制定《高等教育法》。

2. 实施科教兴国战略

"科教兴国"，是党中央、国务院面对世界范围内科学技术迅猛发展和综合国力竞争日趋激烈的时代背景，根据经济、社会发展规律和我国现实情况作出的重大战略部署。科教兴国战略就是致力于增强国家的科技实力及科技向现实生产力转化的能力，提高全民族科学文化素质，把经济建设转移到依靠科技进步和提高劳动者素质的轨道上来，加速实现国家的繁荣昌盛。实施科教兴国战略，就要求全面改革我国的科教体系，建立或改革国家知识创新体系、知识传播体系和知识运用体系。而高等教育兼有知识传播、知识创新、人才培养和知识运用等重要功能，具有学科交叉综合、教学科研结合、青年人才不断涌现的优势，是国家创新体系的重要组成部分，它的健康有序的发展直接关系到科教兴国战略的实施。因此，为使高等教育的发展适应实施"科教兴国"战略的要求，必须制定《高等教育法》。在整部法律中，"实施科教兴国战略"这一宗旨被贯彻始终，成为整部法律的原则与灵魂。

3. 促进社会主义物质文明和精神文明建设

社会主义建设必须依靠教育，这是我国在社会主义建设中总结正反两方面经验教训得出的一条重要结论。

合乎规律的、有序实施的高等教育对社会主义物质文明建设、精神文明建设和政治文明建设具有极大的促进作用。

社会主义的物质文明建设就是要大力发展生产力。社会主义精神文明建设包括思想道德建设和教育科学文化建设。由于高等教育肩负着教学、科研和社会服务等重要职能，它不仅是劳动力再生产和科学知识再生产的重要手段，而且是生产新的科学技术的手段，对社会生产力的推动作用是显而易见的。同时，高等教育在宣传舆论、传播思想、培养人才等方面对社会主义精神文明建设的作用也是无可替代的。不仅如此，发展高等教育本身，也就是加强社会主义物质文明与精神文明建设的重要表现。因此，为了促进社会主义的物质文明和精神文明建设，必须制定《高等教育法》。

二、《高等教育法》的适用范围

我国的高等教育，在类型上包括学历高等教育和非学历高等教育；在层次上包括专科教育、本科教育和研究生教育；在形式上包括全日制高等教育和非全日制高等教育。总起来说，《高等教育法》的调整范围应包括上述不同类型、不同层次、不同形式的高等教育。《高等教育法》第二条规定："在中华人民共和国境内从事高等教育活动，适用本法。"根据这一规定，《高等教育法》的适用范围包含以下几方面：

第一，一切在中华人民共和国境内从事高等教育的个人。其中，中华人民共和国境外的个人符合我国规定的条件并办理有关手续，进入中国境内高等学校学习、研究,进行学术交流或者任教,也适用本法的有关规定。

第二,一切在中华人民共和国境内从事高等教育的组织。这里包括高等学校、经批准承担研究生教育任务的科学研究机构和其他高等教育机构。"高等学校"指大学、独立设置的学院和高等专科学校,其中包括高等职业学校和成人高等学校。"其他高等教育机构"指除高等学校和经批准承担研究生教育任务的科学研究机构以外的从事高等教育活动的组织。

《高等教育法》中有关对高等学校的规定,适用于其他高等教育机构和经批准承担研究生教育任务的科学研究机构,但对高等学校专门适用的规定除外。

三、《高等教育法》颁布实施的意义

第一,《高等教育法》的出台,标志着我国教育法律体系基本框架的形成,为全面依法治教奠定了良好的基础。

我国现代高等教育制度自清朝末年筹办京师大学堂开始,已有一百多年的历史。特别是新中国成立以来,高等教育的改革和发展取得了巨大的成绩。但我国却在很长时间内始终没有一部完整的高等教育法。虽然在清朝末年曾经有过《钦定学堂章程》(1902年)和《奏定学堂章程》(1904年),在民国时期有过《大学令》和《专门学校令》(1912年)、《学校系统改革令》(1922年,又称"壬戌学制")、《国立大学校条例》(1929年)、《大学组织法》和《专科学校组织法》(1929年)、《大学法》(1948年)等等,但都谈不上是具有立法意义上的完整的高等教育法。新中国建立以后,逐步重视法制建设。例如,在60年代初制定了具有重大影响的《教育部直属高等学校暂行工作条例(草案)》(简称"高教六十条");1980年通过了新中国第一部有关高等教育的专门法律《中华人民共和国学位条例》。此后,国务院陆续制定了《高等教育管理暂行规定》、《普通高等学校设置暂行条例》、《高等教育自学考试条例》等行政法规。但是,这些还都不是完整的系统的高等教育法。《高等教育法》的制定,是我国真正立法意义上的第一部完整的高等教育法律,它是一部较为全面地规范高等教育内部各种复杂的社会关系和自身的组织活动的法律,是高等教育的基本法,为我国建立以高教法为"龙头"的系统的完善的高等教育法律体系奠定了法律基础。这部法律的制定,使得教育法的调整范围更加周全了,标志着我国以教育法为母法的教育法律体系基本框架的形成,为制定有关高等教育的法规、规章提供了立法依据。

第二,《高等教育法》的颁布,有利于促进高等教育事业的进一步发展。

当今时代,科学技术迅猛发展,综合国力竞争日趋激烈。未来世界舞台上谁能跻身于强手之林,很大程度上取决于一个国家的科技发展水平和劳动者素质的高低。而高等教育承担着培养高级专门人才的重任,我们国家要发展科学技术,要提

高劳动者素质,离开了高等教育是无法想象的。高等教育事业如果不能顺利发展,在综合国力上就无法超越世界先进水平。改革开放以来,我国高等教育获得迅猛发展,基本上形成了具有中国特色的高等教育体系。然而,由于没有法律的保障,高等教育活动的界限很难确定,高等教育领域的各方面关系也很难理清,高等教育也很难在制度化的安排下健康发展。近代高等教育发展的历史昭示人们,要构造一个充满活力的高等教育体系并保持其健康发展,就必须确立高等教育立法的目标,通过完备的高等教育法律制度、完善的高等教育法律体系,为高等教育创造最大的、有序的发展空间。我国《高等教育法》的出台,必将推动我国高等教育面向世界和未来更好更快地发展,在科教兴国中发挥生力军作用。

第三,《高等教育法》的制定,为高等教育的科学管理提供了法律保证。

只有尊重教育规律,尊重人才成长规律,尊重现代科学管理规律,才能对高等教育工作进行科学管理,才能促进高等教育健康发展。否则,高等教育的发展就会蒙受重大的损失,我们在这方面曾经有过惨痛的教训。尤其是"文化大革命"期间,我国教育事业遭受了极其严重的破坏。总结国内外历史经验教训得出的一个重要结论就是必须依法治教。为了避免不尊重教育规律而造成对教育事业严重危害的历史重演,就必须通过国家权力机关按照法定程序立法,把应当遵循的教育规律,诸如教育外部关系的规律、教育内部关系的规律、人才成长的规律等等确定下来,使人们在实际工作中切实遵循,从经验管理转变为科学管理。《高等教育法》为依法管理的实现奠定了坚实的基础。它在观念层面上,确立了评估高等教育现实的尺度和方法;在制度层面上,规范了教育管理部门和高等学校的行为取向;在操作层面上,提出了公正合理的程序,为高等教育管理活动设定了较好的方式、方法和操作步骤。《高等教育法》的制定,必将使我国高等教育管理的法制化进入一个新的阶段。

第四,高等教育立法是高等教育改革的需要。

教育立法是教育改革的反映,教育改革又需要依靠教育立法来进行。把握改革与立法的关系,把二者有机地统一起来,这对教育事业的发展将起到更加有力的促进作用,这一点已为国内外的教育实践所证实。目前,我国高等教育改革,从体制改革到教学改革都取得了很大成绩,高等教育资源和学科结构逐步得到更加合理的配置,教育质量和办学效益进一步得到提高。然而,高等教育改革的任务还很艰巨。因为改革是一个思想再认识、关系再组合、利益再分配、权力再调整的过程,是破除旧习惯、打破旧格局、改变旧体制的过程,因而遇到的阻力往往很大。同时,高等教育的教育思想观念、体制、布局结构、人才培养模式、教学内容和方法等也都处在不断深化改革的过程之中,因此必须依靠法律去引导、去推动,需要借助法律的强制力量来实施。另一方面,在高等教育的改革和发展中,有许多宝贵的经验需要以法律的形式加以肯定和概括,国家对发展和改革高等教育颁布的许多非常重要和具有指导意义的文件需要用法律语言予以确定,使之法制化。在这种形势下,《高等教育法》的出台,既有利于巩固我国高等教育改革和发展的成果,也有利于明确高等教育改革和发展的原则和方向,推动我国高等教育深化改革和健康发展。其最大意义在于:这是一部既巩固成果又引导改革的法律。

第二节 《高等教育法》的基本内容

《高等教育法》共八章六十九条,对高等教育的活动原则、高等教育基本制度、高等学校的设立、高等学校的权利和义务、高等学校的内部管理体制、高等学校的教师和学生等方面作出了具体的规定。

一、高等教育活动的原则

高等教育活动的原则是在高等教育活动中必须遵循的基本要求和行为准则,它是根据高等教育活动的特点和规律,在高等教育实践的基础上概括出来的。

高等教育应当遵循的原则主要有:社会主义方向性原则;教育机会均等原则;国家重视发展和改革高等教育的原则;社会参与原则;高等学校依法自主办学原则;高等学校依法民主管理原则;学术自由原则;民族性与国际性相结合的原则等。

社会主义方向性原则是我国高等教育活动必须遵循的基本原则。它要求高等教育工作,首先,必须坚持以正确的理论为指导,高等教育目标的确定、内容和方法的选择以及措施的制定都要坚持社会主义方向。其次,高等教育工作必须紧紧围绕国家所提出的培养目标及新时期培养人才的要求进行。《高等教育法》言简意赅地对培养人才的规格即高等教育的目标进行了全面规划,提出:“高等教育必须贯彻国家的教育方针,为社会主义现代化建设服务,与生产劳动相结合,使受教育者成为德、智、体等方面全面发展的社会主义事业的建设者和接班人。”显而易见,我们的高等教育是社会主义的高等教育,必须坚持社会主义的办学方向,培养为社会主义服务的人才。

教育机会均等的原则是我国高等教育活动必须遵循的又一重要原则。教育机会均等是人类共同追求的目标。实现教育机会均等是对我国公民权利的保障。《高等教育法》规定:“公民依法享有接受高等教育的权利。”为了保证公民享有平等受教育的权利,《高等教育法》明确规定,“国家采取措施,帮助少数民族地区学生和经济困难的学生接受高等教育”,“高等学校必须招收符合国家规定的录取标准的残疾学生入学,不得因其残疾而拒绝招收"。透过这些规定,我们可以看到我国政府对人权的尊重。值得一提的是,高等教育不是义务教育,高等教育阶段学生受教育权上体现的教育平等,主要不是就学权利、教育条件和教育效果的平等,而是受教育机会的平等。

国家重视改革和发展高等教育的原则也是一项重要原则。教育是整个社会大系统中的一个子系统,高等教育又是整个教育系统中的一个子系统。高等教育发展的水平和改革的成效,与一个国家对高等教育的重视程度密切相关。新中国成立以来,我国高等教育发展较快,初步形成了多种层次、多种形式、学科门类基本齐全的体系,这和我国十分重视高等教育的发展和改革是分不开的。为了将这一宝贵的经验以法律的形式加以明确,《高等教育法》规定:"国家根据经济建设和社会发展的需要,制定高等教育发展规划,举办高等学校,并采取多种形式积极发展高等教育事业。""国家按照社会主义现代化建设和发展社会主义市场经济的需要,根据不同类型、不同层次高等学校的实际,推进高等教育体制改革和高等教育教学改革,优化高等教育结构和资源配置,提高高等教育的质量和效益。"

高等教育活动应当贯彻"社会参与"的原则,调动社会各方面的力量,动员全社会积极参与。《高等教育法》明确指出:"国家鼓励企业事业组织、社会团体及其他社会组织和公民等社会力量依法举办高等学校,参与和支持高等教育事业的改革和发展。"这一规定,是改变政府包揽办学的格局,不断扩大教育投资渠道,逐步建立以政府办学为主体、社会各界共同办学的体制,不断深化办学体制和投资体制改革与创新的需要。贯彻"社会参与"的原则,在高等教育办学体制和投资体制上,应不断提高市场准入的程度,以多种形式,从多方面吸纳社会资金投资于高等教育。

高等学校应当贯彻依法自主办学的原则。高等学校自批准设立之日起取得法人资格。高等学校应当面向社会,依法自主办学。高等学校自主办学就是在法律、法规规定的范围内自主办学。从纵向看,要在法律范围内正确处理与政府和教育行政主管部门的关系,以及学校与学生和教师的关系;从横向看,要在法律范围内正确处理与其他民事主体的相互关系。首先,高等学校自主办学要接受和服从政府和教育主管机关的管理、监督和指导,脱离政府的监督、管理和指导以及超越法定的办学权的办学活动也就是违法办学,要承担行政法律责任。其次,高等学校的自主办学要尊重学生和教师的合法权益。学校在从事内部教育教学管理活动中不能侵害学生和教师的法定权利。第三,高等学校的自主办学行为不能损害其他民事主体的合法权益。

高等学校应当实行民主管理。高等学校实行民主管理,是保障教职工主体地位的需要,是调动教职工积极性、推进学校改革和发展的需要,是实行民主科学决策、加强学校管理的需要，是维护教职工合法权益、建设和谐校园、维护社会稳定的需要，是推进校园文化建设和教职工队伍建设的需要。学校是教职工工作、生活的依托，教职工有义务关心学校的改革和发展，有责任为学校的改革和发展献计献策、献智献力，这就需要通过建立教职工代表大会、校务公开等民主管理制度来实现教职工的愿望和要求。高等学校教职工代表大会是高等学校教职工行使民主权利、民主管理学校的重要形式。高等学校在建立民主管理制度的同时，要把教职工参与民主管理活动与其他教育活动有机结合起来，不断提高教职工队伍整体素质，切实提高教职工民主管理学校的水平。

高等学校具有教学、科学研究和社会服务三大职能。高等学校是科学研究的重要场所，应当提倡学术自由。《高等教育法》规定："国家依法保障高等学校中的科学研究、文学艺术创作和其他文化活动的自由。"在世界各国的学术发展中，已经形成了一个公认的原则，这就是越来越受到尊重的"学术自由"原则。学术自由是思想自由的一种表现形式。学术自由是学术活动不受非学术性干预的自由，在本质上是社会成员对新思想的创造、阐述和传播的自由权利。1988年联合国利马宣言指出，"学术自由"是指学术共同体成员，无论个人或集体，通过探查、研究、探讨、记录、生产、创造、教学、讲演以及写作而追求、发展、传授知识的自由。在法治社会中，作为社会成员特别是学者的一种基本权利，学术自由是受法律保护的，是任何组织、政党、社会团体和个人都不能侵犯的。可见，保障学术自由也是基本的法治观念。长期的科学实践证明，倡导和坚持学术自由的方针，是学术发展的根本保障。

高等教育是组成社会系统的一个子系统，既具有国与国之间的民族属性，又具有跨国界的国际属性。高等教育活动要坚持国际性与民族性相结合原则。坚持国际性是指要将高等教育改革和发展置于国际背景之中，进行国际合作与交流，加强高等教育国际接轨，培养具有国际竞争力的人才。坚持民族性是指要把文化内涵和民族特质作为保存民族文化、培养民族人才的重要内容。我们既不能离开民族特色谈国际性，也不能自我封闭谈民族性，要将民族性和国际性有机结合起来。既要坚持民族特色，又要具有国际视野。

二、高等教育基本制度

（一）高等教育的性质和任务

教育是一种有目的的培养人的社会实践活动，这是教育的质的规定性。高等教育是培养高级专门人才的活动。

高等教育的任务是培养具有创新精神和实践能力的高级专门人才，发展科学技术文化，促进社会主义现代化建设。这一规定明确了高等教育的服务指向、外部功能指向和内部功能指向。

高等教育的服务指向就是高等教育必须面向社会,面向社会主义现代化建设。

高等教育的外部功能指向强调高等教育向着教育功能多元化的方向发展。高等教育不仅为一定社会培养统治人才,而且更为重要的是还肩负着发展科学、技术、文化等多重使命。

高等教育的内部功能指向就是培养人。总起来说,就是要培养具有创新精神和实践能力的高级专门人才。专科教育应当使学生掌握本专业必备的基础理论、专门知识,具有从事本专业实际工作的基本技能和初步能力;本科教育应当使学生比较系统地掌握本学科、专业必需的基础理论、基本知识,掌握本专业必要的基本技能、方法和相关知识,具有从事本专业实际工作和研究工作的初步能力;研究生教育是在本科教育的基础上,对知识领域的拓宽与加深,应着重进行科学研究的训练,培养独立从事科学研究工作和担任本专业实际工作的能力,能在本门学科或专业技术上取得创造性成果的高级专门人才。

(二) 入学条件和修业年限

高等教育包括学历教育和非学历教育,高等学历教育分为专科教育、本科教育和研究生教育。《高等教育法》对学历教育的入学条件和修业年限作出了明确的规定。

高级中等教育毕业或具有同等学力的,经考试合格,由实施相应学历教育的高等学校录取,取得专科生或本科生入学资格。专科教育的基本修业年限为二至三年,本科教育的基本修业年限为四至五年。

本科毕业或具有同等学力的,经考试合格,由实施相应学历教育的高等学校或者经批准承担研究生教育任务的科学研究机构录取,取得硕士研究生入学资格。硕士研究生的基本修业年限为二至三年。

硕士研究生毕业或具有同等学力的,经考试合格,由实施相应学历教育的高等学校或者经批准承担研究生教育任务的科学研究机构录取,取得博士研究生入学资格。博士研究生的基本修业年限为三至四年。同时,允许特定学科和专业的本科毕业生直接取得博士研究生资格。非全日制高等学历教育的修业年限应当适当延长。此外,在修业年限上,高等学校可以根据实际需要,报主管的教育行政部门批准,对学生的修业年限作出调整。

(三) 学业证书制度和自学考试制度

1. 学业证书制度

学业证书是指经国家批准设立或者认可的学校及其教育机构对在该学校或其

他教育机构正式参加学习并完成规定学业的受教育者颁发的书面凭证。根据《教育法》的规定,受教育者在完成所在学校或其他教育机构教学计划规定的学业后有权获得相应的学业证书。接受高等学历教育和非学历高等教育的学生可按规定获得相应的学业证书。学业证书包括学历证书和其他学业证书。学历证书包括毕业证书、结业证书和肄业证书。其他学业证书包括专业证书、培训证书及技术登记资格证书以及写实性学业证书等。《高等教育法》规定,接受高等学历教育的学生可按规定获得相应的学历证书或其他学业证书;接受非学历高等教育的学生可按规定获得相应的结业证书。

学业证书的颁发及认定是一项国家特许的权力,是一种代表国家行使权力,依法做出的行为。学业证书的持有者,在获得学业证书的同时可以获得相应的待遇,国家予以法律保障。

2. 自学考试制度

高等教育自学考试是对自学者进行以学历考试为主的高等教育国家考试,是一种国家承认的教育考试制度,它是一种将个人自学、社会助学和国家考试有机结合的高等教育形式。高等教育自学考试是我国高等教育体系的一个组成部分,也是我国国家教育考试制度的重要组成部分。它具有三个基本特征:一是以学历考试为主;二是属于国家教育考试;三是个人自学、社会助学和国家考试相结合。高等教育自学考试所取得的毕业证书具有同样的法律效力。

三、高等学校的设立

目前,我国的高等教育办学体制,已经打破了原来的由政府包揽办学的单一办学主体的旧格局,正在逐步形成以政府为主、社会各界共同参与的多元办学主体的新格局。为了规范各办学者的行为,克服盲目办学、低水平重复等弊端,有必要对"高等学校的设立"作出明确规定。为此,《高等教育法》专门在第三章就设立高等学校的基本要求、基本条件、基本材料、基本程序作出了规定。

(一)高等学校设立的基本要求

1. 符合国家高等教育发展规划

国家在一定时期内都会制定高等教育发展规划,根据国家经济建设、社会发展、科技进步和人才培养的要求对高等教育的整体发展规模、速度,高等学校的层次、类别、形式、结构等作出相应的设计和调整。设立高等学校,首先必须符合国家的高等教育发展规划。

2. 符合国家利益和社会公共利益

任何组织和个人设立高等学校,都必须以符合中华人民共和国的国家利益和社会公共利益为原则,不得为追求其他利益而损害国家利益和社会公共利益。

3. 不得以营利为目的

高等学校是以社会公共利益为目的而存在的,具有社会公益性。设立高等学校必须遵守这一公益性原则,不得以营利为目的。

(二)高等学校设立的基本条件

设立高等学校,除应当具备教育法规定的有组织机构和章程,有合格的教师,有符合规定标准的教学场所及设施、设备等,有必备的办学资金和稳定的经费来源等四个基本条件外,还必须有一些特殊的条件。大学或独立设置的学院还应当具有较强的教学、科学研究力量,较高的教学、科学研究水平和相应规模,能够实施本科及本科以上教育。大学还必须设有三个以上国家规定的学科门类为主要学科。这样的规定强化了高等教育的职能。

(三)高等学校设立的基本材料

申请设立高等学校,应当向审批机关提交相应的材料。这些材料主要是:申办报告、可行性论证材料、章程、审批机关依照本法规定要求提供的其他材料。章程应当对以下事项作出规定:学校名称、校址;办学宗旨;办学规模;学科门类的设置;教育形式;内部管理体制;经费来源、财产和财务制度;举办者与学校之间的权利、义务;章程修改程序;其他必须由章程规定的事项。

(四)高等学校设立的基本程序

设立高等学校实行分级审批,专家评议。

高等学校的设立由国务院教育行政部门审批。实施专科教育的高等学校的设立,经国务院授权,可以由省、自治区、直辖市人民政府审批;设立其他高等教育机构,由国务院授权的有关部门或者省、自治区、直辖市人民政府审批。

在对高等学校的设立进行审批时,要聘请由专家组成的评议机构评议。

两校或数校合并,高等学校及其他高等教育机构分立或终止,名称、类别或其他重要事项的变更,由原审批机关审批;章程的修改应当报原审批机关核准。

四、高等学校的权利和义务

高等学校是面向社会自主办学的法人实体,依法行使办学自主权是高等学校所具有的特征之一,也是提高我国高等教育的质量与效益的关键之一。《高等教育法》在明确高等学校作为办学者所具有的独立于举办者与管理者的法律地位之外,还专门规定高等学校享有多方面的自主权,确定高等学校办学自主权的具体范围。

一是招生自主权。高等学校有权根据社会需求、办学条件和国家核定的办学规模,制定招生方案,自主调节系科招生比例。

二是学科专业设置和教学自主权。高等学校有权依法自主设置和调整学科、专业;有权根据教学需要,自主制定教学计划,选编教材,组织实施教学活动。

三是科研开发和社会服务自主权。高等学校有权根据自身条件,自主开展科学研究、技术开发和社会服务。国家鼓励高等学校同企业事业组织在科学研究、技术开发和推广等方面进行多种形式的合作;国家支持具备条件的高等学校成为国家科学研究基地。

四是机构设置与人事分配权。高等学校有权根据实际需要和精简、效能的原则自主确定教学、科学研究、行政职能部门等内部组织机构的设置及人员配备;有权按照国家有关规定评聘教师和其他专业技术人员的职务,调整津贴及工资分配。

五是财产管理使用权。高等学校对举办者提供的财产、国家财政性资助、受捐赠财产享有依法自主管理和使用的权利。

六是自主开展国际交流和合作的权利。高等学校有权按照国家的有关规定,在科学技术文化领域,自主开展与境外高等学校之间的交流与合作。

高等学校在享有上述权利的同时,还必须履行相应的义务。高等学校应当履行的义务主要包括以下方面:

一是教学、科研和社会服务方面的义务。高等学校有义务以培养人才为中心,开展教学、科学研究和社会服务,保证教育教学质量达到国家规定的标准;有义务设立学术委员会,审议学科和专业的设置、教学及科学研究计划方案,评定教学与科学研究成果等有关学术事项。

二是财产使用方面的义务。高等学校享有财产管理使用权,但不得将用于教学和科学研究活动的财产挪作他用。

三是依法维护教职工合法权益的义务。高等学校有义务通过以教师为主体的教职工代表大会等组织形式,依法保障教职工参与民主管理与监督,维护教职工的合法权益。

四是接受监督和评估的义务。高等学校有义务就其办学水平、教育质量,接受教育行政部门的监督和由其组织评估。

此外,高等学校还有义务为教师参加培训、开展科学研究和进行学术交流提供便利条件;有义务对大学生的社会服务和勤工助学活动进行引导和管理;有义务为毕业生、结业生提供就业指导和服务等等。

这些规定明确了高等学校的权利与义务,为其真正成为自主办学的法人实体奠定了法律基础。

五、高等学校的内部管理体制

高等学校内部管理体制是高等学校内部的领导分工、机构设置、管理权限以及相互关系的根本组织制度。它直接支配着高等学校的管理工作，是一项总关全局的制度。《高等教育法》明确规定，国家举办的高等学校实行中国共产党高等学校基层委员会领导下的校长负责制，并对党委领导和校长负责作了明确而具体的分工。

《高等教育法》规定，中国共产党高等学校基层委员会按照中国共产党章程和有关规定统一领导学校工作，支持校长独立负责地行使职权。中国共产党高等学校基层委员会的领导职责是：执行中国共产党的路线、方针、政策，坚持社会主义办学方向，领导学校的思想政治工作和德育工作，讨论决定学校内部组织机构的设置和内部组织机构负责人的人选，讨论决定学校的改革、发展和基本管理制度等重大事项，保证以培养人才为中心的各项任务的完成。

作为高等学校法定代表人的高等学校校长，全面负责本学校的教学、科学研究和其他行政管理工作，行使下列职权：

一是拟订发展规划，制定具体规章制度和年度工作计划并组织实施。

二是组织教学活动、科学研究和思想品德教育。

三是拟订内部组织机构的设置方案，推荐副校长人选，任免内部组织机构的负责人。

四是聘任与解聘教师以及内部其他工作人员，对学生进行学籍管理并实施奖励或者处分。

五是拟订和执行年度经费预算方案，保护和管理校产，维护学校的合法权益。

六是章程规定的其他职权。

当然，校长处理上述事务，应当通过主持校长办公会议或者校务会议进行。同时，《高等教育法》还对高等学校校长的任职条件作了专门的规定，提出应由符合《教育法》规定的任职条件的公民担任。

由此可见，《高等教育法》抓住了国家举办的高等学校实行党委领导下的校长负责制的关键和核心问题，明确而具体地规定了高等学校党委的领导职责和校长的职权，非常有利于在实际工作中更好地坚持和执行党委领导下的校长负责制。实践证明，这种由高校党委会集体领导学校的思想政治工作和德育工作，集体讨论决定关系学校改革与发展的重大事项，由校长全面负责学校的教学、科研和其他行政管理工作的高校内部管理体制，是符合我国国情和我国高等学校实际情况的。高校党委会和校长都要依法履行职责，各司其职，相互配合，按照《高等教育法》的要求,共同管理好学校。

社会力量举办的高等学校的内部管理体制按照国家有关社会力量办学的规定确定。

六、高等学校的教师

教师是教育关系中一个重要的主体。在《教师法》和《教育法》中对这一主体的权利和义务已经作了全面阐述和规定,那些规定同样适用于高等学校的教师。

此外,《高等教育法》还从一个全新的角度,参考国外大学的做法,规定在高等学校教师中实行教师资格制度、教师职务制度和教师聘任制度,在高等学校教育管理人员中实行教育职员制度,以此来促进大学人才的流动和竞争,建立合理的高等学校教师制度。

《高等教育法》就取得高等学校教师资格的条件,担任相应教师职务的条件及教师聘任的原则和基本形式作了明确的规定。

作为高等学校教师,首先必须取得高等学校教师资格。《高等教育法》规定:"中国公民凡遵守宪法和法律,热爱教育事业,具有良好的思想品德,具备研究生或者大学本科毕业学历,有相应的教育教学能力,经认定合格,可以取得高等学校教师资格。不具备研究生或者大学本科毕业学历的公民,学有所长,通过国家教师资格考试,经认定合格,也可以取得高等学校教师资格。"

取得高等学校教师资格的教师,可担任相应的教师职务。高等学校的教师职务设助教、讲师、副教授、教授四种。高等学校教师担任相应教师职务,除具备教师资格这一最基本条件外,还应当具备以下基本条件:系统地掌握本学科的基础理论;具备相应职务的教育教学能力和科研能力;承担相应职务的课程和规定课时的教学任务。教授和副教授除应当具备以上基本任职条件外,还应当对本学科具有系统而坚实的基础理论和丰富的教学、科学研究经验,教学成绩显著,论文或者著作达到较高水平或者有突出的教学、科学研究成果。这样的规定,有利于提高高级职称教师的整体素质,促进学术和教育水平的提高。

获得教师职务的教师,将由学校按照教师职务的职责、条件和任期聘任,由高等学校校长和受聘教师遵循"双方平等自愿"的原则,签订聘任合同。这样的规定,能够促进高校教师不断勤奋努力,不断完善自己,尽力在工作中干出实绩。

七、高等学校的学生

受教育者是教育关系中的又一重要主体。在《教育法》中对这一主体的权利和义务作了明确的阐述,这些规定也同样适用于高等学校的学生。但高等教育不是义务教育,也不同于高中阶段的教育。高等学校的学生也有着与中小学生不同的特点。因此,《高等教育法》对高等学校学生的权利和义务作了一系列的补充规定。高等学校学生除享有《教育法》规定的权利外,还享有以下一些权利:

一是在课余时间,可以参加社会服务和勤工助学活动。

二是可以在校内组织学生团体。

三是家庭经济困难的学生,可以申请补助或者减免学费。

同时,高等学校学生除应当履行《教育法》规定的义务外,还应当履行以下一些义务:

一是按照国家规定缴纳学费。

二是获得贷学金及助学金的学生,应当履行相应的义务。

三是参加社会服务和勤工助学活动,不得影响学业任务的完成,并接受学校的引导和管理。

四是学生团体要接受学校的领导和管理。

此外,《高等教育法》还对《教育法》中关于学生"按照国家有关规定获得奖学金、贷学金、助学金"的规定作了扩充,使之更为具体。《高等教育法》规定了获得奖学金、贷学金、助学金的不同对象。奖学金是对品学兼优的学生、国家规定专业的学生以及到国家规定地区工作的学生给予的奖励。助学金和贷学金是对家庭经济困难的学生提供帮助。

这些规定,肯定了学生在教育过程中的应有地位,既参照了国际上通行的做法,又考虑了我国的实际情况,是对《教育法》相关规定的进一步补充。

第三节 《高等教育法》的实施

一、加大学习宣传力度,形成舆论力量,改善、优化高等教育发展的外部环境

《高等教育法》对我国高等教育事业改革与发展中的重大现实问题,都作出了明确的规定,我们要站在我国改革开放和社会主义现代化建设全局的高度,全面把握,深刻领会《高等教育法》的精神实质,进一步改善和优化高等教育发展的外部环境。

首先,要加强对《高等教育法》的学习。各级党政领导干部、行政执法人员、司法人员、高等学校师生,特别是领导干部、执法和司法人员要认真学习。在一个法治化的国家,熟悉法律、善于运用法律是对一个干部的基本要求。只有通过学习,树立法制观念,才能自觉守法,才能统一意志,使每个人在教育法律活动中正确地

行使权利和履行义务。

其次，要加大对《高等教育法》的宣传力度。《高等教育法》的宣传不能仅仅局限在某个范围之内，而应该面向全社会。因为高等教育法的内容涉及社会的诸多方面，特别是有关高等学校师生的规定，涉及千家万户，要让人们特别是高等学校的师生学会运用法律武器维护自己的合法权益。

再次，要加强执法队伍建设和执法监督工作。执法队伍，广义地说包括行政执法人员和司法人员。就教育执法而言，政府是主要的执法部门，因为大量的教育事务要由政府处理，只有涉及诉讼的案件才由司法机关受理。因此，要建立一支责任心强、业务水平高的执法队伍，从组织上保证《高等教育法》的实施。同时，为了保证执法者严格履行义务，正确行使权力，要加强人大对执法的监督。一是要注意监督同级的"一府两院"；二是对查出的问题要求执法部门限期整改，以不断改善、优化高等教育发展的外部环境。

二、依法确保高等教育的投入和条件保障，努力提高高等教育的质量

发展高等教育，不仅仅是数量的增加，规模的扩大，更重要的应该是质量上的发展，对我国高等教育而言，尤其要重视提高质量和效益。为此，《高等教育法》第七条规定："国家按照社会主义现代化建设和发展社会主义市场经济的需要，根据不同类型、不同层次高等学校的实际，推进高等教育体制改革和高等教育教学改革，优化高等教育结构和资源配置，提高高等教育的质量和效益。"温家宝总理明确提出："普及九年义务教育，加强职业教育，提高高等教育质量，是今后相当长一个时期我国教育发展和改革的三大任务。"

要促进我国高等教育的质量提升，一个很重要的前提就是要依法确保高等教育的投入和条件保障。

高等教育投入不足是制约高等教育数量和质量发展的一个重要因素。我国是一个发展中国家，国家不可能全部承担高等教育经费，必须建立一种"以财政拨款为主，其他多种渠道筹措高等教育经费为辅的体制"。具体地说，我国高等教育经费的来源主要有以下几方面。

1. 国家财政拨款

我国现有的普通高校绝大多数是国家举办的公立高等学校。根据《高等教育法》的规定，高等教育的举办者应当保证稳定的办学经费来源。因此，作为公立大学的举办者，国家应当保证公立高等学校稳定的办学经费来源。不仅如此，国务院和省、自治区、直辖市人民政府还要依照《教育法》第五十五条之规定，保证国家举办的高等教育的经费逐步增长。

2. 社会力量资助

高等教育面向社会筹集教育经费,争取非政府投入的资助和捐赠,鼓励社会各界包括海外华侨捐资助学,是弥补我国高等教育经费不足的重要渠道之一。我们要积极拓宽社会捐资助学的思路和途径,鼓励和提倡企业、社会团体和个人按照自己的意愿,对教育提供多种资助和捐赠,或以个人名义设立多种助学金和奖学金。

3. 学生缴纳学费

高等教育是有投资、有收益的活动,满足了多个主体的需要,根据"谁受益谁付款"的市场经济基本原则,高等教育的成本必须由这些主体分担。学生必须交费上学。但在确定收费标准时,必须合理、科学,使之与我国的经济发展和人民收入的情况相适应。从主要方面来看,收费标准的确定既要考虑到实际的培养费用,又要考虑到学生家庭的承受能力。

4. 高等学校有关的销售和服务收入

高等学校拥有一些校办产业,它们的收入也构成学校办学经费的一个来源渠道,有的甚至构成学校自筹办学经费的重要部分。高等学校还可以通过科学研究、科技开发、转让知识产权以及其他科学技术成果获取一部分经费。另一途径就是高等学校为社会提供智力、技术等服务,以此获得服务收入。

此外,优化高等教育资源配置,减少和杜绝浪费,全面提高办学效益,也是保证高等教育办学经费的又一重要措施。高等学校要努力提高高校物力资源的利用率,充分利用现有的办学设施,打破各自为政的局面,实现物尽其用,资源共享。

三、进一步落实高等学校办学自主权

落实高等学校办学自主权,优化高校办学环境,是深化高等教育改革,实施科教兴国战略的必然要求。但在实际工作中,高校办学自主权的落实并不尽如人意,存在的主要问题是:第一,政府的管理职能尚未完全转变。近些年来,政府主动转变职能,各级党委、政府按照《教育法》和《高等教育法》的规定和要求,在落实办学自主权方面作出了积极努力,取得了一定成效。但是,由于受多种因素的影响,特别是思想认识上的不到位,政府管理职能的转变并未完全实现。许多职能尚未完全适应从计划经济向市场经济的转变,许多不该管、管不了的事还在管,许多可放权、该放权的还未放。如高校招生,教育行政部门不仅管住了高校招生的总体规模,而且管住了高校招生具体人数。即使在一些试点的自主招生高校,自主招生的权力也十分有限。又如,本科专业的设置仍然由国家教育行政部门审批,一些社会急需的专业难以及时设置。第二,监督制约机制尚未完全建立。尽管法律上明确了高校办学自主权的具体内容,但还缺少具体实施的办法和措施。政府的宏观管理和学校的内部管理还缺乏有效的监督制约机制,使得法律所赋予的办学自主权难以真正落到实处。政府对高校管理的"越位"现象还一直存在,势必使依法自主办学、民主管理落实到位会有一个比较长的适应和转轨过程,特别是以政府投入为主、多渠道筹措办学资金的办学投入机制尚未建立,国家支持高校的经济实力有限,这使高校办学自主权的落实缺乏应有的物质基础和保证。如何依法增加教育投入,如何发挥政府投入的政策导向,如何面向社会多渠道筹措办学经费,成为高校发展的首要问题。

要解决以上问题,切实保证高等学校办学自主权落实到位,应从以下几个方面着手:一是要加大依法治校的力度,真正返权于高等学校。政府要充分认识到落实高校办学自主权是深化高等教育改革,加快高等教育发展,全面适应现代化建设对高素质人才培养的需要,是全面提高办学质量和效益的需要。落实办学自主权,不是对高等学校放任自流,也不是政府无所作为,而是更加有效地发挥政府职能,把该管的事管好,不该管的事坚决不管,从而增强学校的自主办学能力,把高等教育办得更好。作为政府来讲,其主要职责是加强政策导向和监管力度,重点是对高等教育的布局、资源的配置、经费的投向进行整体部署,对高等学校的办学水平、教育质量进行监督和评估,真正实现简政放权,把该放的权利坚决放下去,返权于高校,进一步为高校提供良好的办学环境。二是高校要提高自主办学的水平,真正用好办学自主权。高校自主办学的前提是依法,这就要求高等学校要一改过去过多依赖政府、缺乏自主办学意识的习惯,主动提高在市场经济条件下依法自主办学、民主管理的能力和水平。要认真思考和探讨高等学校如何根据社会需求、办学条件和国家核定的办学规模,制定招生方案,自主调节系科招生比例;如何依法自主设置和调整学科、专业;如何根据教学需要,自主制定教学计划、选编教材、组织实施教学活动;如何根据自身条件,自主开展科学研究、技术开发和社会服务;如何按照国家有关规定,自主开展与境外高等学校之间的科学技术文化交流与合作;如何根据实际需要和精简、效能的原则,自主确定教学、科学研究、行政职能部门等内部组织机构的设置和人员配备以及按照国家有关规定,评聘教师和其他专业技术人员的职务,调整津贴及工资分配;如何对举办者提供的财产、国家财政性资助、受捐赠财产依法自主管理和使用。三是要强化监督制约机制,真正使办学自主权落到实处。政府有没有履行好职责,学校有没有行使好权力,仅有法律的规定远远不够,还需要有践履法律的机制。这个机制既对政府履行职能和学校行使权利进行监督和制约,又对双方之间的矛盾和问题进行评价和仲裁。这种监督制约机构不是一个表面的、摆设性的机构,而是具有一定职能和权力的组织,它既游离于政府、学校之外,不具体干预政府和学校的具体事务,又与政府、学校密不可分,监督和制约政府、学校依法治校的具体过程,保证依法治校的严肃性和权威性。

四、依法推进高等教育管理体制改革

《高等教育法》明确规定,"国务院统一领导和管理全国高等教育事业","省、自治区、直辖市人民政府统筹协调本行政区域内高等教育事业,管理主要为地方培养人才和国务院授权管理的高等学校","国务院教育行政部门主管全国高等教育工作,管理由国务院确定的主要为全国培养人才的高等学校。国务院其他有关部门在国务院规定的职责范围内,负责有关的高等教育工作"。这些规定,为进一步推进高等教育宏观管理体制改革提供了法律依据。我们要依据《高等教育法》所确立的原则,按照《高等教育法》关于高等教育管理职权的规定,继续推进高等教育管理体制改革,真正形成宏观管理体制格局。

高等学校内部管理体制改革是一项系统工程,涉及高等学校工作的多个方面。人事制度改革是高等学校内部管理体制改革的重点和难点,抓好人事制度的改革,必将有利于推动高等学校整体改革的深入进行。改革开放以来,我国高等学校人事制度改革取得了一定成绩。但从总体上看,高等学校人事制度改革的力度还不够大,与社会主义市场经济的需要和高等学校自身发展的要求还很不适应,存在着种种亟待解决的问题。这些问题的存在,严重制约了学校的发展,从根本上对其进行改革,势在必行。高等学校人事制度改革的目标就是要以转换机制为核心,通过改革人事分配制度和理顺内部管理体制,努力创设有利于优秀人才脱颖而出和发挥才干的制度环境,建设高素质教师队伍和管理队伍,全面提高学校的办学效益和整体水平。当然,改革是会遇到暂时困难的,但只要我们明确方向,依法办事,高等学校的内部管理体制的改革就一定会获得成功,适应社会主义市场经济需要的高等学校内部管理体制就一定会建立起来。

五、依法建立健全高校学生资助制度

《高等教育法》规定:"高等学校的学生应当按照国家规定缴纳学费。"这对一部分学生来说可能造成相对的困难。为了不使学生因经济困难而上不起学,应建立、健全高校学生的资助制度。参照国际经验,我们可以采取下列办法帮助学生解决经济困难。

1. 设立奖学金

国家设立奖学金,并鼓励高等学校、企业事业组织、社会团体以及其他社会组织和个人,按照国家有关规定设立多种形式的奖学金,对品学兼优的学生、国家规定专业的学生以及到国家规定的地区工作的学生给予奖励。

2. 设立助学金

实行缴费上学,有相当一部分学生的家庭经济状况难以承担这笔费用,一些学生连最起码的日常生活都相当困难。因此,应当建立助学金制度以资助经济状况低于一定水平的学生,尽可能地保证每一个通过正常程序升入高校学习的学生有公平的受教育机会,而不使他们在不能享受到奖学金的情况下,仅仅通过申请贷学金的途径来维持生活和学习。当然,助学金设立的款额不一定要高到维持学生的日常学习和生活的程度,不足部分可以由贷学金或采取其他方式补充。目前,根据我国的具体情况,可以鼓励高等学校、企业事业组织以及其他社会组织和个人设立多种形式的助学金,为家庭经济困难的学生提供帮助。

3. 实施贷学金制度

为了保证高等教育机会均等,保证家庭经济困难的学生有机会上大学,防止出现"谁有钱,谁就可以上大学"的倾向,保证高等教育的质量,有必要实施贷学金制度。从世界范围来看,高等教育贷学金制度是许多国家早已实行的一种资助措施。各国的学生贷款计划大致可以分为"无条件的贷款计划"和"有条件的贷款计划"。前者表示可以向所有愿意借款的本国学生出借贷款,后者则有这样或那样的要求或资格条件,如能力标准或学业成就、有关的学科或优先领域等。在偿还贷款方面,绝大多数国家采用商业借贷中最普遍的"分期付款"方式,规定学生在一定年限内分多少次清偿借贷本金和利息。

4. 开展勤工助学活动

《高等教育法》规定,学生在不影响学业任务完成的情况下,可以利用课余时间参加社会服务和勤工助学活动。这样既可以减轻学生家庭为支付教育费用所承担的经济压力,更重要的是可以培养学生自食其力、艰苦奋斗的美德。大学生勤工助学的形式是多种多样的,既可以在校内开展"岗位助学",也可以通过家教、礼仪、营销、培训等社会性勤工助学渠道进行助学。作为学校,要想方设法给大学生提供勤工助学的机会,对学生的社会服务和勤工助学活动给予鼓励和支持,并进行引导和管理。

此外,还要积极落实《高等教育法》关于"采取措施改善高等学校教师尤其是中青年教师的生活与工作条件"的规定,为高校教师办实事,切实提高和改善高校教师尤其是中青年教师的生活和工作条件。

第八章
《中华人民共和国
民办教育促进法》导读

《中华人民共和国民办教育促进法》(以下简称《民办教育促进法》),2002年12月28日,经第九届全国人民代表大会常务委员会第三十一次会议表决通过,自2003年9月1日起施行。《民办教育促进法》的颁布实施是我国教育事业发展和法制建设中的一件大事,是民办教育事业发展史上一个重要的里程碑,标志着我国民办教育事业进入了一个法制化建设时期,对于促使早日形成民办教育与公办教育共同发展的新格局具有重大意义。因此,认真领会《民办教育促进法》的立法精神,把握其基本内容,显得十分必要。

第一节 概 述

一、民办教育的立法依据和立法宗旨

(一)立法依据

《宪法》和《教育法》是《民办教育促进法》的立法依据。

1.《民办教育促进法》是根据《宪法》制定的

《宪法》第十九条规定:"国家鼓励集体经济组织、国家企业事业组织和其他社会力量依照法律规定举办各种教育事业。"这是我国在《宪法》中对社会力量办学作出的原则规定。

2.《民办教育促进法》是根据《教育法》制定的

《教育法》是教育的基本法,是制定其他教育专门法的依据,自然也是《民办教育促进法》的立法依据。《教育法》第二十五条规定:"国家鼓励企业事业组织、社会团体、其他社会组织及公民个人依法举办学校及其他教育机构。"这一条直接为举办民办教育机构提供了合法依据。《教育法》中其他条款的有关规定,如:教育基本制度、教育管理体制、教育者和受教育者的权利义务、教育投入和保障机制、教育法律责任等,也为制定《民办教育促进法》的具体条款提供了直接的法律依据。

（二）立法宗旨

《民办教育促进法》第一条明确规定："为实施科教兴国战略，促进民办教育事业的健康发展，维护民办学校和受教育者的合法权益，根据宪法和教育法制定本法。"这表明《民办教育促进法》的立法宗旨主要有三个方面。

1. 促进民办教育事业健康发展

改革开放以来，民办教育得到了迅速恢复和积极发展。据统计，2001年，全国各级各类民办教育机构达56 248所，在学人数907.41万人，其中高等民办教育机构1 291所，在校学生数113.04万人；中等民办教育机构1 202所，在校学生数270.6万人；民办小学4 846所，在校学生数181.84万人；民办幼儿园44 500所，在园学生数341.93万人。①民办教育已成为我国教育事业的重要组成部分。民办教育的发展具有多方面积极意义，如各类民办学校为社会培养和培训了数以千计的毕(结)业生，为社会输送了大批的人才，补充了社会发展各方面特别是农村、乡镇企业、集体企业、私营企业和个体经济对人才的多样化需求；有助于实现教育投资主体和融资渠道的多元化，弥补了国家公共教育资源的不足；丰富了教育的供给方式，满足人民群众对教育的多元选择需要，延长国民的受教育年限；加快国家人力资源开发、深化教育改革；建立新型校政关系，深化学校内部管理体制改革等。当然，我国民办教育在迅速发展过程中，也存在不少亟待解决的问题。如一些地方民办教育管理混乱，出现了诸如政出多门、各自为政、管而不理、只批不管，甚至是"管、卡、压"并举等现象。有些民办教育的举办者也在无法可依的借口下为所欲为，以谋取高额利润为目的，不择手段、欺瞒哄骗、巧取敲诈、私分贪占、封建霸道等等坏现象不一而足，不仅谈不上保证教学质量，甚至连学生的起居生活也难以保证，在社会上形成极坏影响，大大削弱了社会对民办教育的信任，甚至引起了强烈的不满。②

为了促进民办教育快速健康发展，就必须制定相关法律，以法律手段调整民办教育发展中的各行为主体之间的权利、义务关系，使民办教育走上规范化、法制化的发展轨道。《民办教育促进法》必将有利于依法治教，促进民办教育的健康发展。

2. 实施科教兴国战略

在经济全球化背景下，国家之间的竞争表现为综合国力的竞争。综合国力的竞争归根结蒂是科技发展水平的竞争，是国民素质和科技人才素质高低的竞争。而这一切又都取决于教育。因此，大力发展教育是当今世界各国发展的共同战略选择。"科教兴国"是我国一项基本国策，也是我国实现可持续发展的必然抉择。我国经济发展水平还比较低，国家财政性教育投入占国内生产总值的比例远低于世界平均水平，公共教育资源紧缺。在"穷国办大教育"的现实情况下，要实施"科教兴国"战略，就必须大力发展民办教育。实践证明，民办教育在职业教育与培训、学前教育等领域具有巨大的发展优势与发展潜力,在高等教育与义务教育领域也是一支重要的力量。民办教育的发展对提高国民素质、培养社会各行业急需人才、满足人才培养的多样化需要等方面具有不可替代的作用。《民办教育促进法》的施行,必将有利于更好地落实"科教兴国"战略。

3. 维护民办教育机构的合法权益

由于民办教育的办学主体是非政府组织和公民个人,具有民营特点。因此,在民办教育发展过程中,对民办教育容易产生一些错误认识。有不少人,包括一些教育行政管理人员和政府官员,习惯以"姓社"与"姓资"来区别公办教育和民办教育的性质,把民办教育机构简单地等同于私营企业,在思想上对民办教育存在歧视,导致一些民办教育机构在事实上难以与公办教育处于平等地位。民办教育在获取教育资源上,其难度要远远大于公办教育,而且,社会公众与地方政府对民办教育的实际支持力度也往往要小于公办教育。民办教育机构教师和受教育者的正当权益常常会遭受不法侵害,不能得到及时、有效的保护。《民办教育促进法》的颁行,为维护民办教育机构和相关主体的合法权益提供了坚实的法律基础。

二、法律地位和法律特点

（一）法律地位

从法律地位来看,《民办教育促进法》从属于《教育法》,它和《义务教育法》、《职业教育法》、《高等教育法》、《学位条例》、《教师法》等同属于教育专门法律,共同构成了我国教育法律体系的基本框架。它是国务院行政法规和地方性法规、部门规章的立法依据之一,所有民办教育的法规和规章均不得与其相违背。

（二）法律特点[③]

《民办教育促进法》主要有如下几个特点:

（1）重点规定了民办教育的特殊问题。本法没有对民办教育的所有问题都作出规定,凡是涉及民办教育和公办教育共性的问题,民办教育适用其他教育法律。

（2）对法律主体权利义务的设定力求平衡。对政府主管部门不能只注重规定权利,也要注重规定义务;对民办教育机构不能只注重规定义务,也要注重规定权利。

（3）既关注法律主体的权利和义务,同时也关注执法程序。法律规定的权利和义务是指法律主体应当做什么和不应当做什么,法律规定的程序是指法律主体应当依据怎样的程序做。如果没有法定程序,即使规定了权利和义务也容易落空。

三、《民办教育促进法》的适用范围

民办教育机构可以从办学主体、资金来源、管理模式等方面划分出多种类型。

如，按办学主体划分，有个人办、合伙办、企业办、社会团体办等；按资金来源划分，可分为独资、合资、股份等；按管理体制划分，又可分为国有民办、公办民助、民办公助、转制学校等。虽然民办教育机构的类型多种多样，但并非所有的"民办教育机构"都属于《民办教育促进法》的调整对象。《民办教育促进法》第二条规定："国家机构以外的社会组织或者个人，利用非国家财政性经费，面向社会举办学校及其他教育机构的活动，适用本法。"这表明《民办教育促进法》所调整的民办教育机构，必须同时具备三个条件：举办者为非政府组织或个人，利用的是非国家财政性经费，服务对象是社会公众。"个人"是指中华人民共和国公民，相对法人和其他社会组织而言属于自然人；"非国家财政经费"是指国家财政拨款外的经费；"服务对象是社会公众"是指按照国家规定向社会公开招生，不包括社会组织面向本单位职工和子弟举办的学校及其他教育机构。

从民办教育机构的审批和管理机构看，《民办教育促进法》的适用范围，既包括由县级以上人民政府教育行政部门按照国家规定的权限审批的实施学历教育、学前教育、自学考试助学及其他文化教育的民办教育机构，也包括由县级以上人民政府劳动和社会保障部门按照国家规定的权限审批，并抄送同级教育行政部门备案的实施以职业技能为主的职业资格培训、职业技能培训的民办教育机构。

虽然有些民办学校或教育机构属于民办教育性质，但它们并不属于《民办教育促进法》所定义的"民办学校"，也就不属于《民办教育促进法》的调整对象。这主要有两类：一是在工商行政管理部门登记注册的经营性的民办培训机构。这类民办教育机构主要是以营利为目的的，不具备公益性，它需要按照国家关于工商登记注册的有关规定进行审批和管理；二是境外的组织和个人在中国境内合作开办的学校。许多中外合作举办的学校是境外组织和个人与我国政府之间、公办学校之间合作举办的，不完全属于民办教育性质，当然也就不能纳入《民办教育促进法》的调整范畴。我国加入世界贸易组织之后，在有关教育贸易服务承诺中允许"商业存在"。中外合作所办学校，是我国教育发展中所产生的特殊情况，需作特殊处理。这两类学校或教育培训机构的管理办法，由国务院另行规定。

四、《民办教育促进法》施行的意义

1. 是对我国教育法律体系的进一步完善，为全面依法治教奠定了良好的法制基础

民办教育在我国有着悠久的历史，大约在春秋战国时期就出现了最早的私学。虽然我国民办教育在补充官学教育之不足、传承与播撒社会文化中发挥了重要作用，但在其漫长的发展历史过程中，却缺乏相应的制度和法律依据。新中国成立

后,党、国家和各级地方政府开始关注民办教育在社会主义建设中的作用,在不同时期,配合当时的政治、经济、文化形势和社会建设任务,颁布施行了一系列与民办教育发展相关的政策和法规,民办教育的法制建设取得了巨大成绩。如1950年,教育部公布了政务院批准的《私立高等学校管理暂行办法》;1951年,教育部根据政务院的决定发布的《关于处理接受美国津贴的教会学校及其他教育机关的指示》;1953年,政务院发布的《关于整顿和改造小学教育的指示》;1987年,国家教委发布的《关于社会力量办学的若干暂行规定》;1989年,国家教委发布的《幼儿园管理条例》;1993年,中共中央、国务院颁布的《中国教育改革和发展纲要》;1998年,教育部发布的《面向21世纪教育振兴行动计划》和全国人大四次会议通过的《中华人民共和国高等教育法》;1999年的《中共中央国务院关于深化教育改革全面推进素质教育的决定》等等。同时,一些地方人大、政府也颁布施行了一些关于民办教育的地方性法规、规章等,如1989年的北京市《关于私人举办普通中小学若干问题的暂行规定》;1994年的《上海市民办学校管理办法》;1995年的《广东省私立高等学校管理办法》;1999年的《辽宁省民办中小学管理条例》等等。这些政策、法规、条例、规定、办法等都涉及民办教育,有些还专门针对某一层次或某一类型的民办教育,但总体看来,它们都不是完整意义上的民办教育法律。2002年通过的《中华人民共和国民办教育促进法》,才真正是我国立法意义上的第一部完整的民办教育法律。它的颁布施行,使我国的教育法律体系更加完善,教育法的调整范围更加广泛,这就为全面开展依法治教奠定了良好的法律基础。

2. 是民办教育实践的需要,有利于促进民办教育事业的健康发展

第一,为民办教育发展提供了稳定的制度环境。从新中国成立到《民办教育促进法》施行前,总体上,我国民办教育发展缺乏稳定的制度环境,主要表现为民办教育政策时紧时松,民办教育的发展空间时大时小。对民办教育(在1977年前主要指私立学校教育),在过渡时期(1949—1956年)主要是采取"积极改造"和"统筹安排"的政策;在建设社会主义时期(1957—1965年)主要是采取从"允许存在"到"逐步禁止"的政策;1963年至1977年间,我国民办教育完全退出了教育发展的历史舞台;1977年以后,我国民办教育开始恢复并不断发展,但到《民办教育促进法》施行前,相关的民办教育政策法规缺乏稳定性、统一性、连贯性,教育领域也没有对民办教育充分开放,民办教育发展缺乏稳定的政策环境。以民办高等教育为例:1992年,国家教委在《全国教育事业十年规划和"八五"计划要点》中提出,要建立政府办学和社会各界力量办学共同发展的办学新体制,对新办学体制的设想是:"学前教育以社会各界办学为主,中小学教育以地方政府办学为主;职业技术教育和成人教育,除部分骨干学校由政府办学外,在当地政府统筹、支持下,城市主要由行业、企业、事业单位和各方面联合办学,农村由多方面集资办学;高等教育以中央和省、自治区、直辖市两级政府办学为主。"新的办学体制设想,向民办教育开放了学前教育、职业教育和成人教育领域,但没有开放高等教育领域。1993 年,《中国教育改革和发展纲要》中重新提出社会各界力量可以参与高等教育办学,这表明高等教育向民办教育开放得到了党和国家政策的正式确认。但 1997 年 7 月,国务院发布的《社会力量办学条例》中规定:"社会力量应当以举办实施职业教育、成人教育、高级中等教育和学前教育机构为重点。国家鼓励社会力量举办实施义务教育的教育机构作为国家实施义务教育的补充。国家严格控制社会力量举办高等教育机构。"这一规定表明,向民办教育开放义务教育、高级中等教育领域,同时又把民办教育限制在国家实施义务教育的"补充"范围内,还限制了民办教育在高等教育领域的发展。到 1998 年,《高等教育法》又规定:"国家鼓励企事业组织、社会团体及其他社会组织和公民等社会力量依法举办高等学校,参与和支持高等教育事业的改革和发展。"1999 年,在《中共中央国务院关于深化教育改革全面推进素质教育的决定》中进一步规定:"……凡符合国家有关法律法规的办学形式,均可大胆实验。在发展民办教育方面迈出更大的步伐。"至此,高等教育领域,才真正向民办教育开放。这些先后出台的教育政策、法律和法规性文件,由于缺乏内在一致性,导致了民办高等教育摇摆不定的发展格局。由此迫切需要一部统一、权威的民办教育专门法律,为民办教育发展创造一个良好的制度环境。《民办教育促进法》的颁行,必将有利于这一目标的实现。

第二,为民办教育的正确管理提供了法律保障。教育是以人的培养为直接目的的社会实践活动,有其自身的规律。只有尊重教育规律,尊重人才成长规律,依法治教,才能实现对民办教育的正确管理,这也是民办教育健康发展的必要条件。在计划经济时代,由于民办教育政策法规不统一、不健全,导致了民办教育管理混乱,或无法可依或有法不依。例如,有人把民办教育看作"私生子",对其不管不问、放任自流;有人则把它视为自己的"自留地",对其画地为牢、随意干预。这些错误做法,既严重地影响了民办教育的社会声誉和质量,也扼杀了民办教育的发展活力和生机。在我国民办教育发展过程中,有不少民办学校之所以会速生速死,与这种不正确的管理方式不无关系。反思历史,我们得出的一个重要结论是只有依法治教,才能实现对民办教育的科学管理。这一点,在市场经济体制下就尤显重要。《民办教育促进法》的出台,从内部管理和外部管理两个层面,重新厘清了民办教育的各种管理关系,把政府的主要职能定位在服务和监督上,把办学自主权回归民办教育机构,明确了民办教育各关系主体的权利和义务,并为民办教育管理活动设定了公正的、有较强操作性的步骤、方法和程序。它的施行,对转变政府职能,加强民办教育机构自律,提高民办教育整体管理水平具有重要意义。

第三,为民办教育快速发展提供了法律支持。由于多方面原因,我国民办教育在发展中遭遇了一些不平等对待,也面临不少困难和障碍。虽然目前民办教育发展速度较快,但与公办教育相比,其所占比重还比较小,力量也很单薄。要落实"科教兴国"发展战略,建设有中国特色的社会主义教育事业,就必须加快民办教育发展步伐,壮大民办教育力量。《民办教育促进法》的核心是促进民办教育发展,综观整部法律,其具体条款无一不是贯彻这一精神。如:它确立了民办教育的性质、与公办教育的平等地位、民办学校的办学自主权和法人财产权、民办学校教师与受教育者权益、积极发展民办教育的奖励措施等。除此外,它还辟有专章(第七章"扶持与奖励"),在资金、税收、土地、信贷等方面,规定了对民办教育的具体扶持与奖励的政策与措施。与原有的《社会力量办学条例》相比,它对民办教育的支持力度更大,措施也更具体。《民办教育促进法》是我国第一部冠以"促进"名称的教育法律,充分体现了对民办教育给予积极鼓励和大力支持的积极价值取向,为民办教育的快速发展提供了强有力的法律支持。

第二节 《民办教育促进法》的基本内容

《民办教育促进法》共十章六十八条,对民办教育的性质、地位、发展方针、活动原则、法律责任、法律适用范围、民办教育机构及其教师与受教育者的权利义务、民办学校(包括本法所调整的其他民办教育机构,下同)的设立、管理与监督、扶持与奖励等方面作出了具体规定。

一、民办教育的性质、地位与方针

民办教育是指国家机构以外的社会组织或者个人,利用非国家财政经费,面向社会举办学校及其他教育机构的活动。在我国民办教育发展历程中,对民办教育的性质一直存在"公""私"之争,久讼不息。《民办教育促进法》明确了民办教育的性质,起到了止争息讼的作用。《民办教育促进法》第三条规定:"民办教育事业属于公益性事业,是社会主义教育事业的组成部分。"这从三个方面表明了民办教育的性质:一是民办教育的公益性。"公益性"即国家和社会的共同利益,也是全体人民的共同利益。民办教育事业作为我国教育事业的组成部分,必须符合国家和社会的共同利益。虽然《民办教育促进法》对民办教育投资主体取得"合理回报"作出了原则性规定,但《教育法》中规定:"任何组织和个人不得以营利为目的举办学校及其他教育机构。"可见,"合理回报"只是一项扶持与鼓励发展民办教育的措施。因此,我们不能仅因民办学校的投资主体可以取得"合理回报"而否定民办教育的公益性质。二是民办教育的事业性。民办学校不是工厂，民办教育活动也不是商品生产劳动。民办教育是培养人的社会实践活动，它不仅关系个人福祉，更关系社会发展与进步。三是它的社会主义性质。民办教育与公办教育的办学主体虽然不同，但民办教育是面向社会开门办学，它遵守国家法律，符合社会公众利益和需要。因此，我国民办教育并不因其办学主体的"民间"身份而改变其社会主义教育的性质。

正是由于"民办教育事业属于公益性事业，是社会主义教育事业的组成部分"，所以，《民办教育促进法》规定了民办教育与公办教育平等的法律地位。

为充分发挥民办教育在建设社会主义教育事业中的积极作用，形成与公办教育共同发展的格局，《民办教育促进法》规定，"对民办教育实行积极鼓励、大力支持、正确引导、依法管理的方针"，从而把我国民办教育发展的基本政策上升为法律规定。

二、民办教育活动的原则

民办教育活动的原则是民办教育活动中必须遵循的行为准则，在《民办教育促进法》第一章"总则"中有较为集中的体现。主要有：社会主义方向性原则；统筹规划、协调发展原则；公益性原则；与公办教育平等原则；与宗教相分离原则；社会积极参与原则；民办学校依法自主办学原则；民办学校依法民主管理原则等。

社会主义方向性原则是我国所有教育活动都必须遵循的基本原则。教育的性质，不是取决于教育机构由谁举办，由谁出资，是否有办学节余，而是取决于教育活动为谁服务，为怎样的社会制度服务。我国民办教育是面向社会开门办学，是为社会公众服务的，是为社会主义制度和社会主义建设服务的。作为社会主义教育事业的有机组成部分，它必须坚持社会主义的方向性，必须"贯彻国家的教育方针，保证教育质量，致力于培养社会主义建设事业的各类人才"。

在实践中，民办教育易受歧视和不平等对待，难以与公办教育处于同一起跑线，开展平等竞争，这是事实。但如果不能改变这种事实，总是对民办教育冷眼相看，它就不可能健康成长。坚持与公办教育平等，也是民办教育活动必须坚持的重要原则。

民办教育是依靠社会力量办学，必然呈现办学主体的多元化，办学模式的多样化；与公办教育相比，民办教育的一个明显优势和显著特点是它能增加教育的选择性，能较好地满足不同学习者的多样化的学习需求，这正是民办教育赖以生存和发展的社会基础。民办学校只有在招生、专业设置、教学管理等方面享有较大的办学自主权，有较强的办学灵活性，才能较好地适应教育市场的变化。因此，民办学校要始终坚持自主办学原则。

三、民办学校的设立

随着民办教育发展空间的拓展,民办学校的办学主体呈现出多元化态势。为规范各办学主体的办学行为,加强对民办学校的规范管理,《民办教育促进法》以专章(第二章"设立")就民办学校的办学主体资格、办学条件、办学基本材料、设立的基本程序作出了具体规定。

1. 民办学校设立的基本条件

民办学校设置标准参照同级同类公办学校的设置标准执行。它的设立应具备以下基本条件:

一是民办学校的办学主体条件。民办学校的办学主体可以是除国家机关以外的社会组织,但必须具有法人资格;民办学校的办学主体也可以是个人,但必须是具有政治权利和完全民事行为能力的我国公民个人;公办学校也可以作为联合办学主体参与举办民办学校,但参与举办的民办学校应具有独立法人资格,并与公办学校的校园和基本教育教学设施相分离。不论举办者是社会组织还是公民个人,都不得使用国家财政性教育经费举办民办学校。

二是民办学校应当符合当地教育发展要求。不同地区经济发展水平不同,民办学校的发展水平也不一样。民办学校的设立应纳入当地国民经济和社会发展规划,根据地方社会经济、文化发展要求,举办不同类型、不同层次的民办学校,避免民办学校之间、民办与公办学校之间的无序竞争和盲目发展,造成教育资源浪费。

三是民办学校要具备《教育法》和其他有关法律、法规规定的设立条件。在《教育法》和其他有关法律、法规中对学校的设立,在组织和机构、师资力量、教学基本条件、办学经费保障等方面都作出了基本规定。民办学校的设立,应在这些方面具有与同级同类公办学校相同的办学条件,以保障其办学质量。

四是民办学校应当具备法人条件。所谓"法人"是具有民事权利能力和民事行为能力,依法独立享有民事权利和承担民事义务的组织,它是社会组织在法律上的人格化。民办学校正式设立后,应当作为独立的法人实体,以自己的名义履行相应的民事权利和义务。

2. 民办学校设立的材料

民办学校的设立一般分为两个阶段:申请筹设和申请正式设立。民办学校举办者应向审批机关提交相应材料。根据我国民办学校发展实际情况,对具备办学条件,达到设置标准的,也可以不经筹设阶段,直接向有关审批机关提交相关材料,申请正式设立。

申请筹设和申请正式设立应向有关审批机关提交不同的申请材料。申请筹设民办学校,举办者应当向审批机关提供的材料主要是:申办报告,内容主要包括:举办者、培养目标、办学规模、办学层次、办学形式、办学条件、内部管理体制、经费筹措与管理使用等；举办者的姓名、住址或者名称、地址；资产来源、资金数额及有效证明文件，并载明产权；属捐赠性质的校产须提交捐赠协议，载明捐赠人的姓名、所捐资产的数额、用途和管理方法及相关有效证明文件等。申请正式设立民办学校的，举办者应当向审批机关提交的材料主要是：筹设批准书；筹设情况报告；学校章程、首届学校理事会、董事会或者其他决策机构组成人员名单；学校资产的有效证明文件；校长、教师、财会人员的资格证明文件等。

3. 民办学校设立的基本程序

民办学校设立的基本程序是先要报相应部门审批，审批机关对批准正式设立的民办学校发给办学许可证，取得许可证后，要依据有关法律、行政法规及时进行登记注册。

民办学校的审批分为两种不同情况：举办实施学历教育、学前教育、自学考试助学及其他文化教育的民办学校，由县级以上人民政府教育行政部门按照国家规定的权限审批；举办实施以职业技能为主的职业资格培训、职业技能培训的民办学校，由县级以上人民政府劳动和社会保障行政部门按照国家规定的权限审批，并抄送同级教育行政部门备案。

在举办者向相应审批机关提交了规定的申请材料后，审批机关必须在法定时间内给予确切的答复。申请正式设立民办学校的，审批机关应当自受理之日起三个月内以书面形式作出是否批准的决定，并送达申请人；其中申请正式设立民办高等学校的，审批机关也可以自受理之日起六个月内以书面形式作出是否批准的决定，并送达申请人。

在我国，办学是一种国家特许的行为。审批机关对批准正式设立的民办学校发给办学许可证。办学许可证是民办学校依法设立和开展教育教学活动的合法凭证。办学许可证由民办学校的审批部门颁发，除审批机关外，其他任何单位或个人不得收缴、扣压或吊销。

民办学校取得办学许可证后，还应依照有关的法律、行政法规进行登记，登记机关应当按照有关规定即时予以办理。民办学校是社会公益事业单位，按照国务院发布的《民办非企业单位登记管理暂行条例》，应当到民政部门进行登记。民政部门对符合登记条件的学校，依法简化登记手续并核准登记，颁发民办非企业单位登记证书。

四、民办学校的权利和义务

民办学校除享有《教育法》和相关教育法律规定的基本权利以外，《民办教育促进法》还特别规定了民办学校的办学自主权。所谓"办学自主权"，是指学校及其他教育机构在法律上享有的,为实现其办学宗旨,独立自主地进行教育教学管理,实施教育教学活动的资格和能力。办学自主权是学校及其他教育机构特有的、基本的权利,是其成为教育法律关系主体的前提。不享有办学自主权,也就意味着在法律上不享有实施教育教学活动的资格和能力,也就不成其为学校及其他教育机构。④民办学校的自主权,主要表现为:自主选择学校办学方式,既可以是单独办学,也可以多主体联合办学;自主选择学校内部的管理体制,可以成立学校理事会或董事会,设立内部管理机构和确定管理岗位职责;自主聘任或解聘校长及教职工,有权对教师进行思想品德教育和业务培训;自主开展学校日常管理;自主组织教育教学、科学研究活动,保证学校教学质量;自主制订招生计划,面向社会招生;自主设置专业,制订学校的章程和规章制度,制订发展规划和年度计划;自主决定学校办学经费的开支使用,决定教职工的编制、考核办法和工资标准;有权按照国家规定建立学籍管理制度,对受教育者实施奖励或者处分;自主制订学校的收费标准;有权根据国家有关规定对招收的学生发给学历证书、毕业证书或者培训合格证书,对接受职业技能培训的学生,经政府批准的职业技能鉴定机构鉴定合格的,有权发给国家职业资格证书等。落实民办学校的办学自主权,既有利于民办学校灵活、健康发展,也有利于政府在对民办学校进行管理时,抓大放小、简政放权,提高管理质量和水平。

财产权也是民办学校依法享有的一项重要权利。民办学校的财产权主要有:对举办者投入的民办学校资产、国有资产、受赠财产以及办学累积,享有法人财产权。"法人财产权"即指法人对自己所具有的财产依法享有占有、使用、收益和处分的权利。民办学校在存续期间,享有财产管理权、使用权等,"任何组织和个人都不得违反法律、法规,向民办教育机构收取任何费用"。

民办学校在享有权利的同时,也应履行相应义务。主要有:一是贯彻国家的教育方针,保证民办学校教育质量。这是民办学校最主要的义务。《教育法》第五条规定:"教育必须为社会主义现代化建设服务,必须与生产劳动相结合,培养德、智、体等方面全面发展的社会主义事业的建设者和接班人。"学校的一切工作都是为培养人服务的。学校的课程设置、教育教学活动、德育工作等都要从培养人才的目标出发,都要围绕培养人才的规格标准来进行。民办学校应主要立足于服务当地社会经济文化发展需要,培养高质量的社会各行各业人才。《民办教育促进法》第四条也规定:"民办学校应当遵守法律、法规,贯彻国家教育方针,保证教育质量,致力于培养社会主义建设事业的各类人才。"二是要依法设立,服从政府管理,接受社会监督。三是要建立严格的财务管理制度。民办学校应当依法建立财务、会计制度和资产管理制度,并按照国家有关规定设置会计账簿,民办学校的资产使用和财务管理必须接受审批机关和其他有关部门监督。四是有义务不断改善办学条件。民办学校不得向受教育者收取不合理费用,其合理收费应当主要用于教育教学活动和改善办学条件。不管出资人是否要求合理回报,每年都要有一定比例资金用于改善学校办学条件。对出资人要求取得合理回报的,应当从年度净收益中,按不低于年度净收益的 25% 的比例提取发展基金,用于学校的建设、维护和教学设备的添置、更新等。五是有责任加强制度建设和内部管理,设立内部管理机构,加强自律,规范发展。六是要依法保障教职工和学生的各种合法权益,保护教职工和学生的身心健康等。

五、民办学校教师与受教育者的合法权益与义务

《民办教育促进法》专列一章(第四章"教师与受教育者")阐明教职工和受教育者的合法权益与义务。

1. 民办学校教师的合法权益与义务

《民办教育促进法》中规定的民办学校教职工的合法权益主要有:与公办学校的教师具有同等的法律地位;民办学校应当依法保障教职工的工资、福利待遇,并为教职工缴纳社会保险费;民办学校教职工在业务培训、职务聘任、教龄和工龄计算、表彰奖励、社会活动等方面依法享有与公办学校教职工同等的权利。

在《教师法》中规定的教师享有的权益,民办学校教师同样享有,这也是民办学校教师合法权益的重要组成部分。如:进行教育教学活动,开展教学改革研究与实验;从事科学研究、学术交流,参加专业的学术团体,在学术活动中充分发表意见;指导学生的学习和发展,评定学生的品行和学业成绩;对学校教育教学、管理工作和教育行政部门的工作提出意见和建议等。

民办学校教师在享有合法权益的同时,也应当履行相应法定义务。虽然《民办教育促进法》没有详细列举民办学校教师义务,但在《教师法》中有具体规定。如:遵守宪法、法律和职业道德,为人师表;履行教师聘约,完成教育教学工作;关心学生,促进学生健康成长等。

2. 民办学校受教育者的合法权益与义务

《民办教育促进法》中规定的民办学校受教育者的合法权益主要有:与公办学校的受教育者具有同等的法律地位;民办学校的受教育者在升学、就业、社会优待以及参加先进评选等方面享有与同级同类公办学校的受教育者同等权利。

《教育法》中对受教育者权益的规定,也是民办学校受教育者应享有的合法权益。如:参加教育教学活动,使用教育教学设施、设备、图书资料;获得国家规定的各种资助和奖励;通过申诉或提起诉讼,依法维护自己的合法权益等。

《教育法》中对受教育者规定的各种义务,民办学校的受教育者同样应当履行。如:遵守法律、法规;遵守学生规范,尊敬师长,养成良好的思想品德和行为习惯;努

教育法规导读

力学习,完成规定的学习任务;遵守学校或其他教育行政机构的管理制度等。

六、民办学校的管理

《民办教育促进法》对民办学校管理的规定,可分外部管理的规定和内部管理的规定。

外部管理主要是指政府主管部门对民办学校的管理和监督。主要内容有:对民办学校设立审批程序,严把准入关。审批与监督和责任联系在一起,谁审批,谁监督,谁负责。主要包括审核举办者的资格、举办者提交的申办报告等有关材料、所具备的办学条件,颁发办学许可证等;规定民办学校决策机构组成人员资格。规定民办学校设立学校理事会、董事会或者其他形式的决策机构,学校理事会或者董事会由举办者或者其代表、校长、教职工代表等人员组成,其中三分之一以上的理事或者董事应具有五年以上教育教学经验。学校理事会或者董事会由五人以上组成,设理事长或者董事长一人,理事长、理事或者董事长、董事名单须报审批机关备案;比照同级同类公办学校校长的任职条件,设定民办学校校长的聘任条件,并报审批机关备案;监督民办学校资产的使用和财务管理;规范民办学校收费行为,对民办学历教育和其他教育的收费项目和标准分别实行报批和备案,并一律公示;督导评估教育质量和办学水平;实行民办学校招生简章和广告备案制度;批准民办学校的分立、合并和终止,学校名称、层次、类别和举办者的变更,组织清算被审批机关依法撤销的学校的财产等。

各级人民政府应当将民办教育事业纳入国民经济和社会发展规划。政府主管部门主要是依靠法律手段对民办教育机构实行归口管理、分级管理和区域管辖。国务院教育行政部门负责全国民办教育工作的统筹规划、综合协调和宏观管理;县级以上地方各级人民政府教育行政部门主管本行政区内的民办教育工作;国务院劳动和社会保障行政部门及其他有关部门、县级以上地方各级人民政府劳动和社会保障行政部门及其他有关部门,在各自的职责范围内,分别负责有关的民办教育工作。

除了政府主管部门管理之外,《民办教育促进法》还规定:"国家支持和鼓励社会中介组织为民办学校提供服务。""社会中介组织"主要是指民办教育协会之类的"行业组织"。"社会中介组织"可以在教育行政部门的组织下或者委托下对民办学校的办学水平和办学质量进行评估,并要将评估结果向社会公布。许多国家的经验证明,这种社会中介组织在评估民办学校的质量和效益、维护民办学校的合法权益、为政府提供有关民办教育的决策咨询、调解民办学校之间的矛盾等许多方面,可以发挥重要作用。社会中介组织参与管理民办学校,有利于促进政府转变管理民办教育的职能,减轻政府的人力、财力和工作负担。利用社会中介组织参与民办学校管理,也是加强对民办学校管理的重要举措。

民办教育的内部管理是指民办学校的自我管理。《民办教育促进法》重点规定了民办学校内部的管理体制:学校应当设立理事会、董事会或者其他形式的决策机构。举办者的权益主要体现在决策机构的职权上。决策机构的职权主要有:聘任和解聘校长;修改学校章程和制定学校的规章制度;制定发展规划,批准年度工作计划;筹集办学经费,审核预算、决算;决定教职工的编制定额和工资标准;决定学校的分立、合并、终止等。民办学校的法定代表人由理事长、董事长或者校长担任;民办学校参照同级同类公办学校校长任职的条件聘任校长,年龄可以适当放宽。校长为一校之长,肩负重要的责任,全权负责学校的教育教学和行政管理工作,他既要对学校董事会负责,也要对政府负责。本法第三章"学校的组织与活动"中对校长的职权已作了详尽的规定,主要有:执行学校决策机构的决定;实施发展规划;拟订年度工作计划、财务预算和学校规章制度;聘任和解聘学校的工作人员,实施奖惩;组织教育教学、科学研究活动,保证教育教学质量;负责学校日常管理工作等。民办学校依法通过以教师为主体的教职工代表大会等形式,保障教职工参与民主管理和监督。民办学校的教师和其他工作人员,有权依照工会法,建立工会组织,维护其合法权益,有权参与学校的民主管理等。

七、对民办教育的扶持与奖励

为了积极鼓励、大力支持民办教育事业的发展,创造一个民办学校和公办学校具有同等的法律地位、公平竞争、共同发展的良好外部环境,《民办教育促进法》在整部法律条文中都贯彻了"促进"民办教育发展的宗旨,并以专章陈列了对民办教育的扶持与奖励条款。对民办教育扶持与奖励的主要内容有:确定鼓励民办教育的发展方针;确立民办教育的性质和与公办教育平等的法律地位,保障民办学校的办学自主权;要求各级人民政府将民办教育事业纳入国民经济和社会发展规划;国家保障民办学校及举办者、校长、教职工和受教育者的合法权益;国家对为发展民办教育事业作出突出贡献的组织和个人,实行奖励和表彰政策;国家保护民办学校的合法财产权不受侵害;对民办学校实行税收优惠政策;民办学校依照国家有关法律、法规,可以接受公民、法人或者其他组织的捐赠,国家对向民办学校捐赠财产的公民、法人或者其他组织按照有关规定给予税收优惠,并予以表彰;国家鼓励金融机构运用信贷手段,支持民办教育事业的发展;人民政府委托民办学校承担义务教育任务,应当按照委托协议拨付相应的教育经费;新建、扩建民办学校,人民政府应当按照公益事业用地及建设的有关规定给予优惠等。

鉴于我国的实际情况,民办学校能接受到的社会捐赠并不多,民办学校在发展过程中获取资源比较困难。为鼓励更多的社会资本投入民办教育领域,《民办教育促进法》允许举办者取得合理回报,从其立法目的和实际作用上看,也应是对民办教育的一种扶持和鼓励政策。

八、民办学校的变更与终止

民办学校应依法设立。依法设立的民办学校因某种原因需要变更、合并与撤消时,也应当经过与民办学校设立的相同程序,依法办理有关手续,否则,其变更、合并与撤消即属非法。《民办教育促进法》第八章"变更与终止",明确了教育机构变更与终止的报审程序及善后工作。

1. 民办学校的变更

民办学校的变更主要包括如下几种情况:

(1)民办学校的分立与合并

"民办学校的分立"是指民办学校由原一所学校分成两所或两所以上的独立学校,各自独立具有法人资格并独立承担民事责任的行为;"民办学校合并"是指两个或两个以上的民办教育机构合并在一起。

民办学校在分立、合并时,要进行财务清算,确定债权、债务,并编制财产清单。在进行财务清算后,由学校理事会或者董事会报原审批机关批准。审批机关应当自受理之日起三个月内以书面形式答复;其中申请分立、合并民办高等学校的,审批机关也可以自受理之日起六个月内以书面形式答复。

(2)举办者的变更

法律允许申请民办学校举办者的变更。民办学校要变更举办人,应当由举办者本人提出,在进行财务清算后,经学校理事会或者董事会同意,报审批机关核准。经劳动和社会保障部门审查批准学校举办人变更的,应报同级教育行政部门备案。

(3)名称、层次、类别的变更

民办学校名称、层次、类别的变更,由学校理事会或者董事会报审批机关批准。申请变更为其他民办学校,审批机关应当自受理之日起三个月内以书面形式答复;其中申请变更为民办高等学校的,审批机关也可以自受理之日起六个月内以书面形式答复。

民办学校的上述变更行为,未得到审批机关的书面批准,不得自行予以改变。

2. 民办学校的终止

《民办教育促进法》第五十六条规定了民办学校终止的三种情况:

一是民办学校根据章程规定要求终止并经审批机关批准的。也就是在该学校成立时的章程中已作了具体规定的终止条文,如办学时限到期、资金不到位、合伙人撤资、举办者变更、不可抗力等。

二是被吊销办学许可证的。"办学许可证"是民办学校依法办学的法定依据,如果民办学校被吊销了办学许可证,就说明该学校在办学中有严重的违法行为,依法不能继续办学。

三是因资不抵债无法继续办学的。

民办学校终止时,要注意做好如下善后工作:

一是民办学校终止时,应当妥善安置在校学生。实施义务教育的民办学校终止时,审批机关应当协助学校安排学生继续就学。

二是民办学校终止时,应当依法进行财务清算。民办学校自己要求终止的,由民办学校组织清算;被审批机关依法撤消的,由审批机关组织清算;因资不抵债的无法继续办学而终止的,由人民法院组织清算。对民办学校的财产按照下列顺序清偿:(1)应退受教育者学费、杂费和其他费用;(2)应发教职工的工资及应缴纳的社会保险费用;(3)偿还其他债务。民办学校清偿上述债务后的剩余财产,按照有关法律、行政法规的规定处理。

三是终止的民办学校,由审批机关收回办学许可证和销毁印章,并注销登记。

九、法律责任

《民办教育促进法》中规定,如违反《教育法》、《教师法》等法律,违法主体得承担相应法律责任。出现违法行为,承担法律责任的主体主要有三类:一是民办学校;二是审批机关、有关部门及其责任人员;三是社会组织和个人。就责任形式看,主要有行政处分、经济处罚和刑事责任。

民办教育是我国教育事业的组成部分,因此在《教育法》、《义务教育法》、《教师法》、《职业教育法》、《高等教育法》中关于法律责任的规定,同样适用于民办教育活动。

民办学校有下列行为之一,须承担相关法律责任:擅自分立、合并民办学校的;擅自改变民办学校名称、层次、类别和举办者的;发布虚假招生简章或者广告,骗取钱财的;非法颁发或者伪造学历证书、结业证书、培训证书、职业资格证书的;管理混乱严重影响教育教学,产生恶劣社会影响的;提交虚假证明文件或者采取其他欺诈手段隐瞒重要事实骗取办学许可证的;伪造、变造、买卖、出租、出借办学许可证的;恶意终止办学、抽逃资金或者挪用办学经费的。

审批机关、有关部门及其责任人员,有下列行为之一的,须承担相关法律责任:已受理设立申请,逾期不予答复的;批准不符合本法规定条件申请的;疏于管理,造成严重后果的;违反国家有关规定收取费用的;侵犯民办学校合法权益的;其他滥用职权、徇私舞弊的。

社会组织和个人擅自举办民办学校的,由县级以上人民政府的有关行政部门责令限期改正,符合本法及有关法律规定的民办学校条件的,可以补办审批手续;

逾期仍达不到办学条件的,责令停止办学,造成经济损失的,依法承担赔偿责任。

第三节 《民办教育促进法》的实施

一、加大学习宣传力度,把握法律精神实质,为民办教育发展营造良好的外部环境

正如前文的分析中所指出的那样:发展民办教育事业对我国社会主义建设具有重大意义,《民办教育促进法》不是仅就民办教育论民办教育,而是把它作为我国社会主义教育事业的有机组成部分予以关注,其核心是促进民办教育快速、健康发展,尽早形成民办教育与公办教育共同发展的教育发展格局。把握这一精神实质,是正确实施《民办教育促进法》的前提。为此,首先应加强对《民办教育促进法》的学习与宣传,为民办教育发展营造良好的外部环境。

第一,加强对《民办教育促进法》的学习。各级党政干部、教育行政及相关职能部门的管理人员、执法人员、民办教育机构教师和受教育者等都是民办教育最直接、最重要的法律关系主体,都应认真学习《民办教育促进法》。在民办教育实践中,有些人轻视民办教育、歧视民办学校,在处理民办教育与公办教育的关系时,总是重"公"轻"民",先"公"后"民",甚至一些地方政府领导干部和教育管理人员、执法人员也有类似的偏见,使民办教育极易遭遇体制性歧视,给民办教育事业带来损失和伤害。学习《民办教育促进法》,有利于改正错误观念,端正思想认识;有利于增长法律知识,领会法律精神,提高法律意识和践行能力;有利于营造民办教育与公办教育共同发展、公平竞争的政策环境。

第二,加强对《民办教育促进法》的宣传。民办教育是面向社会办学,涉及社会公众利益;民办教育的发展要依靠社会力量,要充分利用各种社会教育资源。因此,《民办教育促进法》的学习宣传要面向全社会。应充分发挥电视、广播、报刊、网络等现代传媒的作用,采用多种形式进行学习宣传,营造浓厚的法制宣传气氛。让社会公众了解民办教育的性质、地位和作用,理解《民办教育促进法》的立法宗旨和核心精神,充分认识发展民办教育的重要意义,使全社会更加关心民办教育,信任民办教育,理解民办教育,支持民办教育,为民办教育的发展创造宽松和谐的外部环境。

有必要指出,我们在学习《民办教育促进法》时,应注意对《中华人民共和国民办教育促进法实施条例》(为贯彻落实《民办教育促进法》,2004年12月25日国务院第41次常务委员会议通过了《中华人民共和国民办教育促进法实施条例》,以下

简称《实施条例》）及其他相关教育法律的学习。《实施条例》进一步明晰了《民办教育促进法》中的一些法律概念，也使法律规定更加完备，更加具有操作性；同时，我们还应该看到《民办教育促进法》的特殊性，它重点关注的是民办教育中的特殊问题，对与公办教育相同的问题适用其他教育法律。因此，对《民办教育促进法》的正确学习和理解，应结合对其《实施条例》和其他相关教育法律的学习，以便完整、准确地理解和正确实施《民办教育促进法》。

二、积极转变政府教育管理的观念和职能，改进和加强对民办教育的管理、监督和扶持

政府如何改善对民办学校的管理职能，形成合理的"政校关系"，是民办教育实践中的一个重要问题，也是《民办教育促进法》的一个重要内容。按《民办教育促进法》的规定，民办学校的外部管理应表现为以地方政府为主体，运用政策和法律手段对民办学校进行指导、监督与扶持，形成政府与民办学校之间良好的外部管理关系，既保障政府对民办学校的管理与监督，又不损害民办学校办学自主权的充分行使，做到"管而不死，放而不乱"。然而，在我国民办教育实践中，政府对民办学校的管理一直存在"越位"与"缺位"并存现象。"越位"体现在对民办学校的直接行政干预或管制过多，管理的随意性大。如一些地方政府硬性规定民办学校的数量、类别、地域分布、专业设置和课程内容，强行划定民办学校的招生范围和录取次序，直接干预民办学校校长任免和教师聘用等；"缺位"主要表现在对民办教育采取放任自流的态度，坐视民办学校自生自灭、无序竞争，对民办学校没有提供必要的指导、监督和信息服务等。目前，这种现象依然存在。

要克服这种现象，厘清政府与民办学校之间的关系，就要认真落实《民办教育促进法》及其《实施条例》，切实转变政府对民办教育管理的观念和职能，把民办教育管理的重点转向确保公益性和质量、维护市场秩序和促进公平竞争上来，加强依法行政，通过政策和法律手段，改进和加强对民办教育的管理、监督和扶持，使政府对民办学校的管理既不是"越位"，也不是"缺位"，而是"到位"。

此外，政府还要注意积极扶持与民办教育有关的社会中介组织和机构的发展，使其在民办教育管理方面发挥积极的作用，特别是在信息咨询服务、资格认证与质量评估等方面的作用。

三、大力推进民办学校内部管理制度改革，完善民办学校的法人治理结构

自改革开放以来，我国民办教育发展十分迅速，民办教育的办学主体或相关利益主体日益多元化，办学模式日益多样化，民办学校相互之间、民办学校与公办学

校之间的竞争也日趋激烈。这种发展变化,势必要求民办学校找准自己的发展定位,逐步摆脱发展初期依靠规模求生存的粗放式发展模式,改革内部管理制度,完善法人治理结构,建立自我约束机制,努力提高办学质量,形成自己的办学特色,走内涵式发展道路。

完善法人治理结构是民办学校建立现代学校制度、进行规范管理的基础,同时也是《民办教育促进法》及其《实施条例》规定的重要内容之一。目前,我国民办教育机构在内部管理体制上主要存在两种模式,即董事会领导下的校长负责制和校长负责制。从表面上看,多数学校都建立了法人治理结构。但实际上,相当一部分民办学校的法人治理只是停留在形式上,离《民办教育促进法》及其《实施条例》的要求还有很大距离。民办学校法人治理机制的不完善,主要表现为:有些民办学校依旧沿用家族式、家长式、作坊式管理;有些民办学校尚未建立规范的理事会或董事会机制,或是在形式上建立了理事会或董事会制度,但运行程序不规范,难以发挥其应有的作用;(理)董事会成员结构不合理,内部制衡和外部参与机制不健全;学校举办者、(理)董事会、学校校长三者之间职责权限不分明,常常是举办者权利过大,校长被架空,不能正常履行职权等。法人治理结构不完善,是民办学校产生不规范办学行为的重要原因,它严重地影响了民办学校的办学质量和社会声誉,影响了民办学校的生存与发展。因此,必须大力推进民办学校内部管理制度的改革,完善民办学校法人治理结构,建立自我发展、自我约束机制。《民办教育促进法》从厘清民办学校内部管理关系角度,对此进行了比较详细的规定。民办学校应以贯彻落实《民办教育促进法》为契机,重点抓好如下几个方面的内部管理制度建设和改革工作:

一是按《民办教育促进法》要求,建立完善的内部组织机构,优化(理)董事会构成,完善以(理)董事会等为主要内容的民办学校决策机制,加强校长的管理职权;二是注重加强人事管理制度、教学管理制度、民主决策制度、财务公开制度、校务公开制度等各方面的制度建设,把制度建设作为完善民办学校法人治理结构的核心工作;三是建立和健全工会、教职工代表大会等民主监督机构,促进教职工代表进入(理)董事会,保障教职工真正能参与学校民主管理等。

四、加快地方性民办教育立法进程,具体落实对民办教育的"扶持与奖励"政策

《民办教育促进法》的核心是为了促进民办教育发展。在具体的法律条文中,从民办教育性质、地位、用地、资金、税收、信贷、财产捐赠、"合理回报"等方面,对"扶持与奖励"民办教育进行了广泛的政策规定。毫无疑问,落实对民办教育的"扶持与奖励"措施,是贯彻落实《民办教育促进法》的重点内容。

目前,在我国民办教育实践中,对民办教育的一些扶持与奖励政策还没有真正落实到位。如:到目前为止,很少有民办学校举办者敢于主动要求取得"合理回报","合理回报"被认为是民办教育法律上的一大突破,但在法律实践中却遭遇极大尴尬。如何界定"合理回报"的内涵、确定"合理回报"的比率,成为落实民办教育优惠政策的一个焦点问题;一些地方民办学校没有依法享受到税收上的优惠待遇,甚至有些地方的税务机关对公益性很强的民办学校也强行收取"企业所得税"和"营业税";有不少义务教育阶段的民办学校没有依法获得招收公办生所应得到的生均教育经费补助;民办学校在获取信贷资金上远比公办学校困难等等。之所以法律规定的那些支持民办教育发展的优惠政策难以落实,虽然有认识不正确、一些管理者和执法者素质不高等方面的原因,但其直接原因主要是:一是国家出台《民办教育促进法》和《实施条例》,是为了促进全国范围内民办教育的健康发展,总的说来,其规定还比较原则和抽象,需要更详细的办法加以落实;二是法律本身还有一些缺陷,一些法律概念需要进一步加以明晰,一些法律规定也需要进一步加以完善;三是我国民办教育发展存在很大的地区不平衡性,在落实这些扶持与奖励政策时,需要结合各地民办教育发展状况和社会发展水平进行具体问题具体分析等。

　　从各地民办教育发展的经验来看,具体落实对民办教育扶持与奖励政策的最好办法是加快地方民办教育立法进程。国家出台《民办教育促进法》为地方性民办教育立法留下了很大空间。通过出台地方性民办教育政策法规,把扶持与奖励政策措施细化,使这些政策措施更具体、更翔实、更有针对性和操作性。地方性政策法规,一般说来,比较容易获得当地社会公众的理解与支持,地方政府对其执行力度往往也比较大,更容易落实到位。目前,民办教育地方立法工作正在进行之中,一些地方已经出台了一些富有地方性特色的政策法规。截至 2005 年 9 月,已经出台地方性法规的有陕西省(陕西省人大制定的《陕西省民办教育促进条例》),已经制定政府规章的有上海市、黑龙江省、四川省,其他省(市)也正在紧锣密鼓地加快地方立法进程。

五、结合民办教育实践需要,加强民办教育政策法规的建设和完善

　　自 2002 年《民办教育促进法》出台以来,虽然民办教育获得了较快发展,但并没有表现出预期的强劲势头,《民办教育促进法》在贯彻实施过程中也碰到不少困难和障碍。出现这种情况,原因固然是多方面的,但也与《民办教育促进法》及其《实施条例》本身存在不足有很大关系。因此,有必要结合民办教育事业发展的实际情况,对其进行修订与完善。

1.《民办教育促进法》及其《实施条例》的不足

《民办教育促进法》及其《实施条例》的不足,主要表现在如下几个方面:

一是虽然《民办教育促进法》提供了民办教育发展的基本法律框架,但它的一些条款与《教育法》及其他法律法规的相关规定存在一定冲突;《民办教育促进法实施条例》也与《民办教育促进法》存在不一致、不协调的问题。如:《教育法》规定,所有学校都不得以营利为目的,而《民办教育促进法》中却规定民办学校举办者可以要求取得"合理回报"。"合理回报"必然要以办学有节余为基础,这种节余实际上就是一种营利。即使我们可以辩解说:客观上有营利未必主观上就是"以营利为目的"。但在民办教育实践中,我们却很难区分哪所民办学校的营利是在"以营利为目的"的条件下取得的,哪所学校的营利又不是在"以营利为目的"的条件下取得的;再如:《民办教育促进法》的基本精神是"促进"民办教育发展,而《民办教育促进法实施条例》却表现出对民办学校规范和限制有余、扶持与鼓励则不足等等。

二是《民办教育促进法》及其《实施条例》的一些法律概念不明晰。如:公办学校的办学声誉、师资、设备等能否也算作"国家财政性资源"? "合理回报"的具体含义是什么? 民办学校的法人财产权究竟包括哪些组成部分? 民办学校"清算债务后的剩余财产,按照有关法律、行政法规的规定处理","有关的法律、行政法规的规定"是指公益事业规定,还是指专门的民事的、经济的法律法规? 等等。

三是法律条文上的缺失。如:《民办教育促进法》和《实施条例》都没有明确的民办学校产权界定与退出机制;没有规定民办学校法人制度的基本特征;没有设定相对完善的民办学校的风险防范机制等等。

2. 关于完善《民办教育促进法》及相关政策法律的具体建议

结合民办教育发展中出现的新情况、新问题,在分析《民办教育促进法》及其《实施条例》不足的基础上,一些研究者主要对《民办教育促进法》及相关政策法律,提出了一些具体的修改建议。⑤以此为基础,我们认为如下一些建议可资借鉴:

第一,建立对民办学校的分类管理原则。明确地把民办学校区分为非营利性学校和营利性学校,对两类不同性质的民办学校采取不同的政策与管理办法。非营利性民办学校,不得以剩余索取权作为学校运作的激励机制,可以比照公共事业进行管理;而对营利性民办学校则允许以剩余索取权作为学校运作的激励机制,但不能与非营利性民办学校享受同等的优惠政策,可借鉴《公司法》对现代企业管理的政策与办法进行管理,但又不是简单地等同。虽然《民办教育促进法》把在工商部门登记、管理的民办教育机构排除在其调整范围之外,但在实践中,民办学校(包括各种性质的培训机构)到底是经营性还是非经营性的,并不能以其审批和登记机关来简单判断。况且,即使是在工商部门注册登记的经营性民办培训机构,也不能说它就不是"教育机构";但如果承认它也是"教育机构",那么,它又违背了《教育法》关于"任何组织和个人不得以营利为目的举办学校及其他教育机构"的法律规定。明确地把民办学校区分为非营利性学校和营利性学校,不但可以在理论和实践上化解以上矛盾,也可以较好地解决《民办教育促进法》中关于"合理回报"问题的困惑和纷争(非营利性民办学校出资人的"合理回报"不包括剩余索取,而营利性民办学校出资人的"合理回报"则可以要求有限度的剩余索取)。这就要求我们在认识上不把"公益性"与"营利"问题绝对对立。只要是教育,它就有"公益性"。民办学校是否营利与其是否属于"公益性事业"没有本质上的必然联系。民办教育的公益性,不是指其免费性和绝对不营利,而是指其能增加"国家和社会公众利益"。取消作为《民办教育促进法》上位法的《教育法》中"不得以营利为目的办学"的限制。"不得以营利为目的"作为对行为目的的法律规定,本身就存在法律形式上的合法性问题,不但容易引起对民办教育性质理解上的歧义,而且也不符合我国民办教育的实际(我国进入民办教育领域的资金大部分是经营性资本而非社会闲散资本或慈善性捐助,这些经营性资本本身具有营利性)。法律无需对民办学校是否"以营利为目的"作出规定,允许营利性民办学校营利,但要对其营利的幅度和民办学校的财权最终归属作出严格的规定,通过建立相应的财务会计制度,严格监管其资金流向,使营利性民办学校即使与私营企业相比也有实质上的区别,从而保证不因其合理的、有限度的营利行为而使社会公众否认其"公益性"。在这种情况下,为保证营利性民办学校既能"合理营利"又具有"公益性事业"性质,政府对营利性民办学校依然要实行扶持与鼓励的政策,但其力度应小于非营利性民办学校,而不是完全取消。

第二,建立完善民办教育投入制度。对民办教育而言,不管是营利性民办学校,还是非营利性民办学校,与公办学校最为本质的区别是其办学资本的"民间性"。因此,吸引民间资本投资民办教育领域,是做大做强民办教育的关键。要充分吸收民间资本进入民办教育领域,在市场经济条件下,无疑不能靠政府的强权和行政命令。政府应尊重市场经济规律,按市场经济的特点,建立和完善民办教育投入机制,主要包括:一是制定民办学校的自主收费政策;二是制定投资教育的免税政策;三是制定企业或个人用税后利润投资办学的政府退税政策;四是积极培育教育市场,允许民办学校通过资本市场融资等。

第三,建立完善民办学校的产权制度。按建立现代产权制度要求,围绕所有权、收益权等建立民办学校产权制度。一是明晰民办学校的财产所有权。对非营利性民办学校实行法人财产权制度;对营利性民办学校,按照"谁投资,谁拥有产权"的原则,明确规定出资人对投入民办学校的资产享有完全占有权,对办学增值部分享有完全或部分占有权;二是按照"谁投资,谁受益"的原则,明晰办学收益权。

第四,建立完善民办学校风险防范制度。一是进一步完善民办学校的准入机制;二是完善民办学校内部决策机制。对学校董事人选增加禁止性规定,明确规定不得担任董事的若干具体情形,对董事会、校长、监事会、工会的职责分工作出具体规定,完善民办学校法人治理结构;三是建立适合民办学校的财务会计制度,加强政府职能部门和社会公众对民办学校资金流向的监管;四是地方政府要建立民办学校风险防范专项资金管理制度,降低民办学校办学风险;五是充分发挥中介组织的管理与监督作用,建立适合民办学校的社会评估制度,加强民办学校的自律性等。

第五,修改关于民办学校税收政策的有关条款。《民办教育促进法》第六十四条规定的"民办学校享受国家规定的税收政策",其涵义并不十分明确,在实践中往往导致在某些情况下民办学校能享受与公办学校同等的税收优惠政策,而在另外一些情况下却不能享受与公办学校同等的税收待遇。应区分不同性质的民办学校实行不同的税收政策。对非营利性民办学校应明确规定实行与公办学校享有同等的税收优惠政策;对营利性民办学校则实行少享受,甚至在有些方面完全不享受国家税收优惠政策。

第六,修改《担保法》中关于信贷的相关规定。《民办教育促进法》第四十八条规定:"国家鼓励金融机构运用信贷手段,支持民办教育事业的发展。"但根据《担保法》的规定,民办学校属于公益性事业单位,其教育教学设施不得用于抵押担保,民办学校实际上很难得到信贷扶持。对此应做相应修改,允许民办学校以自有资产和收益权作为抵押,向金融机构申请信贷,使信贷成为民办教育资金筹措的来源之一。

注
① 张力:《试析当前中国民办教育及其立法若干问题》,《高教探索》2002 年第 2 期,第 20 页。
② 《中华人民共和国民办教育促进法法条释义》,http://www.gov.cn/test/2005 - 07/28/content_17946.htm.
③ 卢干奇:《解读〈民办教育促进法〉》,《中国教育报》,2003 年 1 月 4 日。
④ 《中华人民共和国民办教育促进法法条释义》,http://www.gov.cn/test/2005 - 07/28/content_17946.htm.
⑤ 焦小丁:《对现行〈民办教育促进法〉的修改建议》,《教育发展研究》2006 年第 2 期,第 26—32 页;肖晗:《民办学校与公办学校法律地位评说》,《教育与职业》2006 年 4 月下,第 36—38 页。

附　录

一、中华人民共和国教育法

(1995 年 3 月 18 日第八届全国人民代表大会第三次会议通过)

第一章　总　则

第一条　为了发展教育事业,提高全民族的素质,促进社会主义物质文明和精神文明建设,根据宪法,制定本法。

第二条　在中华人民共和国境内的各级各类教育,适用本法。

第三条　国家坚持以马克思列宁主义、毛泽东思想和建设有中国特色社会主义理论为指导,遵循宪法确定的基本原则,发展社会主义的教育事业。

第四条　教育是社会主义现代化建设的基础,国家保障教育事业优先发展。

全社会应当关心和支持教育事业的发展。

全社会应当尊重教师。

第五条　教育必须为社会主义现代化建设服务,必须与生产劳动相结合,培养德、智、体等方面全面发展的社会主义事业的建设者和接班人。

第六条　国家在受教育者中进行爱国主义、集体主义、社会主义的教育,进行理想、道德、纪律、法制、国防和民族团结的教育。

第七条　教育应当继承和弘扬中华民族优秀的历史文化传统,吸收人类文明发展的一切优秀成果。

第八条　教育活动必须符合国家和社会公共利益。

国家实行教育与宗教相分离。任何组织和个人不得利用宗教进行妨碍国家教育制度的活动。

第九条　中华人民共和国公民有受教育的权利和义务。

公民不分民族、种族、性别、职业、财产状况、宗教信仰等,依法享有平等的受教育机会。

第十条　国家根据各少数民族的特点和需要,帮助各少数民族地区发展教育事业。

国家扶持边远贫困地区发展教育事业。

国家扶持和发展残疾人教育事业。

第十一条 国家适应社会主义市场经济发展和社会进步的需要,推进教育改革,促进各级各类教育协调发展,建立和完善终身教育体系。

国家支持、鼓励和组织教育科学研究,推广教育科学研究成果,促进教育质量提高。

第十二条 汉语言文字为学校及其他教育机构的基本教学语言文字。少数民族学生为主的学校及其他教育机构,可以使用本民族或者当地民族通用的语言文字进行教学。

学校及其他教育机构进行教学,应当推广使用全国通用的普通话和规范字。

第十三条 国家对发展教育事业做出突出贡献的组织和个人,给予奖励。

第十四条 国务院和地方各级人民政府根据分级管理、分工负责的原则,领导和管理教育工作。

中等及中等以下教育在国务院领导下,由地方人民政府管理。

高等教育由国务院和省、自治区、直辖市人民政府管理。

第十五条 国务院教育行政部门主管全国教育工作,统筹规划、协调管理全国的教育事业。

县级以上地方各级人民政府教育行政部门主管本行政区域内的教育工作。

县级以上各级人民政府其他有关部门在各自的职责范围内,负责有关的教育工作。

第十六条 国务院和县级以上地方各级人民政府应当向本级人民代表大会或者其常务委员会报告教育工作和教育经费预算、决算情况,接受监督。

第二章　教育基本制度

第十七条 国家实行学前教育、初等教育、中等教育、高等教育的学校教育制度。

国家建立科学的学制系统。学制系统内的学校和其教育机构的设置、教育形式、修业年限、招生对象、培养目标等,由国务院或者由国务院授权教育行政部门规定。

第十八条 国家实行九年制义务教育制度。

各级人民政府采取各种措施保障适龄儿童、少年就学。

适龄儿童、少年的父母或者其他监护人以及有关社会组织和个人有义务使适龄儿童、少年接受并完成规定年限的义务教育。

第十九条 国家实行职业教育制度和成人教育制度。

各级人民政府、有关行政部门以及企业事业组织应当采取措施,发展并保障公民接受职业学校教育或者各种形式的职业培训。

国家鼓励发展多种形式的成人教育,使公民接受适当形式的政治、经济、文化、科学、技术、业务教育和终身教育。

第二十条 国家实行国家教育考试制度。

国家教育考试由国务院教育行政部门确定种类,并由国家批准的实施教育考试的机构承办。

第二十一条 国家实行学业证书制度。

经国家批准设立或者认可的学校及其他教育机构按照国家有关规定,颁发学历证书或者其

附

录

161

他学业证书。

第二十二条 国家实行学位制度。

学位授予单位依法对达到一定学术水平或者专业技术水平的人员授予相应的学位,颁发学位证书。

第二十三条 各级人民政府、基层群众性自治组织和企业事业组织应当采取各种措施,开展扫除文盲的教育工作。

按照国家规定具有接受扫除文盲教育能力的公民,应当接受扫除文盲的教育。

第二十四条 国家实行教育督导制度和学校及其他教育机构教育评估制度。

第三章　学校及其他教育机构

第二十五条 国家制定教育发展规划,并举办学校及其他教育机构。

国家鼓励企业事业组织、社会团体、其他社会组织及公民个人依法举办学校及其他教育机构。

任何组织和个人不得以营利为目的举办学校及其他教育机构。

第二十六条 设立学校及其他教育机构,必须具备下列基本条件:

（一）有组织机构和章程;

（二）有合格的教师;

（三）有符合规定标准的教学场所及设施、设备等;

（四）有必备的办学资金和稳定的经费来源。

第二十七条 学校及其他教育机构的设立、变更和终止,应当按照国家有关规定办理审核、批准、注册或者备案手续。

第二十八条 学校及其他教育机构行使下列权利:

（一）按照章程自主管理;

（二）组织实施教育教学活动;

（三）招收学生或者其他受教育者;

（四）对受教育者进行学籍管理,实施奖励或者处分;

（五）对受教育者颁发相应的学业证书;

（六）聘任教师及其他职工,实施奖励或者处分;

（七）管理、使用本单位的设施和经费;

（八）拒绝任何组织和个人对教育教学活动的非法干涉;

（九）法律法规规定的其他权利。

国家保护学校及其他教育机构的合法权益不受侵犯。

第二十九条 学校及其他教育机构应当履行下列义务:

（一）遵守法律、法规;

（二）贯彻国家的教育方针,执行国家教育教学标准,保证教育教学质量;

（三）维护教育者、教师及其他职工的合法权益;

（四）以适当方式为受教育者及其监护人了解受教育者的学业成绩及其他有关情况提供便利；

（五）遵照国家有关规定收取费用并公开收费项目；

（六）依法接受监督。

第三十条 学校及其他教育机构的举办者按照国家有关规定，确定其所举办的学校或者其他教育机构的管理体制。

学校及其他教育机构的校长或者主要行政负责人必须由具有中华人民共和国国籍、在中国境内定居、并具备国家规定任职条件的公民担任，其任免按照国家有关规定办理。学校的教学及其他行政管理，由校长负责。

学校及其他教育机构应当按照国家有关规定，通过以教师为主体的教职工代表大会等组织形式，保障教职工参与民主管理和监督。

第三十一条 学校及其他教育机构具备法人条件的，自批准设立或者登记注册之日起取得法人资格。

学校及其他教育机构在民事活动中依法享有民事权利，承担民事责任。

学校及其他教育机构中的国有资产属于国家所有。

学校及其他教育机构兴办的校办产业独立承担民事责任。

第四章　教师和其他教育工作者

第三十二条 教师享有法律规定的权利，履行法律规定的义务，忠诚于人民的教育事业。

第三十三条 国家保护教师的合法权益，改善教师的工作条件，提高教师的社会地位。

教师的工资报酬、福利待遇，依照法律、法规的规定办理。

第三十四条 国家实行教师资格、职务、聘任制度，通过考核、奖励、培养和培训，提高教师素质，加强教师队伍建设。

第三十五条 学校及其他教育机构中的管理人员，实行教育职员制度。

学校及其他教育机构中的教学辅助人员和其他专业技术人员，实行专业技术职务聘任制度。

第五章　受 教 育 者

第三十六条 受教育者在入学、升学、就业等方面依法享有平等权利。

学校和有关行政部门应当按照国家有关规定，保障女子在入学、升学、就业、授予学位、派出留学等方面享有同男子平等的权利。

第三十七条 国家、社会对符合入学条件、家庭经济困难的儿童、少年、青年，提供各种形式的资助。

第三十八条 国家、社会、学校及其他教育机构应当根据残疾人身心特性和需要实施教育，并为其提供帮助和便利。

第三十九条　国家、社会、家庭、学校及其他教育机构应当为有违法犯罪行为的未成年人接受教育创造条件。

第四十条　从业人员有依法接受职业培训和继续教育的权利和义务。

国家机关、企业事业组织和其他社会组织，应当为本单位职工的学习和培训提供条件和便利。

第四十一条　国家鼓励学校及其他教育机构、社会组织采取措施，为公民接受终身教育创造条件。

第四十二条　受教育者享有下列权利：

（一）参加教育教学计划安排的各种活动，使用教育教学设施、设备、图书资料；

（二）按照国家有关规定获得奖学金、贷学金、助学金；

（三）在学业成绩和品行上获得公正评价，完成规定的学业后获得相应的学业证书、学位证书；

（四）对学校给予的处分不服向有关部门提出申诉，对学校、教师侵犯其人身权、财产权等合法权益，提出申诉或者依法提起诉讼；

（五）法律、法规规定的其他权利。

第四十三条　受教育者应当履行下列义务：

（一）遵守法律、法规；

（二）遵守学生行为规范，尊敬师长，养成良好的思想品德和行为习惯；

（三）努力学习，完成规定的学习任务；

（四）遵守所在学校或者其他教育机构的管理制度。

第四十四条　教育、体育、卫生行政部门和学校及其他教育机构应当完善体育、卫生保健设施，保护学生的身心健康。

第六章　教育与社会

第四十五条　国家机关、军队、企业事业组织、社会团体及其他社会组织和个人，应当依法为儿童、少年、青年学生的身心健康成长创造良好的社会环境。

第四十六条　国家鼓励企业事业组织、社会团体及其他社会组织同高等学校、中等职业学校在教学、科研、技术开发和推广等方面进行多种形式的合作。

企业事业组织、社会团体及其他社会组织和个人，可以通过适当的形式，支持学校的建设，参与学校管理。

第四十七条　国家机关、军队、企业事业组织应当为学校组织的学生实习、社会实践活动提供帮助和便利。

第四十八条　学校及其他教育机构在不影响正常教育教学活动的前提下，应当积极参加当地的社会公益活动。

第四十九条　未成年人的父母或者其他监护人应当为其未成年子女或者其他被监护人受教育提供必要条件。

未成年人的父母或者其他监护人应当配合学校及其他教育机构，对其未成年子女或者其他被监护人进行教育。

学校、教师可以对学生家长提供家庭教育指导。

第五十条　图书馆、博物馆、科技馆、文化馆、美术馆、体育馆（场）等社会公共文化体育设施，以及历史文化古迹和革命纪念馆（地），应当对教师、学生实行优待，为受教育者接受教育提供便利。

广播、电视台（站）应当开设教育节目，促进受教育者思想品德、文化和科学技术素质的提高。

第五十一条　国家、社会建立和发展对未成年人进行校外教育的设施。

学校及其他教育机构应当同基层群众性自治组织、企业事业组织、社会团体相互配合，加强对未成年人的校外教育工作。

第五十二条　国家鼓励社会团体、社会文化机构及其他社会组织和个人开展有益于受教育者身心健康的社会文化教育活动。

第七章　教育投入与条件保障

第五十三条　国家建立以财政拨款为主、其他多种渠道筹措教育经费为辅的体制，逐步增加对教育的投入，保证国家举办的学校教育经费的稳定来源。

企业事业组织、社会团体及其他社会组织和个人依法举办的学校及其他教育机构，办学经费由举办者负责筹措，各级人民政府可以给予适当支持。

第五十四条　国家财政性教育经费支出占国民生产总值的比例应当随着国民经济的发展和财政收入的增长逐步提高。具体比例和实施步骤由国务院规定。

全国各级财政支出总额中教育经费所占比例应当随着国民经济的发展逐步提高。

第五十五条　各级人民政府的教育经费支出，按照事权和财权相统一的原则，在财政预算中单独列项。

各级人民政府教育财政拨款的增长应当高于财政经常性收入的增长，并使按在校学生人数平均的教育费用逐步增长，保证教师工资和学生人均公用经费逐步增长。

第五十六条　国务院及县级以上地方各级人民政府应当设立教育专项资金，重点扶持边远贫困地区、少数民族地区实施义务教育。

第五十七条　税务机关依法足额征收教育费附加，由教育行政部门统筹管理，主要用于实施义务教育。

省、自治区、直辖市人民政府根据国务院的有关规定，可以决定开征用于教育的地方附加费，专款专用。

农村乡统筹中的教育费附加，由乡人民政府组织收取，由县级人民政府教育行政部门代为管理或者乡人民政府管理，用于本乡范围内乡、村两级教育事业。农村教育费附加在乡统筹中所占具体比例和具体管理办法，由省、自治区、直辖市人民政府规定。

第五十八条　国家采取优惠措施，鼓励和扶持学校在不影响正常教育教学的前提下开展勤工俭学和社会服务,兴办校办产业。

第五十九条　经县级人民政府批准,乡、民族乡、镇的人民政府根据自愿、量力的原则,可以在本行政区域内集资办学,用于实施义务教育学校危房改造和修缮、新建校舍,不得挪作他用。

第六十条　国家鼓励境内、境外社会组织和个人捐资助学。

第六十一条　国家财政性教育经费、社会组织和个人对教育的捐赠,必须用于教育,不得挪用、克扣。

第六十二条　国家鼓励运用金融、信贷手段,支持教育事业的发展。

第六十三条　各级人民政府及其教育行政部门应当加强对学校及其他教育机构教育经费的监督管理,提高教育投资效益。

第六十四条　地方各级人民政府及其有关行政部门必须把学校的基本建设纳入城乡建设规划,统筹安排学校的基本建设用地及所需物资,按照国家有关规定实行优先、优惠政策。

第六十五条　各级人民政府对教科书及教学用图书资料的出版发行,对教学仪器、设备的生产和供应,对用于学校教育教学和科学研究的图书资料、教学仪器、设备的进口,按照国家有关规定实行优先、优惠政策。

第六十六条　县级以上人民政府应当发展卫星电视教育和其他现代化教学手段,有关行政部门应当优先安排,给予扶持。

国家鼓励学校及其他教育机构推广运用现代化教学手段。

第八章　教育对外交流与合作

第六十七条　国家鼓励开展教育对外交流与合作。

教育对外交流与合作坚持独立自主、平等互利、相互尊重的原则,不得违反中国法律,不得损害国家主权、安全和社会公共利益。

第六十八条　中国境内公民出国留学、研究、进行学术交流或者任教,依照国家有关规定办理。

第六十九条　中国境外个人符合国家规定的条件并办理有关手续后,可以进入中国境内学校及其他教育机构学习、研究、进行学术交流或者任教,其合法权益受国家保护。

第七十条　中国对境外教育机构颁发的学位证书、学历证书及其他学业证书的承认,依照中华人民共和国缔结或者加入的国际条约办理,或者按照国家有关规定办理。

第九章　法　律　责　任

第七十一条　违反国家有关规定,不按照预算核拨教育经费的,由同级人民政府限期核拨;情节严重的,对直接负责的主管人员和其他直接责任人员,依法给予行政处分。

违反国家财政制度、财务制度,挪用、克扣教育经费的,由上级机关责令限期归还被挪用、克扣的经费,并对直接负责的主管人员和其他直接责任人员,依法给予行政处分;构成犯罪的,依法追究刑事责任。

第七十二条　结伙斗殴、寻衅滋事，扰乱学校及其他教育机构教育教学秩序或者破坏校舍、场地及其他财产的，由公安机关给予治安管理处罚；构成犯罪的，依法追究刑事责任。

侵占学校及其他教育机构的校舍、场地及其他财产的，依法承担民事责任。

第七十三条　明知校舍或者教育教学设施有危险，而不采取措施，造成人员伤亡或者重大财产损失的，对直接负责的主管人员和其他直接责任人员，依法追究刑事责任。

第七十四条　违反国家有关规定，向学校或者其他教育机构收取费用的，由政府责令退还所收费用；对直接负责的主管人员和其他直接责任人员，依法给予行政处分。

第七十五条　违反国家有关规定，举办学校或者其他教育机构的，由教育行政部门予以撤销；有违法所得的，没收违法所得；对直接负责的主管人员和其他直接责任人员，依法给予行政处分。

第七十六条　违反国家有关规定招收学员的，由教育行政部门责令退回招收的学员，退还所收费用；对直接负责的主管人员和其他直接责任人员，依法给予行政处分。

第七十七条　在招收学生工作中徇私舞弊的，由教育行政部门责令退回招收的人员；对直接负责的主管人员和其他直接责任人员，依法给予行政处分；构成犯罪的，依法追究刑事责任。

第七十八条　学校及其他教育机构违反国家有关规定向受教育者收取费用的，由教育行政部门责令退还所收费用；对直接负责的主管人员和其他直接责任人员，依法给予行政处分。

第七十九条　在国家教育考试中作弊的，由教育行政部门宣布考试无效，对直接负责的主管人员和其他直接责任人员，依法给予行政处分。

非法举办国家教育考试的，由教育行政部门宣布考试无效；有违法所得的，没收违法所得；对直接负责的主管人员和其他直接责任人员，依法给予行政处分。

第八十条　违反本法规定，颁发学位证书、学历证书或者其他学业证书的，由教育行政部门宣布证书无效，责令收回或者予以没收；有违法所得的，没收违法所得，情节严重的，取消其颁发证书的资格。

第八十一条　违反本法规定，侵犯教师、受教育者、学校或者其他教育机构的合法权益，造成损失、损害的，应当依法承担民事责任。

第十章　附　　则

第八十二条　军事学校教育由中央军事委员会根据本法的原则规定。

宗教学校教育由国务院另行规定。

第八十三条　境外的组织和个人在中国境内办学和合作办学的办法，由国务院规定。

第八十四条　本法自 1995 年 9 月 1 日起施行。

二、中华人民共和国教师法

（1993年10月31日第八届全国人民代表大会常务委员会第四次会议通过）

第一章 总 则

第一条 为了保障教师的合法权益,建设具有良好思想品德修养和业务素质的教师队伍,促进社会主义教育事业的发展,制定本法。

第二条 本法适用于在各级各类学校和其他教育机构中专门从事教育教学工作的教师。

第三条 教师是履行教育教学职责的专业人员,承担教书育人,培养社会主义事业建设者和接班人,提高民族素质的使命。教师应当忠诚于人民的教育事业。

第四条 各级人民政府应当采取措施,加强教师的思想政治教育和业务培训,改善教师的工作条件和生活条件,保障教师的合法权益,提高教师的社会地位。

全社会都应当尊重教师。

第五条 国务院教育行政部门主管全国的教师工作。

国务院有关部门在各自职权范围内负责有关的教师工作。

学校和其他教育机构根据国家规定,自主进行教师管理工作。

第六条 每年九月十日为教师节。

第二章 权利和义务

第七条 教师享有下列权利:

(一) 进行教育教学活动,开展教育教学改革和实验;

(二) 从事科学研究、学术交流,参加专业的学术团体,在学术活动中充分发表意见;

(三) 指导学生的学习和发展,评定学生的品行和学业成绩;

(四) 按时获取工资报酬,享受国家规定的福利待遇以及寒暑假的带薪休假;

(五) 对学校教育教学、管理工作和教育行政部门的工作提出意见和建议,通过教职工代表大会或者其他形式,参与学校的民主管理;

(六) 参加进修或者其他方式的培训。

第八条 教师应当履行下列义务:

(一) 遵守宪法、法律和职业道德,为人师表;

(二) 贯彻国家的教育方针,遵守规章制度,执行学校的教学计划,履行教师聘约,完成教育教学工作任务;

(三) 对学生进行宪法所确定的基本原则的教育和爱国主义、民族团结的教育,法制教育以

及思想品德、文化、科学技术教育,组织、带领学生开展有益的社会活动;

(四)关心、爱护全体学生,尊重学生人格,促进学生在品德、智力、体质等方面全面发展;

(五)制止有害于学生的行为或者其他侵犯学生合法权益的行为,批评和抵制有害于学生健康成长的现象;

(六)不断提高思想政治觉悟和教育教学业务水平。

第九条 为保障教师完成教育教学任务,各级人民政府、教育行政部门、有关部门、学校和其他教育机构应当履行下列职责:

(一)提供符合国家安全标准的教育教学设施和设备;

(二)提供必需的图书、资料及其他教育教学用品;

(三)对教师在教育教学、科学研究中的创造性工作给以鼓励和帮助;

(四)支持教师制止有害于学生的行为或者其他侵犯学生合法权益的行为。

第三章 资格和任用

第十条 国家实行教师资格制度。

中国公民凡遵守宪法和法律,热爱教育事业,具有良好的思想品德,具备本法规定的学历或者经国家教师资格考试合格,有教育教学能力,经认定合格的,可以取得教师资格。

第十一条 取得教师资格,应当具备的相应学历是:

(一)取得幼儿园教师资格,应当具备幼儿师范学校毕业及其以上学历;

(二)取得小学教师资格,应当具备中等师范学校毕业及其以上学历;

(三)取得初级中学教师、初级职业学校文化、专业课教师资格,应当具备高等师范专科学校或者其他大学专科毕业及其以上学历;

(四)取得高级中学教师资格和中等专业学校、技工学校、职业高中文化课、专业课教师资格,应当具备高等师范院校本科或者其他大学本科毕业及其以上学历;取得中等专业学校、技工学校和职业高中学生实习指导教师资格应当具备的学历,由国务院教育行政部门规定;

(五)取得高等学校教师资格,应当具备研究生或者大学本科毕业学历;

(六)取得成人教育教师资格,应当按照成人教育的层次、类别,分别具备高等、中等学校毕业及其以上学历。

不具备本法规定的教师资格学历的公民,申请获取教师资格,必须通过国家教师资格考试。国家教师资格考试制度由国务院规定。

第十二条 本法实施前已经在学校或者其他教育机构中任教的教师,未具备本法规定学历的,由国务院教育行政部门规定教师资格过渡办法。

第十三条 中小学教师资格由县级以上地方人民政府教育行政部门认定。中等专业学校、技工学校的教师资格由县级以上地方人民政府教育行政部门组织有关主管部门认定。普通高等学校的教师资格由国务院或者省、自治区、直辖市教育行政部门或者由其委托的学校认定。

具备本法规定的学历或者经国家教师资格考试合格的公民,要求有关部门认定其教师资格的,有关部门应当依照本法规定的条件予以认定。

取得教师资格的人员首次任教时,应当有试用期。

第十四条　受到剥夺政治权利或者故意犯罪受到有期徒刑以上刑事处罚的,不能取得教师资格;已经取得教师资格的,丧失教师资格。

第十五条　各级师范学校毕业生,应当按照国家有关规定从事教育教学工作。

国家鼓励非师范高等学校毕业生到中小学或者职业学校任教。

第十六条　国家实行教师职务制度,具体办法由国务院决定。

第十七条　学校和其他教育机构应当逐步实行教师聘任制。教师的聘任应当遵循双方地位平等的原则,由学校和教师签订聘任合同,明确规定双方的权利、义务和责任。

实施教师聘任制的步骤、办法由国务院教育行政部门规定。

第四章　培养和培训

第十八条　各级人民政府和有关部门应当办好师范教育,并采取措施,鼓励优秀青年进入各级师范学校学习。各级教师进修学校承担培训中小学教师的任务。

非师范学校应当承担培养和培训中小学教师的任务。

各级师范学校学生享受专业奖学金。

第十九条　各级人民政府教育行政部门、学校主管部门和学校应当制定教师培训规划,对教师进行多种形式的思想政治、业务培训。

第二十条　国家机关、企业事业单位和其他社会组织应当为教师的社会调查和社会实践提供方便,给予协助。

第二十一条　各级人民政府应当采取措施,为少数民族地区和边远贫困地区培养、培训教师。

第五章　考　核

第二十二条　学校或者其他教育机构应当对教师的政治思想、业务水平、工作态度和工作成绩进行考核。

教育行政部门对教师的考核工作进行指导、监督。

第二十三条　考核应当客观、公正、准确,充分听取教师本人、其他教师以及学生的意见。

第二十四条　教师考核结果是受聘任教、晋升工资、实施奖惩的依据。

第六章　待　遇

第二十五条　教师的平均工资水平应当不低于或者高于国家公务员的平均工资水平,并逐步提高。建立正常晋级增薪制度。具体办法由国务院规定。

第二十六条　中小学教师和职业学校教师享受教龄津贴和其他津贴,具体办法由国务院教育行政部门会同有关部门制定。

第二十七条　地方各级人民政府对教师以及具有中专以上学历的毕业生到少数民族地区和边远贫困地区从事教育教学工作的,应当予以补贴。

第二十八条　地方各级人民政府和国务院有关部门,对城市教师住房的建设、租赁、出售实行优先、优惠。

县、乡两级人民政府应当为农村中小学教师解决住房提供方便。

第二十九条　教师的医疗同当地国家公务员享受同等待遇;定期对教师进行身体健康检查,并因地制宜安排教师进行休养。

医疗机构应当对当地教师的医疗提供方便。

第三十条　教师退休或者退职后,享受国家规定的退休或者退职待遇。

县级以上地方人民政府可以适当提高长期从事教育教学工作的中小学退休教师的退休金比例。

第三十一条　各级人民政府应当采取措施,改善国家补助、集体支付工资的中小学教师的待遇,逐步做到在工资收入上与国家支付工资的教师同工同酬,具体办法由地方各级人民政府根据本地区的实际情况规定。

第三十二条　社会力量所办学校的教师的待遇,由举办者自行确定并予以保障。

第七章　奖　　励

第三十三条　教师在教育教学、培养人才、科学研究、教学改革、学校建设、社会服务、勤工俭学等方面成绩优异的,由所在学校予以表彰、奖励。

国务院和地方各级人民政府及其有关部门对有突出贡献的教师,予以表彰、奖励。

对有重大贡献的教师,依照国家有关规定授予荣誉称号。

第三十四条　国家支持和鼓励社会组织或者个人向依法成立的奖励教师的基金组织捐助资金,对教师进行奖励。

第八章　法　律　责　任

第三十五条　侮辱、殴打教师的,根据不同情况,分别给予行政处分或者行政处罚;造成损害的,责令赔偿损失;情节严重,构成犯罪的,依法追究刑事责任。

第三十六条　对依法提出申诉、控告、检举的教师进行打击报复的,由其所在单位或者上级机关责令改正;情节严重的,可以根据具体情况给予行政处分。

国家工作人员对教师打击报复构成犯罪的,依照刑法第一百四十六条的规定追究刑事责任。

第三十七条　教师有下列情形之一的,由所在学校、其他教育机构或者教育行政部门给予行政处分或者解聘:

(一)故意不完成教学任务给教学工作造成损失的;

(二)体罚学生,经教育不改的;

（三）品行不良、侮辱学生，影响恶劣的。

教师有前款第（二）项、第（三）项所列情形之一，情节严重，构成犯罪的，依法追究刑事责任。

第三十八条 地方人民政府对违反本法规定，拖欠教师工资或者侵犯教师其他合法权益的，应当责令其限期改正。

违反国家财政制度、财务制度，挪用国家财政用于教育经费，严重妨碍教育教学工作，拖欠教师工资、损害教师合法权益的，由上级机关责令限期归还被挪用的经费，并对直接责任人员给予行政处分；情节严重，构成犯罪的，依法追究刑事责任。

第三十九条 教师对学校或者其他教育机构侵犯其合法权益的，或者对学校或者其他教育机构作出的处理不服的，可以向教育行政部门提出申诉，教育行政部门应当在接到申诉的三十日之内，作出处理。

教师认为当地人民政府有关行政部门侵犯其根据本法规定享有的权利的，可以向同级人民政府或者上一级人民政府有关部门提出申诉，同级人民政府或者上一级人民政府有关部门应当作出处理。

第九章 附 则

第四十条 本法下列用语的含义是：

（一）各级各类学校，是指实施学前教育、普通初等教育、普通中等教育、职业教育、普通高等教育以及特殊教育、成人教育的学校。

（二）其他教育机构，是指少年宫以及地方教研室、电化教育机构等。

（三）中小学教师，是指幼儿园、特殊教育机构、普通中小学、成人初等中等教育机构、职业中学以及其他教育机构的教师。

第四十一条 学校和其他教育机构中的教育教学辅助人员，其他类型的学校的教师和教育教学辅助人员，可以根据实际情况参照本法的有关规定执行。

军队所属院校的教师和教育教学辅助人员，由中央军事委员会依照本法制定有关规定。

第四十二条 外籍教师的聘任办法由国务院教育行政部门规定。

第四十三条 本法自 1994 年 1 月 1 日起施行。

三、教师资格条例

（1995 年 12 月 12 日国务院令第 188 号）

第一章 总 则

第一条 为了提高教师素质，加强教师队伍建设，依据《中华人民共和国教师法》（以下简称教师法），制定本条例。

第二条 中国公民在各级各类学校和其他教育机构中专门从事教育教学工作，应当依法取得教师资格。

第三条 国务院教育行政部门主管全国教师资格工作。

第二章 教师资格分类与适用

第四条 教师资格分为：

（一）幼儿园教师资格；

（二）小学教师资格；

（三）初级中学教师和初级职业学校文化课、专业课教师资格（以下统称初级中学教师资格）；

（四）高级中学教师资格；

（五）中等专业学校、技工学校、职业高级中学文化课、专业课教师资格（以下统称中等职业学校教师资格）；

（六）中等专业学校、技工学校、职业高级中学实习指导教师资格（以下统称中等职业学校实习指导教师资格）；

（七）高等学校教师资格。

成人教育的教师资格，按照成人教育的层次，依照上款规定确定类别。

第五条 取得教师资格的公民，可以在本级及其以下等级的各类学校和其他教育机构担任教师；但是，取得中等职业学校实习指导教师资格的公民只能在中等专业学校、技工学校、职业高级中学或者初级职业学校担任实习指导教师。

高级中学教师资格与中等职业学校教师资格相互通用。

第三章 教师资格条件

第六条 教师资格条件依照教师法第十条第二款的规定执行，其中"有教育教学能力"应当

附

录

包括符合国家规定的从事教育教学工作的身体条件。

第七条 取得教师资格应当具备的相应学历,依照教师法第十一条的规定执行。

取得中等职业学校实习指导教师资格,应当具备国务院教育行政部门规定的学历,并应当具有相当助理工程师以上专业技术职务或中级以上工人技术等级。

第四章 教师资格考试

第八条 不具备教师法规定的教师资格学历的公民,申请获得教师资格,应当通过国家举办的或者认可的教师资格考试。

第九条 教师资格考试科目、标准和考试大纲由国务院教育行政部门审定。

教师资格考试试卷的编制、考务工作和考试成绩证明的发放,属于幼儿园、小学、初级中学、高级中学、中等职业学校教师资格考试和中等职业学校实习指导教师资格考试的,由县级以上人民政府教育行政部门组织实施;属于高等学校教师资格考试的,由国务院教育行政部门或省、自治区、直辖市人民政府教育行政部门委托的高等学校组织实施。

第十条 幼儿园、小学、初级中学、高级中学、中等职业学校的教师资格和中等职业学校实习指导教师资格考试,每年进行一次。

参加前款所列教师资格考试,考试科目全部及格的,发给教师资格考试合格证明,当年考试不及格的科目,可以在下一年度补考,经补考仍有一门或者一门以上科目不及格的,应当重新参加全部考试科目的考试。

第十一条 高等学校教师资格考试根据需要举行。

申请参加高等学校教师资格考试的,应当学有专长、并有两名相关专业的教授或者副教授推荐。

第五章 教师资格认定

第十二条 具备教师法规定的学历或者经教师资格考试合格的公民,可以依照本条例的规定申请认定其教师资格。

第十三条 幼儿园、小学和初级中学教师资格,由申请人户籍所在地或者申请人任教学校所在地的县级人民政府教育行政部门认定。高级中学教师资格,由申请人户籍所在地或者申请人任教学校所在地的县级人民政府教育行政部门审查后,报上一级教育行政部门认定。中等职业学校教师资格和中等职业学校实习指导教师资格,由申请人户籍所在地或者申请人任教学校所在地的县级人民政府教育行政部门审查后,报上一级教育行政部门认定或者组织有关部门认定。

受国务院教育行政部门或者省、自治区、直辖市人民政府教育行政部门委托的高等学校,负责认定在本校任职的人员和拟聘人员的高等学校教师资格。

在未受国务院教育行政部门或者省、自治区、直辖市人民政府教育行政部门委托的高等学校任职的人员和拟聘人员的高等学校教师资格,按照学校行政隶属关系,由国务院教育行政部门认定或由学校所在地的省、自治区、直辖市人民政府教育行政部门认定。

第十四条 认定教师资格,应当由本人提出申请。

教育行政部门和受委托的高等学校每年春季、秋季各受理一次教师资格认定申请。具体受理期限由教育行政部门或者委托的高等学校规定,并以适当形式公布。申请人应当在规定的受理期限内提出申请。

第十五条 申请认定教师资格,应当提交教师资格认定申请表和下列证明或者材料:

(一)身份证明;

(二)学历证书或者教师资格考试合格证明;

(三)教育行政部门或者受委托的高等学校指定的医院出具的体格检查证明;

(四)户籍所在地的街道办事处、乡人民政府或者工作单位,所毕业的学校对其思想品德、有无犯罪记录等方面情况的鉴定及证明材料。

申请人提交的证明材料不全的,教育行政部门或者受委托的高等学校应当及时通知申请人于受理期限终止前补齐。

教师资格认定申请由国务院教育行政部门统一考试。

第十六条 教育行政部门或者受委托的高等学校在接到公民的教师资格认定申请后,应当对申请人的条件进行审查;对符合认定条件的,应当在受理期限终止之日起 30 日内颁发相应的教师资格证书;对不符合认定条件的,应当在受理期限终止之日起 30 日内将认定结论通知本人。

非师范院校毕业或者教师资格考试合格的公民申请认定幼儿园、小学或者其他教师资格的,应当进行面试和试讲,考察其教育教学能力;根据实际情况和需要,教育行政部门或者受委托的高等学校可以要求申请人补修教育学、心理学等课程。

教师资格证书在全国范围内适用。教师资格证书由国务院教育行政部门统一印制。

第十七条 已取得教师资格的公民拟取得更高等级学校或者其他教育机构教师资格的,应当通过相应的教师资格考试或者取得教师法规定的相应学历,并依照本章规定,经认定合格后,由教育行政部门或者受委托的高等学校颁发相应的教师资格证书。

第六章 罚　　则

第十八条 依照教师法第十四条的规定丧失教师资格的,不能重新取得教师资格,其教师资格证书由县级以上人民政府教育行政部门收缴。

第十九条 有下列情形之一的,由县级以上人民政府教育行政部门撤消其教师资格:

(一)弄虚作假、骗取教师资格的;

(二)品行不良、侮辱学生,影响恶劣的。

被撤消教师资格的,自撤消之日起 5 年内不得重新申请认定教师资格,其教师资格证书由县级以上人民政府教育行政部门收缴。

第二十条 参加教师资格考试有作弊行为的,其考试成绩作废,3 年内不得再次参加教师资格考试。

第二十一条　教师资格考试命题人员和其他有关人员违反保密规定,造成试题、参考答案及评分标准泄露的,依法追究法律责任。

第二十二条　在教师资格认定工作中玩忽职守、徇私舞弊,对教师资格认定工作造成损失的,由教育行政部门依法给予行政处分;构成犯罪的,依法追究刑事责任。

第七章　附　　则

第二十三条　本条例自发布之日起施行。

四、中华人民共和国义务教育法

(1986 年 4 月 12 日第六届全国人民代表大会第四次会议通过
2006 年 6 月 29 日第十届全国人民代表大会常务委员会第二十二次会议修订)

目　录

第一章　总　则

第一条　为了保障适龄儿童、少年接受义务教育的权利,保证义务教育的实施,提高全民族素质,根据宪法和教育法,制定本法。

第二条　国家实行九年义务教育制度。

义务教育是国家统一实施的所有适龄儿童、少年必须接受的教育,是国家必须予以保障的公益性事业。

实施义务教育,不收学费、杂费。

国家建立义务教育经费保障机制,保证义务教育制度实施。

第三条　义务教育必须贯彻国家的教育方针,实施素质教育,提高教育质量,使适龄儿童、少年在品德、智力、体质等方面全面发展,为培养有理想、有道德、有文化、有纪律的社会主义建设者和接班人奠定基础。

第四条　凡具有中华人民共和国国籍的适龄儿童、少年,不分性别、民族、种族、家庭财产状况、宗教信仰等,依法享有平等接受义务教育的权利,并履行接受义务教育的义务。

第五条　各级人民政府及其有关部门应当履行本法规定的各项职责,保障适龄儿童、少年接受义务教育的权利。

适龄儿童、少年的父母或者其他法定监护人应当依法保证其按时入学接受并完成义务

附
录
177

教育。

依法实施义务教育的学校应当按照规定标准完成教育教学任务,保证教育教学质量。

社会组织和个人应当为适龄儿童、少年接受义务教育创造良好的环境。

第六条 国务院和县级以上地方人民政府应当合理配置教育资源,促进义务教育均衡发展,改善薄弱学校的办学条件,并采取措施,保障农村地区、民族地区实施义务教育,保障家庭经济困难的和残疾的适龄儿童、少年接受义务教育。

国家组织和鼓励经济发达地区支援经济欠发达地区实施义务教育。

第七条 义务教育实行国务院领导,省、自治区、直辖市人民政府统筹规划实施,县级人民政府为主管理的体制。

县级以上人民政府教育行政部门具体负责义务教育实施工作;县级以上人民政府其他有关部门在各自的职责范围内负责义务教育实施工作。

第八条 人民政府教育督导机构对义务教育工作执行法律法规情况、教育教学质量以及义务教育均衡发展状况等进行督导,督导报告向社会公布。

第九条 任何社会组织或者个人有权对违反本法的行为向有关国家机关提出检举或者控告。

发生违反本法的重大事件,妨碍义务教育实施,造成重大社会影响的,负有领导责任的人民政府或者人民政府教育行政部门负责人应当引咎辞职。

第十条 对在义务教育实施工作中做出突出贡献的社会组织和个人,各级人民政府及其有关部门按照有关规定给予表彰、奖励。

第二章 学 生

第十一条 凡年满六周岁的儿童,其父母或者其他法定监护人应当送其入学接受并完成义务教育;条件不具备的地区的儿童,可以推迟到七周岁。

适龄儿童、少年因身体状况需要延缓入学或者休学的,其父母或者其他法定监护人应当提出申请,由当地乡镇人民政府或者县级人民政府教育行政部门批准。

第十二条 适龄儿童、少年免试入学。地方各级人民政府应当保障适龄儿童、少年在户籍所在地学校就近入学。

父母或者其他法定监护人在非户籍所在地工作或者居住的适龄儿童、少年,在其父母或者其他法定监护人工作或者居住地接受义务教育的,当地人民政府应当为其提供平等接受义务教育的条件。具体办法由省、自治区、直辖市规定。

县级人民政府教育行政部门对本行政区域内的军人子女接受义务教育予以保障。

第十三条 县级人民政府教育行政部门和乡镇人民政府组织和督促适龄儿童、少年入学,帮助解决适龄儿童、少年接受义务教育的困难,采取措施防止适龄儿童、少年辍学。

居民委员会和村民委员会协助政府做好工作,督促适龄儿童、少年入学。

第十四条 禁止用人单位招用应当接受义务教育的适龄儿童、少年。

根据国家有关规定经批准招收适龄儿童、少年进行文艺、体育等专业训练的社会组织,应当保证所招收的适龄儿童、少年接受义务教育;自行实施义务教育的,应当经县级人民政府教育行政部门批准。

第三章 学 校

第十五条 县级以上地方人民政府根据本行政区域内居住的适龄儿童、少年的数量和分布状况等因素,按照国家有关规定,制定、调整学校设置规划。新建居民区需要设置学校的,应当与居民区的建设同步进行。

第十六条 学校建设,应当符合国家规定的办学标准,适应教育教学需要;应当符合国家规定的选址要求和建设标准,确保学生和教职工安全。

第十七条 县级人民政府根据需要设置寄宿制学校,保障居住分散的适龄儿童、少年入学接受义务教育。

第十八条 国务院教育行政部门和省、自治区、直辖市人民政府根据需要,在经济发达地区设置接收少数民族适龄儿童、少年的学校(班)。

第十九条 县级以上地方人民政府根据需要设置相应的实施特殊教育的学校(班),对视力残疾、听力语言残疾和智力残疾的适龄儿童、少年实施义务教育。特殊教育学校(班)应当具备适应残疾儿童、少年学习、康复、生活特点的场所和设施。

普通学校应当接收具有接受普通教育能力的残疾适龄儿童、少年随班就读,并为其学习、康复提供帮助。

第二十条 县级以上地方人民政府根据需要,为具有预防未成年人犯罪法规定的严重不良行为的适龄少年设置专门的学校实施义务教育。

第二十一条 对未完成义务教育的未成年犯和被采取强制性教育措施的未成年人应当进行义务教育,所需经费由人民政府予以保障。

第二十二条 县级以上人民政府及其教育行政部门应当促进学校均衡发展,缩小学校之间办学条件的差距,不得将学校分为重点学校和非重点学校。学校不得分设重点班和非重点班。

县级以上人民政府及其教育行政部门不得以任何名义改变或者变相改变公办学校的性质。

第二十三条 各级人民政府及其有关部门依法维护学校周边秩序,保护学生、教师、学校的合法权益,为学校提供安全保障。

第二十四条 学校应当建立、健全安全制度和应急机制,对学生进行安全教育,加强管理,及时消除隐患,预防发生事故。

县级以上地方人民政府定期对学校校舍安全进行检查;对需要维修、改造的,及时予以维修、改造。

学校不得聘用曾经因故意犯罪被依法剥夺政治权利或者其他不适合从事义务教育工作的人担任工作人员。

第二十五条 学校不得违反国家规定收取费用,不得以向学生推销或者变相推销商品、服务等方式谋取利益。

第二十六条 学校实行校长负责制。校长应当符合国家规定的任职条件。校长由县级人民政府教育行政部门依法聘任。

第二十七条　对违反学校管理制度的学生,学校应当予以批评教育,不得开除。

第四章　教　　师

第二十八条　教师享有法律规定的权利,履行法律规定的义务,应当为人师表,忠诚于人民的教育事业。

全社会应当尊重教师。

第二十九条　教师在教育教学中应当平等对待学生,关注学生的个体差异,因材施教,促进学生的充分发展。

教师应当尊重学生的人格,不得歧视学生,不得对学生实施体罚、变相体罚或者其他侮辱人格尊严的行为,不得侵犯学生合法权益。

第三十条　教师应当取得国家规定的教师资格。

国家建立统一的义务教育教师职务制度。教师职务分为初级职务、中级职务和高级职务。

第三十一条　各级人民政府保障教师工资福利和社会保险待遇,改善教师工作和生活条件;完善农村教师工资经费保障机制。

教师的平均工资水平应当不低于当地公务员的平均工资水平。

特殊教育教师享有特殊岗位补助津贴。在民族地区和边远贫困地区工作的教师享有艰苦贫困地区补助津贴。

第三十二条　县级以上人民政府应当加强教师培养工作,采取措施发展教师教育。

县级人民政府教育行政部门应当均衡配置本行政区域内学校师资力量,组织校长、教师的培训和流动,加强对薄弱学校的建设。

第三十三条　国务院和地方各级人民政府鼓励和支持城市学校教师和高等学校毕业生到农村地区、民族地区从事义务教育工作。

国家鼓励高等学校毕业生以志愿者的方式到农村地区、民族地区缺乏教师的学校任教。县级人民政府教育行政部门依法认定其教师资格,其任教时间计入工龄。

第五章　教　育　教　学

第三十四条　教育教学工作应当符合教育规律和学生身心发展特点,面向全体学生,教书育人,将德育、智育、体育、美育等有机统一在教育教学活动中,注重培养学生独立思考能力、创新能力和实践能力,促进学生全面发展。

第三十五条　国务院教育行政部门根据适龄儿童、少年身心发展的状况和实际情况,确定教学制度、教育教学内容和课程设置,改革考试制度,并改进高级中等学校招生办法,推进实施素质教育。

学校和教师按照确定的教育教学内容和课程设置开展教育教学活动,保证达到国家规定的基本质量要求。

国家鼓励学校和教师采用启发式教育等教育教学方法,提高教育教学质量。

第三十六条 学校应当把德育放在首位,寓德育于教育教学之中,开展与学生年龄相适应的社会实践活动,形成学校、家庭、社会相互配合的思想道德教育体系,促进学生养成良好的思想品德和行为习惯。

第三十七条 学校应当保证学生的课外活动时间,组织开展文化娱乐等课外活动。社会公共文化体育设施应当为学校开展课外活动提供便利。

第三十八条 教科书根据国家教育方针和课程标准编写,内容力求精简,精选必备的基础知识、基本技能,经济实用,保证质量。

国家机关工作人员和教科书审查人员,不得参与或者变相参与教科书的编写工作。

第三十九条 国家实行教科书审定制度。教科书的审定办法由国务院教育行政部门规定。未经审定的教科书,不得出版、选用。

第四十条 教科书由国务院价格行政部门会同出版行政部门按照微利原则确定基准价。省、自治区、直辖市人民政府价格行政部门会同出版行政部门按照基准价确定零售价。

第四十一条 国家鼓励教科书循环使用。

第六章 经 费 保 障

第四十二条 国家将义务教育全面纳入财政保障范围,义务教育经费由国务院和地方各级人民政府依照本法规定予以保障。

国务院和地方各级人民政府将义务教育经费纳入财政预算,按照教职工编制标准、工资标准和学校建设标准、学生人均公用经费标准等,及时足额拨付义务教育经费,确保学校的正常运转和校舍安全,确保教职工工资按照规定发放。

国务院和地方各级人民政府用于实施义务教育财政拨款的增长比例应当高于财政经常性收入的增长比例,保证按照在校学生人数平均的义务教育费用逐步增长,保证教职工工资和学生人均公用经费逐步增长。

第四十三条 学校的学生人均公用经费基本标准由国务院财政部门会同教育行政部门制定,并根据经济和社会发展状况适时调整。制定、调整学生人均公用经费基本标准,应当满足教育教学基本需要。

省、自治区、直辖市人民政府可以根据本行政区域的实际情况,制定不低于国家标准的学校学生人均公用经费标准。

特殊教育学校(班)学生人均公用经费标准应当高于普通学校学生人均公用经费标准。

第四十四条 义务教育经费投入实行国务院和地方各级人民政府根据职责共同负担,省、自治区、直辖市人民政府负责统筹落实的体制。农村义务教育所需经费,由各级人民政府根据国务院的规定分项目、按比例分担。

各级人民政府对家庭经济困难的适龄儿童、少年免费提供教科书并补助寄宿生生活费。

义务教育经费保障的具体办法由国务院规定。

第四十五条 地方各级人民政府在财政预算中将义务教育经费单列。

县级人民政府编制预算,除向农村地区学校和薄弱学校倾斜外,应当均衡安排义务教育经费。

第四十六条 国务院和省、自治区、直辖市人民政府规范财政转移支付制度,加大一般性转移支付规模和规范义务教育专项转移支付,支持和引导地方各级人民政府增加对义务教育的投入。地方各级人民政府确保将上级人民政府的义务教育转移支付资金按照规定用于义务教育。

第四十七条 国务院和县级以上地方人民政府根据实际需要,设立专项资金,扶持农村地区、民族地区实施义务教育。

第四十八条 国家鼓励社会组织和个人向义务教育捐赠,鼓励按照国家有关基金会管理的规定设立义务教育基金。

第四十九条 义务教育经费严格按照预算规定用于义务教育;任何组织和个人不得侵占、挪用义务教育经费,不得向学校非法收取或者摊派费用。

第五十条 县级以上人民政府建立健全义务教育经费的审计监督和统计公告制度。

第七章 法 律 责 任

第五十一条 国务院有关部门和地方各级人民政府违反本法第六章的规定,未履行对义务教育经费保障职责的,由国务院或者上级地方人民政府责令限期改正;情节严重的,对直接负责的主管人员和其他直接责任人员依法给予行政处分。

第五十二条 县级以上地方人民政府有下列情形之一的,由上级人民政府责令限期改正;情节严重的,对直接负责的主管人员和其他直接责任人员依法给予行政处分:

(一) 未按照国家有关规定制定、调整学校的设置规划的;

(二) 学校建设不符合国家规定的办学标准、选址要求和建设标准的;

(三) 未定期对学校校舍安全进行检查,并及时维修、改造的;

(四) 未依照本法规定均衡安排义务教育经费的。

第五十三条 县级以上人民政府或者其教育行政部门有下列情形之一的,由上级人民政府或者其教育行政部门责令限期改正、通报批评;情节严重的,对直接负责的主管人员和其他直接责任人员依法给予行政处分:

(一) 将学校分为重点学校和非重点学校的;

(二) 改变或者变相改变公办学校性质的。

县级人民政府教育行政部门或者乡镇人民政府未采取措施组织适龄儿童、少年入学或者防止辍学的,依照前款规定追究法律责任。

第五十四条 有下列情形之一的,由上级人民政府或者上级人民政府教育行政部门、财政部门、价格行政部门和审计机关根据职责分工责令限期改正;情节严重的,对直接负责的主管人员和其他直接责任人员依法给予处分:

(一) 侵占、挪用义务教育经费的;

(二) 向学校非法收取或者摊派费用的。

第五十五条 学校或者教师在义务教育工作中违反教育法、教师法规定的,依照教育法、教师法的有关规定处罚。

第五十六条 学校违反国家规定收取费用的,由县级人民政府教育行政部门责令退还所收费用;对直接负责的主管人员和其他直接责任人员依法给予处分。

学校以向学生推销或者变相推销商品、服务等方式谋取利益的,由县级人民政府教育行政部门给予通报批评;有违法所得的,没收违法所得;对直接负责的主管人员和其他直接责任人员依法给予处分。

国家机关工作人员和教科书审查人员参与或者变相参与教科书编写的,由县级以上人民政府或者其教育行政部门根据职责权限责令限期改正,依法给予行政处分;有违法所得的,没收违法所得。

第五十七条 学校有下列情形之一的,由县级人民政府教育行政部门责令限期改正;情节严重的,对直接负责的主管人员和其他直接责任人员依法给予处分:

(一)拒绝接收具有接受普通教育能力的残疾适龄儿童、少年随班就读的;

(二)分设重点班和非重点班的;

(三)违反本法规定开除学生的;

(四)选用未经审定的教科书的。

第五十八条 适龄儿童、少年的父母或者其他法定监护人无正当理由未依照本法规定送适龄儿童、少年入学接受义务教育的,由当地乡镇人民政府或者县级人民政府教育行政部门给予批评教育,责令限期改正。

第五十九条 有下列情形之一的,依照有关法律、行政法规的规定予以处罚:

(一)胁迫或者诱骗应当接受义务教育的适龄儿童、少年失学、辍学的;

(二)非法招用应当接受义务教育的适龄儿童、少年的;

(三)出版未经依法审定的教科书的。

第六十条 违反本法规定,构成犯罪的,依法追究刑事责任。

第八章　附　　则

第六十一条 对接受义务教育的适龄儿童、少年不收杂费的实施步骤,由国务院规定。

第六十二条 社会组织或个人依法举办的民办学校实施义务教育的,依照民办教育促进法有关规定执行;民办教育促进法未作规定的,适用本法。

第六十三条 本法自 2006 年 9 月 1 日起施行。

五、中华人民共和国职业教育法

(1996 年 5 月 15 日第八届全国人民代表大会常务委员会第十九次会议通过)

第一章 总 则

第一条 为了实施科教兴国战略,发展职业教育,提高劳动者素质,促进社会主义现代化建设,根据教育法和劳动法,制定本法。

第二条 本法适用于各级各类职业学校教育和各种形式的职业培训。国家机关实施的对国家机关工作人员的专门培训由法律、行政法规另行规定。

第三条 职业教育是国家教育事业的重要组成部分,是促进经济、社会发展和劳动就业的重要途径。

国家发展职业教育,推进职业教育改革,提高职业教育质量,建立、健全适应社会主义市场经济和社会进步需要的职业教育制度。

第四条 实施职业教育必须贯彻国家教育方针,对受教育者进行思想政治教育和职业道德教育,传授职业知识,培养职业技能,进行职业指导,全面提高受教育者的素质。

第五条 公民有依法接受职业教育的权利。

第六条 各级人民政府应当将发展职业教育纳入国民经济和社会发展规划。

行业组织和企业、事业组织应当依法履行实施职业教育的义务。

第七条 国家采取措施,发展农村职业教育,扶持少数民族地区、边远贫困地区职业教育的发展。

国家采取措施,帮助妇女接受职业教育,组织失业人员接受各种形式的职业教育,扶持残疾人职业教育的发展。

第八条 实施职业教育应当根据实际需要,同国家制定的职业分类和职业等级标准相适应,实行学历证书、培训证书和职业资格证书制度。

国家实行劳动者在就业前或者上岗前接受必要的职业教育的制度。

第九条 国家鼓励并组织职业教育的科学研究。

第十条 国家对在职业教育中作出显著成绩的单位和个人给予奖励。

第十一条 国务院教育行政部门负责职业教育工作的统筹规划、综合协调、宏观管理。

国务院教育行政部门、劳动行政部门和其他有关部门在国务院规定的职责范围内,分别负责有关的职业教育工作。

县级以上地方各级人民政府应当加强对本行政区域内职业教育工作的领导、统筹协调和督导评估。

第二章　职业教育体系

第十二条　国家根据不同地区的经济发展水平和教育普及程度,实施以初中后为重点的不同阶段的教育分流,建立、健全职业学校教育与职业培训并举,并与其他教育相互沟通、协调发展的职业教育体系。

第十三条　职业学校教育分为初等、中等、高等职业学校教育。

初等、中等职业学校教育分别由初等、中等职业学校实施;高等职业学校教育根据需要和条件由高等职业学校实施,或者由普通高等学校实施。其他学校按照教育行政部门的统筹规划,可以实施同层次的职业学校教育。

第十四条　职业培训包括从业培训、转业培训、学徒培训、在岗培训、转岗培训及其他职业性培训,可以根据实际情况分为初级、中级、高级职业培训。

职业培训分别由相应的职业培训机构、职业学校实施。

其他学校或者教育机构可以根据办学能力,开展面向社会的、多种形式的职业培训。

第十五条　残疾人职业教育除由残疾人教育机构实施外,各级各类职业学校和职业培训机构及其他教育机构应当按照国家有关规定接纳残疾学生。

第十六条　普通中学可以因地制宜地开设职业教育的课程,或者根据实际需要适当增加职业教育的教学内容。

第三章　职业教育的实施

第十七条　县级以上地方各级人民政府应当举办发挥骨干和示范作用的职业学校、职业培训机构,对农村、企业、事业组织、社会团体、其他社会组织及公民个人依法举办的职业学校和职业培训机构给予指导和扶持。

第十八条　县级人民政府应当适应农村经济、科学技术、教育统筹发展的需要,举办多种形式的职业教育,开展实用技术的培训,促进农村职业教育的发展。

第十九条　政府主管部门、行业组织应当举办或者联合举办职业学校、职业培训机构,组织、协调、指导本行业的企业、事业组织举办职业学校、职业培训机构。

国家鼓励运用现代化教学手段,发展职业教育。

第二十条　企业应当根据本单位的实际,有计划地对本单位的职工和准备录用的人员实施职业教育。

企业可以单独举办或者联合举办职业学校、职业培训机构,也可以委托学校、职业培训机构对本单位的职工和准备录用的人员实施职业教育。

从事技术工种的职工,上岗前必须经过培训;从事特种作业的职工必须经过培训,并取得特种作业资格。

第二十一条　国家鼓励事业组织、社会团体、其他社会组织及公民个人按照国家有关规定举办职业学校、职业培训机构。

境外的组织和个人在中国境内举办职业学校、职业培训机构的办法,由国务院规定。

第二十二条 联合举办职业学校、职业培训机构,举办者应当签订联合办学合同。

政府主管部门、行业组织、企业、事业组织委托学校、职业培训机构实施教育的,应当签订委托合同。

第二十三条 职业学校、职业培训机构实施职业教育应当实行产教结合,为本地区经济建设服务,与企业密切联系,培养实用人才和熟练劳动者。

职业学校、职业培训机构可以举办与职业教育有关的企业或者实习场所。

第二十四条 职业学校的设立,必须符合下列基本条件:

(一)有组织机构和章程;

(二)有合格的教师;

(三)有符合规定标准的教学场所、与职业教育相适应的设施、设备;

(四)有必备的办学资金和稳定的经费来源。

职业培训机构的设立,必须符合下列基本条件:

(一)有组织机构和管理制度;

(二)有与培训任务相适应的教师和管理人员;

(三)有与进行培训相适应的场所、设施、设备;

(四)有相应的经费。

职业学校和职业培训机构的设立、变更和终止,应当按照国家有关规定执行。

第二十五条 接受职业学校教育的学生,经学校考核合格,按照国家有关规定,发给学历证书。接受职业培训的学生,经培训的职业学校或者职业培训机构考核合格,按照国家有关规定,发给培训证书。

学历证书、培训证书按照国家有关规定,作为职业学校、职业培训机构的毕业生、结业生从业的凭证。

第四章　职业教育的保障条件

第二十六条 国家鼓励通过多种渠道依法筹集发展职业教育的资金。

第二十七条 省、自治区、直辖市人民政府应当制定本地区职业学校学生人数平均经费标准;国务院有关部门应当会同国务院财政部门制定本部门职业学校学生人数平均经费标准。职业学校举办者应当按照学生人数平均经费标准足额拨付职业教育经费。

各级人民政府、国务院有关部门用于举办职业学校和职业培训机构的财政性经费应当逐步增长。

任何组织和个人不得挪用、克扣职业教育的经费。

第二十八条 企业应当承担对本单位的职工和准备录用的人员进行职业教育的经费,具体办法由国务院有关部门会同国务院财政部门或者由省、自治区、直辖市人民政府依法规定。

第二十九条 企业未按本法第二十条的规定实施职业教育的,县级以上地方人民政府应当责令改正;拒不改正的,可以收取企业应当承担的职业教育经费,用于本地区的职业教育。

第三十条　省、自治区、直辖市人民政府按照教育法的有关规定决定开征的用于教育的地方附加费,可以专项或者安排一定比例用于职业教育。

第三十一条　各级人民政府可以将农村科学技术开发、技术推广的经费,适当用于农村职业培训。

第三十二条　职业学校、职业培训机构可以对接受中等、高等职业学校教育和职业培训的学生适当收取学费,对经济困难的学生和残疾学生应当酌情减免。收费办法由省、自治区、直辖市人民政府规定。

国家支持企业、事业组织、社会团体、其他社会组织及公民个人按照国家有关规定设立职业教育奖学金、贷学金,奖励学习成绩优秀的学生或者资助经济困难的学生。

第三十三条　职业学校、职业培训机构举办企业和从事社会服务的收入应当主要用于发展职业教育。

第三十四条　国家鼓励金融机构和信贷手段,扶持发展职业教育。

第三十五条　国家鼓励企业、事业组织、社会团体、其他社会组织及公民个人对职业教育捐资助学,鼓励境外的组织和个人对职业教育提供资助和捐赠。提供的资助和捐赠,必须用于职业教育。

第三十六条　县级以上各级人民政府和有关部门应当将职业教育教师的培养和培训工作纳入教师队伍建设规划,保证职业教育教师队伍适应职业教育发展的需要。

职业学校和职业培训机构可以聘请专业技术人员、有特殊技能的人员和其他教育机构的教师担任兼职教师。有关部门和单位应当提供方便。

第三十七条　国务院有关部门、县级以上地方各级人民政府以及举办职业学校、职业培训机构的组织、公民个人,应当加强职业教育生产实习基地的建设。

企业、事业组织应当接纳职业学校和职业培训机构的学生和教师实习;对上岗学习的,应当给予适当的劳动报酬。

第三十八条　县级以上各级人民政府和有关部门应当建立、健全职业教育服务体系,加强职业教育教材的编辑、出版和发行工作。

第五章　附　　则

第三十九条　在职业教育活动中违反教育法规定的,应当依照教育法的有关规定给予处罚。

第四十条　本法自 1996 年 9 月 1 日起施行。

六、中华人民共和国高等教育法

(1998 年 8 月 29 日第九届全国人民代表大会常务委员会第四次会议通过
1998 年 8 月 29 日中华人民共和国主席令第七号公布 1999 年 1 月 1 日施行)

第一章 总 则

第一条 为了发展高等教育事业,实施科教兴国战略,促进社会主义物质文明和精神文明建设,根据宪法和教育法,制定本法。

第二条 在中华人民共和国境内从事高等教育活动,适用本法。

本法所称高等教育,是指在完成高级中等教育基础上实施的教育。

第三条 国家坚持以马克思列宁主义、毛泽东思想、邓小平理论为指导,遵循宪法确定的基本原则,发展社会主义的高等教育事业。

第四条 高等教育必须贯彻国家的教育方针,为社会主义现代化建设服务,与生产劳动相结合,使受教育者成为德、智、体等方面全面发展的社会主义事业的建设者和接班人。

第五条 高等教育的任务是培养具有创新精神和实践能力的高级专门人才,发展科学技术文化,促进社会主义现代化建设。

第六条 国家根据经济建设和社会发展的需要,制定高等教育发展规划,举办高等学校,并采取多种形式积极发展高等教育事业。

国家鼓励企业事业组织、社会团体及其他社会组织和公民等社会力量依法举办高等学校,参与和支持高等教育事业的改革和发展。

第七条 国家按照社会主义现代化建设和发展社会主义市场经济的需要,根据不同类型、不同层次高等学校的实际,推进高等教育体制改革和高等教育教学改革,优化高等教育结构和资源配置,提高高等教育的质量和效益。

第八条 国家根据少数民族的特点和需要,帮助和支持少数民族地区发展高等教育事业,为少数民族培养高级专门人才。

第九条 公民依法享有接受高等教育的权利。

国家采取措施,帮助少数民族学生和经济困难的学生接受高等教育。

高等学校必须招收符合国家规定的录取标准的残疾学生入学,不得因其残疾而拒绝招收。

第十条 国家依法保障高等学校中的科学研究,文学艺术创作和其他文化活动的自由。

在高等学校中从事科学研究、文学艺术创作和其他文化活动,应当遵守法律。

第十一条 高等学校应当面向社会,依法自主办学,实行民主管理。

第十二条 国家鼓励高等学校之间、高等学校与科学研究机构以及企业事业组织之间开展协作,实行优势互补,提高教育资源的使用效益。

国家鼓励和支持高等教育事业的国际交流与合作。

第十三条 国务院统一领导和管理全国高等教育事业。

省、自治区、直辖市人民政府统筹协调本行政区域内的高等教育事业,管理主要为地方培养人才和国务院授权管理的高等学校。

第十四条 国务院教育行政部门主管全国高等教育工作,管理由国务院确定的主要为全国培养人才的高等学校。国务院其他有关部门在国务院规定的职责范围内,负责有关的高等教育工作。

第二章 高等教育基本制度

第十五条 高等教育包括学历教育和非学历教育。

高等教育采用全日制和非全日制教育形式。

国家支持采用广播、电视、函授及其他远程教育方式实施高等教育。

第十六条 高等学历教育分为专科教育、本科教育和研究生教育。

高等学历教育应当符合下列学业标准:

(一)专科教育应当使学生掌握本专业必备的基础理论、专门知识,具有从事本专业实际工作的基本技能和初步能力;

(二)本科教育应当使学生比较系统地掌握本学科、专业必需的基础理论、基本知识,掌握本专业必要的基本技能、方法和相关知识,具有从事本专业实行工作和研究工作的初步能力;

(三)硕士研究生教育应当使学生掌握本学科坚实的基础理论、系统的专业知识,掌握相应的技能、方法和相关知识,具有从事本专业实际工作和科学研究工作的能力。博士研究生教育应当使学生掌握本学科坚实宽广的基础理论、系统深入的专业知识、相应的技能和方法,具有独立从事本学科创造性科学研究工作和实际工作的能力。

第十七条 专科教育的基本修业年限为二至三年,本科教育的基本修业年限为四至五年,硕士研究生教育的基本修业年限为二至三年,博士研究生教育的基本修业年限为三至四年。非全日制高等学历教育的修业年限应当适当延长。高等学校根据实际需要,报主管的教育行政部门批准,可以对本学校的修业年限作出调整。

第十八条 高等教育由高等学校和其他高等教育机构实施。

大学、独立设置的学院主要实施本科及本科以上教育。高等专科学校实施专科教育。经国务院教育行政部门批准,科学研究机构可以承担研究生教育的任务。

其他高等教育机构实施非学历高等教育。

第十九条 高级中等教育毕业或者具有同等学力的,经考试合格,由实施相应学历教育的高等学校录取,取得专科生或者本科生入学资格。

本科毕业或具有同等学力的,经考试合格,由实施相应学历教育的高等学校或者经批准承担研究生教育任务的科学研究机构录取,取得硕士研究生入学资格。

硕士研究生毕业或者具有同等学力的,经考试合格,由实施相应学历教育的高等学校或者批准承担研究生教育任务的科学研究机构录取,取得博士研究生入学资格。

允许特定学科和专业的本科毕业生直接取得博士研究生入学资格,具体办法由国务院教育行政部门规定。

第二十条　接受高等学历教育的学生,由所在高等学校或者经批准承担研究生教育任务的科学研究机构根据其修业年限、学业成绩等,按照国家有关规定,发给相应的学历证书或者其他学业证书。

接受非学历高等教育的学生由所在高等学校或者其他高等教育机构发给相应的结业证书。结业证书应当载明修业年限和学业内容。

第二十一条　国家实行高等教育自学考试制度,经考试合格的,发给相应的学历证书或者其他学业证书。

第二十二条　国家实行学位制度。学位分为学士、硕士和博士。

公民通过接受高等教育或者自学,其学业水平达到国家规定的学位标准,可以向学位授予单位申请授予相应的学位。

第二十三条　高等学校和其他高等教育机构应当根据社会需要和自身办学条件,承担实施继续教育的工作。

第三章　高等学校的设立

第二十四条　设立高等学校,应当符合国家高等教育发展规划,符合国家利益和社会公共利益,不得以营利为目的。

第二十五条　设立高等学校,应当具备教育法规定的基本条件。

大学或者独立设置的学院还应当具有较强的教学、科学研究力量,较高的教学、科学研究水平和相应规模,能够实施本科及本科以上教育。大学还必须设有三个以上国家规定的学科门类为主要学科。设立高等学校的具体标准由国务院制定。

设立其他高等教育机构的具体标准,由国务院授权的有关部门或者省、自治区、直辖市人民政府根据国务院规定的原则制定。

第二十六条　设立高等学校,应当根据其层次、类型、所设学科类别、规模、教学和科学研究水平,使用相应的名称。

第二十七条　申请设立高等学校的,应当向审批机关提交下列材料:

(一)申办报告;

(二)可行性论证材料;

(三)章程;

(四)审批机关依照本法规定要求提供的其他材料。

第二十八条　高等学校的章程应当规定以下事项:

(一)学校名称、校址;

(二)办学宗旨;

(三)办学规模;

（四）学科门类的设置；

（五）教育形式；

（六）内部管理体制；

（七）经费来源、财产和财务制度；

（八）举办者与学校之间的权利、义务；

（九）章程修改程序；

（十）其他必须由章程规定的事项。

第二十九条　设立高等学校由国务院教育行政部门审批，其中设立实施专科教育的高等学校，经国务院授权，也可以由省、直辖市人民政府审批，设立其他高等教育机构，由国务院授权的有关部门或者省、自治区、直辖市人民政府审批。对不符合规定条件审批设立的高等学校和其他高等教育机构，国务院教育行政部门有权予以撤销。

审批高等学校的设立，应当聘请由专家组成的评议机构评议。

高等学校和其他高等教育机构分立、合并、终止，变更名称、类别和其他重要事项，由原审批机关审批；章程的修改，应当报原审批机关核准。

第四章　高等学校的组织和活动

第三十条　高等学校自批准设立之日起取得法人资格。高等学校的校长为高等学校的法定代表人。

高等学校在民事活动中依法享有民事权利，承担民事责任。

第三十一条　高等学校应当以培养人才为中心，开展教学、科学研究和社会服务，保证教育教学质量达到国家规定的标准。

第三十二条　高等学校根据社会需求、办学条件和国家核定的办学规模，制定招生方案，自主调节系科招生比例。

第三十三条　高等学校依法自主设置和调整学科、专业。

第三十四条　高等学校根据教学需要，自主制定教学计划、选编教材、组织实施教学活动。

第三十五条　高等学校根据自身条件，自主开展科学研究、技术开发和社会服务。

国家鼓励高等学校同企业事业组织、社会团体及其他社会组织在科学研究、技术开发和推广方面进行多种形式的合作。

国家支持具备条件的高等学校成为国家科学研究基地。

第三十六条　高等学校按照国家有关规定，自主开展与境外高等学校之间的科学技术文化交流与合作。

第三十七条　高等学校根据实际需要和精简、效能的原则，自主确定教学、科学研究、行政职能部门等内部组织机构的设置和人员配备；按照国家有关规定，评聘教师和其他专业技术人员的职务，调整津贴及工资分配。

第三十八条　高等学校对举办者提供的财产、国家财政性资助、受捐赠财产依法自主管理和使用。

高等学校不得将用于教学和科学研究活动的财产挪作他用。

第三十九条 国家举办的高等学校实行中国共产党高等学校基层委员会领导下的校长负责制。中国共产党高等学校基层委员会按照中国共产党党章和有关规定，统一领导学校工作，支持校长独立负责地行使职权，其领导职责主要是：执行中国共产党的路线、方针、政策，坚持社会主义办学方向，领导学校的思想政治工作和德育工作，讨论决定学校内部组织机构的设置和内部组织机构负责人的人选，讨论决定学校的改革、发展和基本管理制度等重大事项，保证以培养人才为中心的各项任务的完成。

社会力量举办的高等学校的内部管理体制按照国家有关社会力量办学的规定确定。

第四十条 高等学校的校长，由符合教育法规定的任职条件的公民担任。高等学校的校长、副校长按照国家有关规定任免。

第四十一条 高等学校的校长全面负责本学校的教学、科学研究和其他行政管理工作，行使下列职权：

（一）拟订发展规划，制定具体规章制度和年度工作计划并组织实施；

（二）组织教学活动、科学研究和思想品德教育；

（三）拟订内部组织机构的设置方案，推荐副校长人选，任免内部组织机构的负责人；

（四）聘任与解聘教师以及内部其他工作人员，对学生进行学籍管理并实施奖励或者处分；

（五）拟订和执行年度经费预算方案，保护和管理校产，维护学校的合法权益；

（六）章程规定的其他职权。

高等学校的校长主持校长办公会议或者校务会议，处理前款规定的有关事项。

第四十二条 高等学校设立学术委员会，审议学科、专业的设置，教学、科学研究计划方案，评定教学、科学研究成果等有关学术事项。

第四十三条 高等学校通过以教师为主体的教职工代表大会等组织形式，依法保障教职工参与民主管理和监督，维护教职工合法权益。

第四十四条 高等学校的办学水平、教育质量，接受教育行政部门的监督和由其组织的评估。

第五章 高等学校教师和其他教育工作者

第四十五条 高等学校的教师及其他教育工作者享有法律规定的权利，履行法律规定的义务，忠诚于人民的教育事业。

第四十六条 高等学校实行教师资格制度。中国公民凡遵守宪法和法律，热爱教育事业，具有良好的思想品德，具备研究生或者大学本科毕业学历，有相应的教育教学能力，经认定合格，可以取得高等学校教师资格。不具备研究生或者大学本科毕业学历的公民，学有所长，通过国家教师资格考试，经认定合格，也可以取得高等学校教师资格。

第四十七条 高等学校实行教师职务制度。高等学校教师职务根据学校所承担的教学、科学研究等任务的需要设置。教师职务设助教、讲师、副教授、教授。

高等学校的教师取得前款规定的职务应当具备下列基本条件：

（一）取得高等学校教师资格；

（二）系统地掌握本学科的基础理论；

（三）具备相应职务的教育教学能力和科学研究能力；

（四）承担相应职务的课程和规定课时的教学任务。

教授、副教授除应当具备以上基本任职条件外，还应当对本学科具有系统而坚实的基础理论和比较丰富的教学、科学研究经验，教学成绩显著，论文或者著作达到较高水平或者有突出的教学、科学研究成果。

高等学校教师职务的具体任职条件由国务院规定。

第四十八条 高等学校实行教师聘任制。教师经评定具备任职条件的，由高等学校按照教师职务的职责、条件和任期聘任。

高等学校的教师聘任，应当遵循双方平等自愿的原则，由高等学校校长与受聘教师签订聘任合同。

第四十九条 高等学校的管理人员，实行教育职员制度。高等学校的教学辅助人员及其他专业技术人员，实行专业技术职务聘任制度。

第五十条 国家保护高等学校教师及其他教育工作者的合法权益，采取措施改善学校教师及其他教育工作者的工作条件和生活条件。

第五十一条 高等学校应当为教师参加培训、开展科学研究和进行学术交流提供便利条件。

高等学校应当对教师、管理人员和教学辅助人员及其他专业技术人员的思想政治表现、职业道德、业务水平和工作实绩进行考核，考核结果作为聘任或者解聘、晋升、奖励或者处分的依据。

第五十二条 高等学校的教师、管理人员和教学辅助人员及其他专业技术人员，应当以教学和培养人才为中心做好本职工作。

第六章　高等学校的学生

第五十三条 高等学校的学生应当遵守法律、法规，遵守学生行为规范和学校的各项管理制度，尊敬师长，刻苦学习，增强体质，树立爱国主义、集体主义和社会主义思想，努力学习马克思列宁主义、毛泽东思想、邓小平理论，具有良好的思想品德，掌握较高的科学文化知识和专业技能。

高等学校学生的合法权益，受法律保护。

第五十四条 高等学校的学生应当按照国家规定缴纳学费。

家庭经济困难的学生，可以申请补助或者减免学费。

第五十五条 国家设立奖学金，并鼓励高等学校、企业事业组织、社会团体以及其他社会组织和个人按照国家有关规定设立各种形式的奖学金，对品学兼优的学生、国家规定的专业的学生以及到国家规定的地区工作的学生给予奖励。

国家设立高等学校学生勤工助学基金和贷学金，并鼓励高等学校、企业事业组织、社会团体以及其他社会组织和个人设立各种形式的助学金,对家庭经济困难的学生提供帮助。

获得贷学金及助学金的学生,应当履行相应的义务。

第五十六条　高等学校的学生在课余时间可以参加社会服务和勤工助学活动,但不得影响学业任务的完成。

高等学校应当对学生的社会服务和勤工助学活动给予鼓励和支持,并进行引导和管理。

第五十七条　高等学校的学生,可以在校内组织学生团体。学生团体在法律、法规规定的范围内活动,服从学校的领导和管理。

第五十八条　高等学校的学生思想品德合格,在规定的修业年限内学完规定的课程,成绩合格或者修满相应的学分,准予毕业。

第五十九条　高等学校应当为毕业生、结业生提供就业指导和服务。

国家鼓励高等学校毕业生到边远、艰苦地区工作。

第七章　高等教育投入和条件保障

第六十条　国家建立以财政拨款为主、其他多种渠道筹措高等教育经费为辅的体制,使高等教育事业的发展同经济、社会发展的水平相适应。

国务院和省、自治区、直辖市人民政府依照教育法第五十五条的规定,保证国家举办的高等教育经费逐步增长。

国家鼓励企业事业组织、社会团体及其社会组织和个人向高等教育投入。

第六十一条　高等学校的举办者应当保证稳定的办学经费来源,不得抽回其投入的办学资金。

第六十二条　国务院教育行政部门会同国务院其他部门根据在校学生年人均教育成本,规定高等学校年经费开支标准和筹措的基本原则;省、自治区、直辖市人民政府教育行政部门会同有关部门制订本行政区域内高等学校年经费开支标准和筹措办法,作为举办者和高等学校筹措办学经费的基本依据。

第六十三条　国家对高等学校进口图书资料、教学科研设备以及校办产业实行优惠政策。高等学校所办产业或者转让知识产权以及其他科学技术成果获得的收益,用于高等学校办学。

第六十四条　高等学校收取的学费应当按照国家有关规定管理和使用,其他任何组织和个人不得挪用。

第六十五条　高等学校应当依法建立、健全财务管理制度,合理使用、严格管理教育经费,提高教育投资效益。

高等学校的财务活动应当依法接受监督。

第八章　附　　则

第六十六条　对高等教育活动中违反教育法规定的,依照教育法的有关规定给予处罚。

第六十七条　中国境外个人符合国家规定的条件并办理有关手续后,可以进入中国境内高等学校学习、研究、进行学术交流或者任教,其合法权益受国家保护。

第六十八条 本法所称高等学校是指大学、独立设置的学院和高等专科学校,其中包括高等职业学校和成人高等学校。

本法所称其他高等教育机构是指除高等学校和经批准承担研究生教育任务的科学研究机构以外的从事高等教育活动的组织。

本法有关高等学校的规定适用于其他高等教育机构和经批准承担研究生教育任务的科学研究机构,但是对高等学校专门适用的规定除外。

第六十九条 本法自 1999 年 1 月 1 日起施行。

七、中华人民共和国民办教育促进法

（中华人民共和国主席令　第八十号）

《中华人民共和国民办教育促进法》已由中华人民共和国第九届全国人民代表大会常务委员会第三十一次会议于 2002 年 12 月 28 日通过，现予公布，自 2003 年 9 月 1 日起施行。

中华人民共和国主席　江泽民

2002 年 12 月 28 日

《中华人民共和国民办教育促进法》

（2002 年 12 月 28 日第九届全国人民代表大会常务委员会第三十一次会议通过）

目　　录

第一章　总　　则

第一条　为实施科教兴国战略，促进民办教育事业的健康发展，维护民办学校和受教育者的合法权益，根据宪法和教育法制定本法。

第二条　国家机构以外的社会组织或者个人，利用非国家财政性经费，面向社会举办学校及其他教育机构的活动，适用本法。本法未作规定的，依照教育法和其他有关教育法律执行。

第三条　民办教育事业属于公益性事业，是社会主义教育事业的组成部分。

国家对民办教育实行积极鼓励、大力支持、正确引导、依法管理的方针。

各级人民政府应当将民办教育事业纳入国民经济和社会发展规划。

第四条 民办学校应当遵守法律、法规,贯彻国家的教育方针,保证教育质量,致力于培养社会主义建设事业的各类人才。

民办学校应当贯彻教育与宗教相分离的原则。任何组织和个人不得利用宗教进行妨碍国家教育制度的活动。

第五条 民办学校与公办学校具有同等的法律地位,国家保障民办学校的办学自主权。

国家保障民办学校举办者、校长、教职工和受教育者的合法权益。

第六条 国家鼓励捐资办学。

国家对为发展民办教育事业做出突出贡献的组织和个人,给予奖励和表彰。

第七条 国务院教育行政部门负责全国民办教育工作的统筹规划、综合协调和宏观管理。

国务院劳动和社会保障行政部门及其他有关部门在国务院规定的职责范围内分别负责有关的民办教育工作。

第八条 县级以上地方各级人民政府教育行政部门主管本行政区域内的民办教育工作。

县级以上地方各级人民政府劳动和社会保障行政部门及其他有关部门在各自的职责范围内,分别负责有关的民办教育工作。

第二章 设 立

第九条 举办民办学校的社会组织,应当具有法人资格。

举办民办学校的个人,应当具有政治权利和完全民事行为能力。

民办学校应当具备法人条件。

第十条 设立民办学校应当符合当地教育发展的需求,具备教育法和其他有关法律、法规规定的条件。

民办学校的设置标准参照同级同类公办学校的设置标准执行。

第十一条 举办实施学历教育、学前教育、自学考试助学及其他文化教育的民办学校,由县级以上人民政府教育行政部门按照国家规定的权限审批;举办实施以职业技能为主的职业资格培训、职业技能培训的民办学校,由县级以上人民政府劳动和社会保障行政部门按照国家规定的权限审批,并抄送同级教育行政部门备案。

第十二条 申请筹设民办学校,举办者应当向审批机关提交下列材料:

(一)申办报告,内容应当主要包括:举办者、培养目标、办学规模、办学层次、办学形式、办学条件、内部管理体制、经费筹措与管理使用等;

(二)举办者的姓名、住址或者名称、地址;

(三)资产来源、资金数额及有效证明文件,并载明产权;

(四)属捐赠性质的校产须提交捐赠协议,载明捐赠人的姓名、所捐资产的数额、用途和管理方法及相关有效证明文件。

第十三条 审批机关应当自受理筹设民办学校的申请之日起三十日内以书面形式作出是否同意的决定。

同意筹设的，发给筹设批准书。不同意筹设的，应当说明理由。

筹设期不得超过三年。超过三年的，举办者应当重新申报。

第十四条　申请正式设立民办学校的，举办者应当向审批机关提交下列材料：

（一）筹设批准书；

（二）筹设情况报告；

（三）学校章程、首届学校理事会、董事会或者其他决策机构组成人员名单；

（四）学校资产的有效证明文件；

（五）校长、教师、财会人员的资格证明文件。

第十五条　具备办学条件，达到设置标准的，可以直接申请正式设立，并应当提交本法第十二条和第十四条（三）、（四）、（五）项规定的材料。

第十六条　申请正式设立民办学校的，审批机关应当自受理之日起三个月内以书面形式作出是否批准的决定，并送达申请人；其中申请正式设立民办高等学校的，审批机关也可以自受理之日起六个月内以书面形式作出是否批准的决定，并送达申请人。

第十七条　审批机关对批准正式设立的民办学校发给办学许可证。

审批机关对不批准正式设立的，应当说明理由。

第十八条　民办学校取得办学许可证，并依照有关的法律、行政法规进行登记，登记机关应当按照有关规定即时予以办理。

第三章　学校的组织与活动

第十九条　民办学校应当设立学校理事会、董事会或者其他形式的决策机构。

第二十条　学校理事会或者董事会由举办者或者其代表、校长、教职工代表等人员组成。其中三分之一以上的理事或者董事应当具有五年以上教育教学经验。

学校理事会或者董事会由五人以上组成，设理事长或者董事长一人。理事长、理事或者董事长、董事名单报审批机关备案。

第二十一条　学校理事会或者董事会行使下列职权：

（一）聘任和解聘校长；

（二）修改学校章程和制定学校的规章制度；

（三）制定发展规划，批准年度工作计划；

（四）筹集办学经费，审核预算、决算；

（五）决定教职工的编制定额和工资标准；

（六）决定学校的分立、合并、终止；

（七）决定其他重大事项。

其他形式决策机构的职权参照本条规定执行。

第二十二条　民办学校的法定代表人由理事长、董事长或者校长担任。

第二十三条　民办学校参照同级同类公办学校校长任职的条件聘任校长，年龄可以适当放宽，并报审批机关核准。

第二十四条 民办学校校长负责学校的教育教学和行政管理工作,行使下列职权:

(一)执行学校理事会、董事会或者其他形式决策机构的决定;

(二)实施发展规划,拟订年度工作计划、财务预算和学校规章制度;

(三)聘任和解聘学校工作人员,实施奖惩;

(四)组织教育教学、科学研究活动,保证教育教学质量;

(五)负责学校日常管理工作;

(六)学校理事会、董事会或者其他形式决策机构的其他授权。

第二十五条 民办学校对招收的学生,根据其类别、修业年限、学业成绩,可以根据国家有关规定发给学历证书、结业证书或者培训合格证书。

对接受职业技能培训的学生,经政府批准的职业技能鉴定机构鉴定合格的,可以发给国家职业资格证书。

第二十六条 民办学校依法通过以教师为主体的教职工代表大会等形式,保障教职工参与民主管理和监督。

民办学校的教师和其他工作人员,有权依照工会法,建立工会组织,维护其合法权益。

第四章 教师与受教育者

第二十七条 民办学校的教师、受教育者与公办学校的教师、受教育者具有同等的法律地位。

第二十八条 民办学校聘任的教师,应当具有国家规定的任教资格。

第二十九条 民办学校应当对教师进行思想品德教育和业务培训。

第三十条 民办学校应当依法保障教职工的工资、福利待遇,并为教职工缴纳社会保险费。

第三十一条 民办学校教职工在业务培训、职务聘任、教龄和工龄计算、表彰奖励、社会活动等方面依法享有与公办学校教职工同等权利。

第三十二条 民办学校依法保障受教育者的合法权益。

民办学校按照国家规定建立学籍管理制度,对受教育者实施奖励或者处分。

第三十三条 民办学校的受教育者在升学、就业、社会优待以及参加先进评选等方面享有与同级同类公办学校的受教育者同等权利。

第五章 学校资产与财务管理

第三十四条 民办学校应当依法建立财务、会计制度和资产管理制度,并按照国家有关规定设置会计账簿。

第三十五条 民办学校对举办者投入民办学校的资产、国有资产、受赠的财产以及办学积累,享有法人财产权。

第三十六条 民办学校存续期间,所有资产由民办学校依法管理和使用,任何组织和个人不得侵占。

任何组织和个人都不得违反法律、法规向民办教育机构收取任何费用。

第三十七条　民办学校对接受学历教育的受教育者收取费用的项目和标准由学校制定,报有关部门批准并公示;对其他受教育者收取费用的项目和标准由学校制定,报有关部门备案并公示。

民办学校收取的费用应当主要用于教育教学活动和改善办学条件。

第三十八条　民办学校资产的使用和财务管理受审批机关和其他有关部门的监督。

民办学校应当在每个会计年度结束时制作财务会计报告,委托会计师事务所依法进行审计,并公布审计结果。

第六章　管理与监督

第三十九条　教育行政部门及有关部门应当对民办学校的教育教学工作、教师培训工作进行指导。

第四十条　教育行政部门及有关部门依法对民办学校实行督导,促进提高办学质量;组织或者委托社会中介组织评估办学水平和教育质量,并将评估结果向社会公布。

第四十一条　民办学校的招生简章和广告,应当报审批机关备案。

第四十二条　民办学校侵犯受教育者的合法权益,受教育者及其亲属有权向教育行政部门和其他有关部门申诉,有关部门应当及时予以处理。

第四十三条　国家支持和鼓励社会中介组织为民办学校提供服务。

第七章　扶持与奖励

第四十四条　县级以上各级人民政府可以设立专项资金,用于资助民办学校的发展,奖励和表彰有突出贡献的集体和个人。

第四十五条　县级以上各级人民政府可以采取经费资助,出租、转让闲置的国有资产等措施对民办学校予以扶持。

第四十六条　民办学校享受国家规定的税收优惠政策。

第四十七条　民办学校依照国家有关法律、法规,可以接受公民、法人或者其他组织的捐赠。

国家对向民办学校捐赠财产的公民、法人或者其他组织按照有关规定给予税收优惠,并予以表彰。

第四十八条　国家鼓励金融机构运用信贷手段,支持民办教育事业的发展。

第四十九条　人民政府委托民办学校承担义务教育任务,应当按照委托协议拨付相应的教育经费。

第五十条　新建、扩建民办学校,人民政府应当按照公益事业用地及建设的有关规定给予优惠。教育用地不得用于其他用途。

第五十一条　民办学校在扣除办学成本、预留发展基金以及按照国家有关规定提取其他的必需的费用后,出资人可以从办学结余中取得合理回报。取得合理回报的具体办法由国务院规定。

第五十二条　国家采取措施,支持和鼓励社会组织和个人到少数民族地区、边远贫困地区举办民办学校,发展教育事业。

第八章　变更与终止

第五十三条　民办学校的分立、合并,在进行财务清算后,由学校理事会或者董事会报审批机关批准。

申请分立、合并民办学校的,审批机关应当自受理之日起三个月内以书面形式答复;其中申请分立、合并民办高等学校的,审批机关也可以自受理之日起六个月内以书面形式答复。

第五十四条　民办学校举办者的变更,须由举办者提出,在进行财务清算后,经学校理事会或者董事会同意,报审批机关核准。

第五十五条　民办学校名称、层次、类别的变更,由学校理事会或者董事会报审批机关批准。

申请变更为其他民办学校,审批机关应当自受理之日起三个月内以书面形式答复;其中申请变更为民办高等学校的,审批机关也可以自受理之日起六个月内以书面形式答复。

第五十六条　民办学校有下列情形之一的,应当终止:

(一)根据学校章程规定要求终止,并经审批机关批准的;

(二)被吊销办学许可证的;

(三)因资不抵债无法继续办学的。

第五十七条　民办学校终止时,应当妥善安置在校学生。实施义务教育的民办学校终止时,审批机关应当协助学校安排学生继续就学。

第五十八条　民办学校终止时,应当依法进行财务清算。

民办学校自己要求终止的,由民办学校组织清算;被审批机关依法撤销的,由审批机关组织清算;因资不抵债无法继续办学而被终止的,由人民法院组织清算。

第五十九条　对民办学校的财产按照下列顺序清偿:

(一)应退受教育者学费、杂费和其他费用;

(二)应发教职工的工资及应缴纳的社会保险费用;

(三)偿还其他债务。

民办学校清偿上述债务后的剩余财产,按照有关法律、行政法规的规定处理。

第六十条　终止的民办学校,由审批机关收回办学许可证和销毁印章,并注销登记。

第九章　法律责任

第六十一条　民办学校在教育活动中违反教育法、教师法规定的,依照教育法、教师法的有关规定给予处罚。

第六十二条　民办学校有下列行为之一的,由审批机关或者其他有关部门责令限期改正,并予以警告;有违法所得的,退还所收费用后没收违法所得;情节严重的,责令停止招生、吊销办学许可证;构成犯罪的,依法追究刑事责任:

（一）擅自分立、合并民办学校的;

（二）擅自改变民办学校名称、层次、类别和举办者的;

（三）发布虚假招生简章或者广告,骗取钱财的;

（四）非法颁发或者伪造学历证书、结业证书、培训证书、职业资格证书的;

（五）管理混乱严重影响教育教学,产生恶劣社会影响的;

（六）提交虚假证明文件或者采取其他欺诈手段隐瞒重要事实骗取办学许可证的;

（七）伪造、变造、买卖、出租、出借办学许可证的;

（八）恶意终止办学、抽逃资金或者挪用办学经费的。

第六十三条　审批机关和有关部门有下列行为之一的,由上级机关责令其改正;情节严重的,对直接负责的主管人员和其他直接责任人员,依法给予行政处分;造成经济损失的,依法承担赔偿责任;构成犯罪的,依法追究刑事责任:

（一）已受理设立申请,逾期不予答复的;

（二）批准不符合本法规定条件申请的;

（三）疏于管理,造成严重后果的;

（四）违反国家有关规定收取费用的;

（五）侵犯民办学校合法权益的;

（六）其他滥用职权、徇私舞弊的。

第六十四条　社会组织和个人擅自举办民办学校的,由县级以上人民政府的有关行政部门责令限期改正,符合本法及有关法律规定的民办学校条件的,可以补办审批手续;逾期仍达不到办学条件的,责令停止办学,造成经济损失的,依法承担赔偿责任。

第十章　附　　则

第六十五条　本法所称的民办学校包括依法举办的其他民办教育机构。

本法所称的校长包括其他民办教育机构的主要行政负责人。

第六十六条　在工商行政管理部门登记注册的经营性的民办培训机构的管理办法,由国务院另行规定。

第六十七条　境外的组织和个人在中国境内合作办学的办法,由国务院规定。

第六十八条　本法自 2003 年 9 月 1 日起施行。1997 年 7 月 31 日国务院颁布的《社会力量办学条例》同时废止。

八、中华人民共和国民办教育
促进法实施条例

(国务院令 第399号)

《中华人民共和国民办教育促进法实施条例》(以下简称《条例》)已经国务院第41次常务会议通过,现予公布,自2004年4月1日起施行。

第一章 总 则

第一条 根据《中华人民共和国民办教育促进法》(以下简称民办教育促进法),制定本条例。

第二条 国家机构以外的社会组织或者个人可以利用非国家财政性经费举办各级各类民办学校;但是,不得举办实施军事、警察、政治等特殊性质教育的民办学校。

民办教育促进法和本条例所称国家财政性经费,是指财政拨款、依法取得并应当上缴国库或者财政专户的财政性资金。

第三条 对于捐资举办民办学校表现突出或者为发展民办教育事业做出其他突出贡献的社会组织或者个人,县级以上人民政府给予奖励和表彰。

第二章 民办学校的举办者

第四条 国家机构以外的社会组织或者个人可以单独或者联合举办民办学校。联合举办民办学校的,应当签订联合办学协议,明确办学宗旨、培养目标以及各方的出资数额、方式和权利、义务等。

第五条 民办学校的举办者可以用资金、实物、土地使用权、知识产权以及其他财产作为办学出资。

国家的资助、向学生收取的费用和民办学校的借款、接受的捐赠财产,不属于民办学校举办者的出资。

第六条 公办学校参与举办民办学校,不得利用国家财政性经费,不得影响公办学校正常的教育教学活动,并应当经主管的教育行政部门或者劳动和社会保障行政部门按照国家规定的条件批准。公办学校参与举办的民办学校应当具有独立的法人资格,具有与公办学校相分离的校园和基本教育教学设施,实行独立的财务会计制度,独立招生,独立颁发学业证书。

参与举办民办学校的公办学校依法享有举办者权益,依法履行国有资产的管理义务,防止国有资产流失。

实施义务教育的公办学校不得转为民办学校。

第七条　举办者以国有资产参与举办民办学校的,应当根据国家有关国有资产监督管理的规定,聘请具有评估资格的中介机构依法进行评估,根据评估结果合理确定出资额,并报对该国有资产负有监管职责的机构备案。

第八条　民办学校的举办者应当按时、足额履行出资义务。民办学校存续期间,举办者不得抽逃出资,不得挪用办学经费。

民办学校的举办者不得向学生、学生家长筹集资金举办民办学校,不得向社会公开募集资金举办民办学校。

第九条　民办学校的举办者应当依照民办教育促进法和本条例的规定制定学校章程,推选民办学校的首届理事会、董事会或者其他形式决策机构的组成人员。

民办学校的举办者参加学校理事会、董事会或者其他形式决策机构的,应当依据学校章程规定的权限与程序,参与学校的办学和管理活动。

第十条　实施国家认可的教育考试、职业资格考试和技术等级考试等考试的机构,不得举办与其所实施的考试相关的民办学校。

第三章　民办学校的设立

第十一条　设立民办学校的审批权限,依照有关法律、法规的规定执行。

第十二条　民办学校的举办者在获得筹设批准书之日起3年内完成筹设的,可以提出正式设立申请。

第十三条　申请正式设立实施学历教育的民办学校的,审批机关受理申请后,应当组织专家委员会评议,由专家委员会提出咨询意见。

第十四条　民办学校的章程应当规定下列主要事项:

（一）学校的名称、地址;

（二）办学宗旨、规模、层次、形式等;

（三）学校资产的数额、来源、性质等;

（四）理事会、董事会或者其他形式决策机构的产生方法、人员构成、任期、议事规则等;

（五）学校的法定代表人;

（六）出资人是否要求取得合理回报;

（七）学校自行终止的事由;

（八）章程修改程序。

第十五条　民办学校只能使用一个名称。

民办学校的名称应当符合有关法律、行政法规的规定,不得损害社会公共利益。

第十六条　申请正式设立民办学校有下列情形之一的,审批机关不予批准,并书面说明理由:

（一）举办民办学校的社会组织或者个人不符合法律、行政法规规定的条件,或者实施义务教育的公办学校转为民办学校的;

（二）向学生、学生家长筹集资金举办民办学校或者向社会公开募集资金举办民办学校的;

（三）不具备相应的办学条件、未达到相应的设置标准的；

（四）学校章程不符合本条例规定要求，经告知仍不修改的；

（五）学校理事会、董事会或者其他形式决策机构的人员构成不符合法定要求，或者学校校长、教师、财会人员不具备法定资格，经告知仍不改正的。

第十七条　对批准正式设立的民办学校，审批机关应当颁发办学许可证，并将批准正式设立的民办学校及其章程向社会公告。

民办学校的办学许可证由国务院教育行政部门制定式样，由国务院教育行政部门、劳动和社会保障行政部门按照职责分工分别组织印制。

第十八条　民办学校依照有关法律、行政法规的规定申请登记时，应当向登记机关提交下列材料：

（一）登记申请书；

（二）办学许可证；

（三）拟任法定代表人的身份证明；

（四）学校章程。

登记机关应当自收到前款规定的申请材料之日起5个工作日内完成登记程序。

第四章　民办学校的组织与活动

第十九条　民办学校理事会、董事会或者其他形式决策机构的负责人应当品行良好，具有政治权利和完全民事行为能力。

国家机关工作人员不得担任民办学校理事会、董事会或者其他形式决策机构的成员。

第二十条　民办学校的理事会、董事会或者其他形式决策机构，每年至少召开一次会议。经1/3以上组成人员提议，可以召开理事会、董事会或者其他形式决策机构临时会议。

民办学校的理事会、董事会或者其他形式决策机构讨论下列重大事项，应当经2/3以上组成人员同意方可通过：

（一）聘任、解聘校长；

（二）修改学校章程；

（三）制定发展规划；

（四）审核预算、决算；

（五）决定学校的分立、合并、终止；

（六）学校章程规定的其他重大事项。

民办学校修改章程应当报审批机关备案，由审批机关向社会公告。

第二十一条　民办学校校长依法独立行使教育教学和行政管理职权。

民办学校内部组织机构的设置方案由校长提出，报理事会、董事会或者其他形式决策机构批准。

第二十二条　实施高等教育和中等职业技术学历教育的民办学校，可以按照办学宗旨和培养目标，自行设置专业、开设课程，自主选用教材。但是，民办学校应当将其所设置的专业、开设的课程、选用的教材报审批机关备案。

实施高级中等教育、义务教育的民办学校，可以自主开展教育教学活动。但是，该民办学校的教育教学活动应当达到国务院教育行政部门制定的课程标准，其所选用的教材应当依法审定。

实施学前教育的民办学校可以自主开展教育教学活动，但是，该民办学校不得违反有关法律、行政法规的规定。

实施以职业技能为主的职业资格培训、职业技能培训的民办学校，可以按照国家职业标准的要求开展培训活动。

第二十三条 民办学校聘任的教师应当具备《中华人民共和国教师法》和有关行政法规规定的教师资格和任职条件。

民办学校应当有一定数量的专职教师；其中，实施学历教育的民办学校聘任的专职教师数量应当不少于其教师总数的1/3。

第二十四条 民办学校自主聘任教师、职员。民办学校聘任教师、职员，应当签订聘任合同，明确双方的权利、义务等。

民办学校招用其他工作人员应当订立劳动合同。

民办学校聘任外籍人员，按照国家有关规定执行。

第二十五条 民办学校应当建立教师培训制度，为受聘教师接受相应的思想政治培训和业务培训提供条件。

第二十六条 民办学校应当按照招生简章或者招生广告的承诺，开设相应课程，开展教育教学活动，保证教育教学质量。

民办学校应当提供符合标准的校舍和教育教学设施、设备。

第二十七条 民办学校享有与同级同类公办学校同等的招生权，可以自主确定招生的范围、标准和方式；但是，招收接受高等学历教育的学生应当遵守国家有关规定。

县级以上地方人民政府教育行政部门、劳动和社会保障行政部门应当为外地的民办学校在本地招生提供平等待遇，不得实行地区封锁，不得滥收费用。

民办学校招收境外学生，按照国家有关规定执行。

第二十八条 民办学校应当依法建立学籍和教学管理制度，并报审批机关备案。

第二十九条 民办学校及其教师、职员、受教育者申请国家设立的有关科研项目、课题等，享有与公办学校及其教师、职员、受教育者同等的权利。

民办学校的受教育者在升学、就业、社会优待、参加先进评选、医疗保险等方面，享有与同级同类公办学校的受教育者同等的权利。

第三十条 实施高等学历教育的民办学校符合学位授予条件的，依照有关法律、行政法规的规定经审批同意后，可以获得相应的学位授予资格。

第三十一条 教育行政部门、劳动和社会保障行政部门和其他有关部门，组织有关的评奖评优、文艺体育活动和课题、项目招标，应当为民办学校及其教师、职员、受教育者提供同等的机会。

第三十二条 教育行政部门、劳动和社会保障行政部门应当加强对民办学校的日常监督，定期组织和委托社会中介组织评估民办学校办学水平和教育质量,并鼓励和支持民办学校开展教育教学研究工作,促进民办学校提高教育教学质量。

教育行政部门、劳动和社会保障行政部门对民办学校进行监督时,应当将监督的情况和处理结果予以记录,由监督人员签字后归档。公众有权查阅教育行政部门、劳动和社会保障行政部门的监督记录。

第三十三条　民办学校终止的,由审批机关收回办学许可证,通知登记机关,并予以公告。

第五章　民办学校的资产与财务管理

第三十四条　民办学校应当依照《中华人民共和国会计法》和国家统一的会计制度进行会计核算,编制财务会计报告。

第三十五条　民办学校对接受学历教育的受教育者收取费用的项目和标准,应当报价格主管部门批准并公示;对其他受教育者收取费用的项目和标准,应当报价格主管部门备案并公示。具体办法由国务院价格主管部门会同教育行政部门、劳动和社会保障行政部门制定。

第三十六条　民办学校资产中的国有资产的监督、管理,按照国家有关规定执行。

民办学校接受的捐赠财产的使用和管理,依照《中华人民共和国公益事业捐赠法》的有关规定执行。

第三十七条　在每个会计年度结束时,捐资举办的民办学校和出资人不要求取得合理回报的民办学校应当从年度净资产增加额中、出资人要求取得合理回报的民办学校应当从年度净收益中,按不低于年度净资产增加额或者净收益的 25% 的比例提取发展基金,用于学校的建设、维护和教学设备的添置、更新等。

第六章　扶　持　与　奖　励

第三十八条　捐资举办的民办学校和出资人不要求取得合理回报的民办学校,依法享受与公办学校同等的税收及其他优惠政策。

出资人要求取得合理回报的民办学校享受的税收优惠政策,由国务院财政部门、税务主管部门会同国务院有关行政部门制定。

民办学校应当依法办理税务登记,并在终止时依法办理注销税务登记手续。

第三十九条　民办学校可以设立基金接受捐赠财产,并依照有关法律、行政法规的规定接受监督。

民办学校可以依法以捐赠者的姓名、名称命名学校的校舍或者其他教育教学设施、生活设施。捐赠者对民办学校发展做出特殊贡献的,实施高等学历教育的民办学校经国务院教育行政部门按照国家规定的条件批准,其他民办学校经省、自治区、直辖市人民政府教育行政部门或者劳动和社会保障行政部门按照国家规定的条件批准,可以以捐赠者的姓名或者名称作为学校校名。

第四十条　在西部地区、边远贫困地区和少数民族地区举办的民办学校申请贷款用于学校自身发展的,享受国家相关的信贷优惠政策。

第四十一条 县级以上人民政府可以根据本行政区域的具体情况,设立民办教育发展专项资金。民办教育发展专项资金由财政部门负责管理,由教育行政部门或者劳动和社会保障行政部门报同级财政部门批准后使用。

第四十二条 县级人民政府根据本行政区域实施义务教育的需要,可以与民办学校签订协议,委托其承担部分义务教育任务。县级人民政府委托民办学校承担义务教育任务的,应当根据接受义务教育学生的数量和当地实施义务教育的公办学校的生均教育经费标准,拨付相应的教育经费。

受委托的民办学校向协议就读的学生收取的费用,不得高于当地同级同类公办学校的收费标准。

第四十三条 教育行政部门应当会同有关行政部门建立、完善有关制度,保证教师在公办学校和民办学校之间的合理流动。

第四十四条 出资人根据民办学校章程的规定要求取得合理回报的,可以在每个会计年度结束时,从民办学校的办学结余中按一定比例取得回报。

民办教育促进法和本条例所称办学结余,是指民办学校扣除办学成本等形成的年度净收益,扣除社会捐助、国家资助的资产,并依照本条例的规定预留发展基金以及按照国家有关规定提取其他必须的费用后的余额。

第四十五条 民办学校应当根据下列因素确定本校出资人从办学结余中取得回报的比例:

(一)收取费用的项目和标准;

(二)用于教育教学活动和改善办学条件的支出占收取费用的比例;

(三)办学水平和教育质量。

与同级同类其他民办学校相比较,收取费用高、用于教育教学活动和改善办学条件的支出占收取费用的比例低,并且办学水平和教育质量低的民办学校,其出资人从办学结余中取得回报的比例不得高于同级同类其他民办学校。

第四十六条 民办学校应当在确定出资人取得回报比例前,向社会公布与其办学水平和教育质量有关的材料和财务状况。

民办学校的理事会、董事会或者其他形式决策机构应当根据本条例第四十四条、第四十五条的规定作出出资人取得回报比例的决定。民办学校应当自该决定作出之日起 15 日内,将该决定和向社会公布的与其办学水平和教育质量有关的材料、财务状况报审批机关备案。

第四十七条 民办学校有下列情形之一的,出资人不得取得回报:

(一)发布虚假招生简章或者招生广告,骗取钱财的;

(二)擅自增加收取费用的项目、提高收取费用的标准,情节严重的;

(三)非法颁发或者伪造学历证书、职业资格证书的;

(四)骗取办学许可证或者伪造、变造、买卖、出租、出借办学许可证的;

(五)未依照《中华人民共和国会计法》和国家统一的会计制度进行会计核算、编制财务会计报告,财务、资产管理混乱的;

(六)违反国家税收征管法律、行政法规的规定,受到税务机关处罚的;

（七）校舍或者其他教育教学设施、设备存在重大安全隐患，未及时采取措施，致使发生重大伤亡事故的；

（八）教育教学质量低下，产生恶劣社会影响的。

出资人抽逃资金或者挪用办学经费的，不得取得回报。

第四十八条 除民办教育促进法和本条例规定的扶持与奖励措施外，省、自治区、直辖市人民政府还可以根据实际情况，制定本地区促进民办教育发展的扶持与奖励措施。

第七章　法　律　责　任

第四十九条 有下列情形之一的，由审批机关没收出资人取得的回报，责令停止招生；情节严重的，吊销办学许可证；构成犯罪的，依法追究刑事责任：

（一）民办学校的章程未规定出资人要求取得合理回报，出资人擅自取得回报的；

（二）违反本条例第四十七条规定，不得取得回报而取得回报的；

（三）出资人不从办学结余而从民办学校的其他经费中提取回报的；

（四）不依照本条例的规定计算办学结余或者确定取得回报的比例的；

（五）出资人从办学结余中取得回报的比例过高，产生恶劣社会影响的。

第五十条 民办学校未依照本条例的规定将出资人取得回报比例的决定和向社会公布的与其办学水平和教育质量有关的材料、财务状况报审批机关备案，或者向审批机关备案的材料不真实的，由审批机关责令改正，并予以警告；有违法所得的，没收违法所得；情节严重的，责令停止招生、吊销办学许可证。

第五十一条 民办学校管理混乱严重影响教育教学，有下列情形之一的，依照民办教育促进法第六十二条的规定予以处罚：

（一）理事会、董事会或者其他形式决策机构未依法履行职责的；

（二）教学条件明显不能满足教学要求、教育教学质量低下，未及时采取措施的；

（三）校舍或者其他教育教学设施、设备存在重大安全隐患，未及时采取措施的；

（四）未依照《中华人民共和国会计法》和国家统一的会计制度进行会计核算、编制财务会计报告，财务、资产管理混乱的；

（五）侵犯受教育者的合法权益，产生恶劣社会影响的；

（六）违反国家规定聘任、解聘教师的。

第八章　附　　则

第五十二条 本条例施行前依法设立的民办学校继续保留，并在本条例施行之日起1年内，由原审批机关换发办学许可证。

第五十三条 本条例规定的扶持与奖励措施适用于中外合作办学机构。

第五十四条 本条例自2004年4月1日起施行。

九、中华人民共和国未成年人保护法

（1991 年 9 月 4 日第七届全国人民代表大会
常务委员会第二十一次会议通过）

第一章 总 则

第一条 为了保护未成年人的身心健康,保障未成年人的合法权益,促进未成年人在品德、智力、体质等方面全面发展,把他们培养成为有理想、有道德、有文化、有纪律的社会主义事业接班人,根据宪法,制定本法。

第二条 本法所称未成年人是指未满十八周岁的公民。

第三条 国家、社会、学校和家庭对未成年人进行理想教育、道德教育、文化教育、纪律和法制教育,进行爱国主义、集体主义和国际主义、共产主义的教育,提倡爱祖国、爱人民、爱劳动、爱科学、爱社会主义的公德,反对资本主义的、封建主义的和其他的腐朽思想的侵蚀。

第四条 保护未成年人的工作,应当遵循下列原则:

（一）保障未成年人的合法权益;

（二）尊重未成年人的人格尊严;

（三）适应未成年人身心发展的特点;

（四）教育与保护相结合。

第五条 国家保障未成年人的人身、财产和其他合法权益不受侵犯。

保护未成年人,是国家机关、武装力量、政党、社会团体、企业事业组织、城乡基层群众性自治组织、未成年人的监护人和其他成年公民的共同责任。

对侵犯未成年人合法权益的行为,任何组织和个人都有权予以劝阻、制止或者向有关部门提出检举或者控告。

国家、社会、学校和家庭应当教育和帮助未成年人运用法律手段,维护自己的合法权益。

第六条 中央和地方各级国家机关应当在各自的职责范围内做好未成年人保护工作。

国务院和省、自治区、直辖市的人民政府根据需要,采取组织措施,协调有关部门做好未成年人保护工作。

共产主义青年团、妇女联合会、工会、青年联合会、学生联合会、少年先锋队及其他有关的社会团体,协助各级人民政府做好未成年人保护工作,维护未成年人的合法权益。

第七条 各级人民政府和有关部门对保护未成年人有显著成绩的组织和个人,给予奖励。

第二章 家 庭 保 护

第八条 父母或者其他监护人应当依法履行对未成年人的监护职责和抚养义务,不得虐待、遗弃未成年人;不得歧视女性未成年人或者有残疾的未成年人;禁止溺婴、弃婴。

第九条　父母或者其他监护人应当尊重未成年人接受教育的权利,必须使适龄未成年人按照规定接受义务教育,不得使在校接受义务教育的未成年人辍学。

第十条　父母或者其他监护人应当以健康的思想、品行和适当的方法教育未成年人,引导未成年人进行有益身心健康的活动,预防和制止未成年人吸烟、酗酒、流浪以及聚赌、吸毒、卖淫。

第十一条　父母或者其他监护人不得允许或者迫使未成年人结婚,不得为未成年人订立婚约。

第十二条　父母或者其他监护人不履行监护职责或者侵害被监护的未成年人的合法权益的,应当依法承担责任。

父母或者其他监护人有前款所列行为,经教育不改的,人民法院可以根据有关人员或者有关单位的申请,撤销其监护人的资格;依照民法通则第十六条的规定,另行确定监护人。

第三章　学校保护

第十三条　学校应当全面贯彻国家的教育方针,对未成年学生进行德育、智育、体育、美育、劳动教育以及社会生活指导和青春期教育。

学校应当关心、爱护学生;对品行有缺点、学习有困难的学生,应当耐心教育、帮助,不得歧视。

第十四条　学校应当尊重未成年学生的受教育权,不得随意开除未成年学生。

第十五条　学校、幼儿园的教职员应当尊重未成年人的人格尊严,不得对未成年学生和儿童实施体罚、变相体罚或者其他侮辱人格尊严的行为。

第十六条　学校不得使未成年学生在危及人身安全、健康的校舍和其他教育教学设施中活动。

任何组织和个人不得扰乱教学秩序,不得侵占、破坏学校的场地、房屋和设备。

第十七条　学校和幼儿园安排未成年学生和儿童参加集会、文化娱乐、社会实践等集体活动,应当有利于未成年人的健康成长,防止发生人身安全事故。

第十八条　按照国家有关规定送工读学校接受义务教育的未成年人,工读学校应当对其进行思想教育、文化教育、劳动技术教育和职业教育。

工读学校的教职员应当关心、爱护、尊重学生,不得歧视、厌弃。

第十九条　幼儿园应当做好保育、教育工作,促进幼儿在体质、智力、品德等方面和谐发展。

第四章　社会保护

第二十条　国家鼓励社会团体、企业事业组织和其他组织及公民,开展多种形式的有利于未成年人健康成长的社会活动。

第二十一条　各级人民政府应当创造条件,建立和改善适合未成年人文化生活需要的活动场所和设施。

第二十二条　博物馆、纪念馆、科技馆、文化馆、影剧院、体育场（馆）、动物园、公园等场所，应当对中小学生优惠开放。

第二十三条　营业性舞厅等不适宜未成年人活动的场所，有关主管部门和经营者应当采取措施，不得允许未成年人进入。

第二十四条　国家鼓励新闻、出版、广播、电影、电视、文艺等单位和作家、科学家、艺术家及其他公民，创作或者提供有益于未成年人健康成长的作品。

出版专门以未成年人为对象的图书、报刊、音像制品等出版物，国家给予扶持。

第二十五条　严禁任何组织和个人向未成年人出售、出租或者以其他方式传播淫秽、暴力、凶杀、恐怖等毒害未成年人的图书、报刊、音像制品。

第二十六条　儿童食品、玩具、用具和游乐设施，不得有害于儿童的安全和健康。

第二十七条　任何人不得在中小学、幼儿园、托儿所的教室、寝室、活动室和其他未成年人集中活动的室内吸烟。

第二十八条　任何组织和个人不得招用未满十六周岁的未成年人，国家另有规定的除外。

任何组织和个人依照国家有关规定招收已满十六周岁未满十八周岁的未成年人的，应当在工种、劳动时间、劳动强度和保护措施等方面执行国家有关规定，不得安排其从事过重、有毒、有害的劳动或者危险作业。

第二十九条　对流浪乞讨或者离家出走的未成年人，民政部门或者其他有关部门应当负责交送其父母或者其他监护人；暂时无法查明其父母或者其他监护人的，由民政部门设立的儿童福利机构收容抚养。

第三十条　任何组织和个人不得披露未成年人的个人隐私。

第三十一条　对未成年人的信件，任何组织和个人不得隐匿、毁弃；除因追查犯罪的需要由公安机关或者人民检察院依照法律规定的程序进行检查，或者对无行为能力的未成年人的信件由其父母或者其他监护人代为开拆外，任何组织或者个人不得开拆。

第三十二条　卫生部门和学校应当为未成年人提供必要的卫生保健条件，做好预防疾病工作。

第三十三条　地方各级人民政府应当积极发展托幼事业，努力办好托儿所、幼儿园，鼓励和支持国家机关、社会团体、企业事业组织和其他社会力量兴办哺乳室、托儿所、幼儿园，提倡和支持举办家庭托儿所。

第三十四条　卫生部门应当对儿童实行预防接种证制度，积极防治儿童常见病、多发病，加强对传染病防治工作的监督管理和对托儿所、幼儿园卫生保健的业务指导。

第三十五条　各级人民政府和有关部门应当采取多种形式，培养和训练幼儿园、托儿所的保教人员，加强对他们的政治思想和业务教育。

第三十六条　国家依法保护未成年人的智力成果和荣誉权不受侵犯。

对有特殊天赋或者有突出成就的未成年人，国家、社会、家庭和学校应当为他们的健康发展创造有利条件。

第三十七条　未成年人已经受完规定年限的义务教育不再升学的，政府有关部门和社会团体、企业事业组织应当根据实际情况,对他们进行职业技术培训,为他们创造劳动就业条件。

第五章 司 法 保 护

第三十八条 对违法犯罪的未成年人,实行教育、感化、挽救的方针,坚持教育为主、惩罚为辅的原则。

第三十九条 已满十四周岁的未成年人犯罪,因不满十六周岁不予刑事处罚的,责令其家长或者其他监护人加以管教;必要时,也可以由政府收容教养。

第四十条 公安机关、人民检察院、人民法院办理未成年人犯罪的案件,应当照顾未成年人的身心特点,并可以根据需要设立专门机构或者指定专人办理。

公安机关、人民检察院、人民法院和少年犯管教所,应当尊重违法犯罪的未成年人的人格尊严,保障他们的合法权益。

第四十一条 公安机关、人民检察院、人民法院对审前羁押的未成年人,应当与羁押的成年人分别看管。

对经人民法院判决服刑的未成年人,应当与服刑的成年人分别关押、管理。

第四十二条 十四周岁以上不满十六周岁的未成年人犯罪的案件,一律不公开审理。十六周岁以上不满十八周岁的未成年人犯罪的案件,一般也不公开审理。

对未成年人犯罪案件,在判决前,新闻报道、影视节目、公开出版物不得披露该未成年人的姓名、住所、照片及可能推断出该未成年人的资料。

第四十三条 家庭和学校及其他有关单位,应当配合违法犯罪未成年人所在的少年犯管教所等单位,共同做好违法犯罪未成年人的教育挽救工作。

第四十四条 人民检察院免予起诉、人民法院免除刑事处罚或者宣告缓刑以及被解除收容教养或者服刑期满释放的未成年人,复学、升学、就业不受歧视。

第四十五条 人民法院审理继承案件,应当依法保护未成年人的继承权。

人民法院审理离婚案件,离婚双方因抚养未成年子女发生争执,不能达成协议时,应当根据保障子女权益的原则和双方具体情况判决。

第六章 法 律 责 任

第四十六条 未成年人的合法权益受到侵害的,被侵害人或者其监护人有权要求有关主管部门处理,或者依法向人民法院提起诉讼。

第四十七条 侵害未成年人的合法权益,对其造成财产损失或者其他损失、损害的,应当依法赔偿或者承担其他民事责任。

第四十八条 学校、幼儿园、托儿所的教职员对未成年学生和儿童实施体罚或者变相体罚,情节严重的,由其所在单位或者上级机关给予行政处分。

第四十九条 企业事业组织、个体工商户非法招用未满十六周岁的未成年人的,由劳动部门责令改正,处以罚款;情节严重的,由工商行政管理部门吊销营业执照。

第五十条　营业性舞厅等不适宜未成年人活动的场所允许未成年人进入的,由有关主管部门责令改正,可以处以罚款。

第五十一条　向未成年人出售、出租或者以其他方式传播淫秽的图书、报刊、音像制品等出版物的,依法从重处罚。

第五十二条　侵犯未成年人的人身权利或者其他合法权利,构成犯罪的,依法追究刑事责任。

虐待未成年的家庭成员,情节恶劣的,依照刑法第一百八十二条的规定追究刑事责任。

司法工作人员违反监管法规,对被监管的未成年人实行体罚虐待的,依照刑法第一百八十九条的规定追究刑事责任。

对未成年人负有抚养义务而拒绝抚养,情节恶劣的,依照刑法第一百八十三条的规定追究刑事责任。

溺婴的,依照刑法第一百三十二条的规定追究刑事责任。

明知校舍有倒塌的危险而不采取措施,致使校舍倒塌,造成伤亡的,依照刑法第一百八十七条的规定追究刑事责任。

第五十三条　教唆未成年人违法犯罪的,依法从重处罚。引诱、教唆或者强迫未成年人吸食、注射毒品或者卖淫的,依法从重处罚。

第五十四条　当事人对依照本法作出的行政处罚决定不服的,可以先向上一级行政机关或者有关法律、法规规定的行政机关申请复议,对复议决定不服的,再向人民法院提起诉讼;也可以直接向人民法院提起诉讼。有关法律、法规规定应当先向行政机关申请复议,对复议决定不服再向人民法院提起诉讼的,依照有关法律、法规的规定办理。

当事人对行政处罚决定在法定期限内不申请复议,也不向人民法院提起诉讼,又不履行的,作出处罚决定的机关可以申请人民法院强制执行,或者依法强制执行。

第七章　附　　则

第五十五条　国务院有关部门可以根据本法制定有关条例,报国务院批准施行。省、自治区、直辖市的人民代表大会常务委员会可以根据本法制定实施办法。

第五十六条　本法自 1992 年 1 月 1 日起施行。

十、中华人民共和国学位条例

（1980年2月12日第五届全国人民代表大会常务委员会第十三次会议通过。根据2004年8月28日第十届全国人民代表大会常务委员会第十一次会议《关于修改〈中华人民共和国学位条例〉的决定》修正）

第一条 为了促进我国科学专门人才的成长，促进各门学科学术水平的提高和教育、科学事业的发展，以适应社会主义现代化建设的需要，特制定本条例。

第二条 凡是拥护中国共产党的领导、拥护社会主义制度，具有一定学术水平的公民，都可以按照本条例的规定申请相应的学位。

第三条 学位分学士、硕士、博士三级。

第四条 高等学校本科毕业生，成绩优良，达到下述学术水平者，授予学士学位：

（一）较好地掌握本门学科的基础理论、专门知识和基本技能；

（二）具有从事科学研究工作或担负专门技术工作的初步能力。

第五条 高等学校和科学研究机构的研究生，或具有研究生毕业同等学力的人员，通过硕士学位的课程考试和论文答辩，成绩合格，达到下述学术水平者，授予硕士学位：

（一）在本门学科上掌握坚实的基础理论和系统的专门知识；

（二）具有从事科学研究工作或独立担负专门技术工作的能力。

第六条 高等学校和科学研究机构的研究生，或具有研究生毕业同等学力的人员，通过博士学位的课程考试和论文答辩，成绩合格，达到下述学术水平者，授予博士学位：

（一）在本门学科上掌握坚实宽广的基础理论和系统深入的专门知识；

（二）具有独立从事科学研究工作的能力；

（三）在科学或专门技术上做出创造性的成果。

第七条 国务院设立学位委员会，负责领导全国学位授予工作。学位委员会设主任委员一人，副主任委员和委员若干人。主任委员、副主任委员和委员由国务院任免。

第八条 学士学位，由国务院授权的高等学校授予；硕士学位、博士学位，由国务院授权的高等学校和科学研究机构授予。

授予学位的高等学校和科学研究机构（以下简称学位授予单位）及其可以授予学位的学科名单，由国务院学位委员会提出，经国务院批准公布。

第九条 学位授予单位，应当设立学位评定委员会，并组织有关学科的学位论文答辩委员会。

学位论文答辩委员会必须有外单位的有关专家参加，其组成人员由学位授予单位遴选决定。学位评定委员会组成人员名单由学位授予单位确定，报国务院有关部门和国务院学位委员会备案。

第十条　学位论文答辩委员会负责审查硕士和博士学位论文、组织答辩,就是否授予硕士学位或博士学位作出决议。决议以不记名投票方式,经全体成员三分之二以上通过,报学位评定委员会。

学位评定委员会负责审查通过学士学位获得者的名单;负责对学位论文答辩委员会报请授予硕士学位或博士学位的决议,作出是否批准的决定。决定以不记名投票方式,经全体成员过半数通过。决定授予硕士学位或博士学位的名单,报国务院学位委员会备案。

第十一条　学位授予单位,在学位评定委员会作出授予学位的决议后,发给学位获得者相应的学位证书。

第十二条　非学位授予单位应届毕业的研究生,由原单位推荐,可以就近向学位授予单位申请学位。经学位授予单位审查同意,通过论文答辩,达到本条例规定的学术水平者,授予相应的学位。

第十三条　对于在科学或专门技术上有重要的著作、发明、发现或发展者,经有关专家推荐,学位授予单位同意,可以免除考试,直接参加博士学位论文答辩。对于通过论文答辩者,授予博士学位。

第十四条　对于国内外卓越的学者或著名的社会活动家,经学位授予单位提名,国务院学位委员会批准,可以授予名誉博士学位。

第十五条　在我国学习的外国留学生和从事研究工作的外国学者,可以向学位授予单位申请学位。对于具有本条例规定的学术水平者,授予相应的学位。

第十六条　非学位授予单位和学术团体对于授予学位的决议和决定持有不同意见时,可以向学位授予单位或国务院学位委员会提出异议。学位授予单位和国务院学位委员会应当对提出的异议进行研究和处理。

第十七条　学位授予单位对于已经授予的学位,如发现有舞弊作伪等严重违反本条例规定的情况,经学位评定委员会复议,可以撤销。

第十八条　国务院对于已经批准授予学位的单位,在确认其不能保证所授学位的学术水平时,可以停止或撤销其授予学位的资格。

第十九条　本条例的实施办法,由国务院学位委员会制定,报国务院批准。

第二十条　本条例自 1981 年 1 月 1 日起施行。

十一、中华人民共和国学位
条例暂行实施办法

（1981 年 5 月 20 日国务院批准实施）

第一条 根据中华人民共和国学位条例，制定本暂行实施办法。

第二条 学位按下列学科的门类授予：哲学、经济学、法学、教育学、文学、历史学、理学、工学、农学、医学。

学 士 学 位

第三条 学士学位由国务院授权的高等学校授予。

高等学校本科学生完成教学计划的各项要求，经审核准予毕业，其课程学习和毕业论文（毕业设计或其他毕业实践环节）的成绩，表明确已较好地掌握本门学科的基础理论、专门知识和基本技能，并具有从事科学研究工作或担负专门技术工作的初步能力的，授予学士学位。

第四条 授予学士学位的高等学校，应当由系逐个审核本科毕业生的成绩和毕业鉴定等材料，对符合本暂行办法第三条及有关规定的，可向学校学位评定委员会提名，列入学士学位获得者的名单。

非授予学士学位的高等学校，对达到学士学术水平的本科毕业生，应当由系向学校提出名单，经学校同意后，由学校就近向本系统、本地区的授予学士学位的高等学校推荐。授予学士学位的高等学校有关的系，对非授予学士学位的高等学校推荐的本科毕业生进行审查考核，认为符合本暂行办法第三条及有关规定的，可向学校学位评定委员会提名，列入学士学位获得者的名单。

第五条 学士学位获得者的名单，经授予学士学位的高等学校学位评定委员会审查通过，由授予学士学位的高等学校授予学士学位。

硕 士 学 位

第六条 硕士学位由国务院授权的高等学校和科学研究机构授予。

申请硕士学位人员应当在学位授予单位规定的期限内，向学位授予单位提交申请书和申请硕士学位的学术论文等材料。学位授予单位应当在申请日期截止后两个月内进行审查，决定是否同意申请，并将结果通知申请人及其所在单位。

非学位授予单位应届毕业的研究生申请时，应当送交本单位关于申请硕士学位的推荐书。

同等学力人员申请时，应当送交两位副教授、教授或相当职称的专家的推荐书。学位授予单位对未具有大学毕业学历的申请人员，可以在接受申请前，采取适当方式，考核其某些大学课程。

申请人员不得同时向两个学位授予单位提出申请。

第七条　硕士学位的考试课程和要求：

1. 马克思主义理论课。要求掌握马克思主义的基本理论。

2. 基础理论课和专业课，一般为三至四门。要求掌握坚实的基础理论和系统的专门知识。

3. 一门外国语。要求比较熟练地阅读本专业的外文资料。

学位授予单位研究生的硕士学位课程考试，可按上述的课程要求，结合培养计划安排进行。

非学位授予单位研究生的硕士学位课程考试，由学位授予单位组织进行。凡经学位授予单位审核，认为其在原单位的课程考试内容和成绩合格的，可以免除部分或全部课程考试。

同等学力人员的硕士学位课程考试，由学位授予单位组织进行。

申请硕士学位人员必须通过规定的课程考试，成绩合格，方可参加论文答辩。规定考试的课程中，如有一门不及格，可在半年内申请补考一次；补考不及格的，不能参加论文答辩。

试行学分制的学位授予单位，应当按上述的课程要求，规定授予硕士学位所应取得的课程学分。申请硕士学位人员必须取得规定的学分后，方可参加论文答辩。

第八条　硕士学位论文对所研究的课题应当有新的见解，表明作者具有从事科学研究工作或独立担负专门技术工作的能力。

学位授予单位应当聘请一至二位与论文有关学科的专家评阅论文。评阅人应当对论文写出详细的学术评语，供论文答辩委员会参考。

硕士学位论文答辩委员会由三至五人组成。成员中一般应当有外单位的专家。论文答辩委员会主席由副教授、教授或相当职称的专家担任。

论文答辩委员会根据答辩的情况，就是否授予硕士学位作出决议。决议采取不记名投票方式，经全体成员三分之二以上同意，方得通过。决议经论文答辩委员会主席签字后，报送学位评定委员会。会议应当有记录。

硕士学位论文答辩不合格的，经论文答辩委员会同意，可在一年内修改论文，重新答辩一次。

第九条　硕士学位论文答辩委员会多数成员如认为申请人的论文已相当于博士学位的学术水平，除作出授予硕士学位的决议外，可向授予博士学位的单位提出建议，由授予博士学位的单位按本暂行办法博士学位部分中有关规定办理。

博 士 学 位

第十条　博士学位由国务院授权的高等学校和科学研究机构授予。

申请博士学位人员应当在学位授予单位规定的期限内，向学位授予单位提交申请书和申请博士学位的学术论文等材料。学位授予单位应当在申请日期截止后两个月内进行审查，决定是否同意申请，并将结果通知申请人及其所在单位。

同等学力人员申请时，应当送交两位教授或相当职称的专家的推荐书。学位授予单位对未获得硕士学位的申请人员,可以在接受申请前,采取适当方式,考核其某些硕士学位的基础理论课和专业课。

申请人员不得同时向两个学位授予单位提出申请。

第十一条 博士学位的考试课程和要求:

1. 马克思主义理论课。要求较好地掌握马克思主义的基本理论。

2. 基础理论课和专业课。要求掌握坚实宽广的基础理论和系统深入的专门知识。考试范围由学位授予单位的学位评定委员会审定。基础理论课和专业课的考试,由学位授予单位学位评定委员会指定三位专家组成的考试委员会主持。考试委员会主席必须由教授、副教授或相当职称的专家担任。

3. 两门外国语。第一外国语要求熟练地阅读本专业的外文资料,并具有一定的写作能力;第二外国语要求有阅读本专业外文资料的初步能力。个别学科、专业,经学位授予单位的学位评定委员会审定,可只考第一外国语。

攻读博士学位研究生的课程考试,可按上述的课程要求,结合培养计划安排进行。

第十二条 申请博士学位人员必须通过博士学位的课程考试,成绩合格,方可参加博士学位论文答辩。

申请博士学位人员在科学或专门技术上有重要著作、发明、发现或发展的,应当向学位授予单位提交有关的出版著作、发明的鉴定或证明书等材料,经两位教授或相当职称的专家推荐,学位授予单位按本暂行办法第十一条审查同意,可以免除部分或全部课程考试。

第十三条 博士学位论文应当表明作者具有独立从事科学研究工作的能力,并在科学或专门技术上做出创造性的成果。博士学位论文或摘要,应当在答辩前三个月印送有关单位,并经同行评议。

学位授予单位应当聘请两位与论文有关学科的专家评阅论文,其中一位应当是外单位的专家。评阅人应当对论文写出详细的学术评语,供论文答辩委员会参考。

第十四条 博士学位论文答辩委员会由五至七人组成。成员的半数以上应当是教授或相当职称的专家。成员中必须包括二至三位外单位的专家。论文答辩委员会主席一般应当由教授或相当职称的专家担任。

论文答辩委员会根据答辩的情况,就是否授予博士学位作出决议。决议采取不记名投票方式,经全体成员三分之二以上同意,方得通过。决议经论文答辩委员会主席签字后,报送学位评定委员会。会议应当有记录。

博士学位的论文答辩一般应当公开举行;已经通过的博士学位论文或摘要应当公开发表(保密专业除外)。

博士学位论文答辩不合格的,经论文答辩委员会同意,可在两年内修改论文,重新答辩一次。

第十五条 博士学位论文答辩委员会认为申请人的论文虽未达到博士学位的学术水平,但已达到硕士学位的学术水平,而且申请人又尚未获得过该学科硕士学位的,可作出授予硕士学位的决议,报送学位评定委员会。

名誉博士学位

第十六条 名誉博士学位由国务院授权授予博士学位的单位授予。

第十七条 授予名誉博士学位须经学位授予单位的学位评定委员会讨论通过,由学位授予单位报国务院学位委员会批准后授予。

学位评定委员会

第十八条 学位授予单位的学位评定委员会根据国务院批准的授予学位的权限,分别履行以下职责:

(一)审查通过接受申请硕士学位和博士学位的人员名单;

(二)确定硕士学位的考试科目、门数和博士学位基础理论课和专业课的考试范围,审批主考人和论文答辩委员会成员名单;

(三)通过学士学位获得者的名单;

(四)作出授予硕士学位的决定;

(五)审批申请博士学位人员免除部分或全部课程考试的名单;

(六)作出授予博士学位的决定;

(七)通过授予名誉博士学位的人员名单;

(八)作出撤销违反规定而授予学位的决定;

(九)研究和处理授予学位的争议和其他事项。

第十九条 学位授予单位的学位评定委员会由九至二十五人组成,任期二至三年。成员应当包括学位授予单位主要负责人和教学、研究人员。

授予学士学位的高等学校,参加学位评定委员会的教学人员应当从本校讲师以上教师中遴选。授予学士学位、硕士学位和博士学位的单位,参加学位评定委员会的教学、研究人员,主要应当从本单位副教授、教授或相当职称的专家中遴选。授予博士学位的单位,学位评定委员会中至少应当有半数以上的教授或相当职称的专家。

学位评定委员会主席由学位授予单位具有教授、副教授或相当职称的主要负责人(高等学校校长,主管教学、科学研究和研究生工作的副校长,或科学研究机构相当职称的人员)担任。

学位评定委员会可以按学位的学科门类,设置若干分委员会,各由七至十五人组成,任期二至三年。分委员会主席必须由学位评定委员会委员担任。分委员会协助学位评定委员会工作。学位评定委员会成员名单,应当由各学位授予单位报主管部门批准,主管部门转报国务院学位委员会备案。

学位评定委员会可根据需要,配备必要的专职或兼职的工作人员,处理日常工作。

第二十条 学位授予单位每年应当将授予学士学位的人数、授予硕士学位和博士学位的名单及有关材料,分别报主管部门和国务院学位委员会备案。

其 他 规 定

第二十一条 在我国学习的外国留学生申请学士学位,参照本暂行办法第三条及有关规定办理。

在我国学习的外国留学生和从事研究或教学工作的外国学者申请硕士学位或博士学位,参照本暂行办法的有关规定办理。

第二十二条 学士学位的证书格式,由教育部制定。硕士学位和博士学位的证书格式,由国务院学位委员会制定。学位获得者的学位证书,由学位授予单位发给。

第二十三条 已经通过的硕士学位和博士学位的论文,应当交存学位授予单位图书馆一份;已经通过的博士学位论文,还应当交存北京图书馆和有关的专业图书馆各一份。

第二十四条 在职人员申请硕士学位或博士学位,经学位授予单位审核同意参加课程考试和论文答辩后,准备参加考试或答辩,可享有不超过两个月的假期。

第二十五条 学位授予单位可根据本暂行实施办法,制定本单位授予学位的工作细则。

附

录

十二、中华人民共和国中外
合作办学条例

（2003 年 3 月 1 日　中华人民共和国国务院令　第 372 号发布）

第一章　总　　则

第一条　为了规范中外合作办学活动，加强教育对外交流与合作，促进教育事业的发展，根据《中华人民共和国教育法》、《中华人民共和国职业教育法》和《中华人民共和国民办教育促进法》，制定本条例。

第二条　外国教育机构同中国教育机构（以下简称中外合作办学者）在中国境内合作举办以中国公民为主要招生对象的教育机构（以下简称中外合作办学机构）的活动，适用本条例。

第三条　中外合作办学属于公益性事业，是中国教育事业的组成部分。

国家对中外合作办学实行扩大开放、规范办学、依法管理、促进发展的方针。

国家鼓励引进外国优质教育资源的中外合作办学。

国家鼓励在高等教育、职业教育领域开展中外合作办学，鼓励中国高等教育机构与外国知名的高等教育机构合作办学。

第四条　中外合作办学者、中外合作办学机构的合法权益，受中国法律保护。

中外合作办学机构依法享受国家规定的优惠政策，依法自主开展教育教学活动。

第五条　中外合作办学必须遵守中国法律，贯彻中国的教育方针，符合中国的公共道德，不得损害中国的国家主权、安全和社会公共利益。

中外合作办学应当符合中国教育事业发展的需要，保证教育教学质量，致力于培养中国社会主义建设事业的各类人才。

第六条　中外合作办学者可以合作举办各级各类教育机构。但是，不得举办实施义务教育和实施军事、警察、政治等特殊性质教育的机构。

第七条　外国宗教组织、宗教机构、宗教院校和宗教教职人员不得在中国境内从事合作办学活动。

中外合作办学机构不得进行宗教教育和开展宗教活动。

第八条　国务院教育行政部门负责全国中外合作办学工作的统筹规划、综合协调和宏观管理。国务院教育行政部门、劳动行政部门和其他有关行政部门在国务院规定的职责范围内负责有关的中外合作办学工作。

省、自治区、直辖市人民政府教育行政部门负责本行政区域内中外合作办学工作的统筹规划、综合协调和宏观管理。省、自治区、直辖市人民政府教育行政部门、劳动行政部门和其他有关行政部门在其职责范围内负责本行政区域内有关的中外合作办学工作。

第二章 设 立

第九条 申请设立中外合作办学机构的教育机构应当具有法人资格。

第十条 中外合作办学者可以用资金、实物、土地使用权、知识产权以及其他财产作为办学投入。

中外合作办学者的知识产权投入不得超过各自投入的1/3。但是，接受国务院教育行政部门、劳动行政部门或者省、自治区、直辖市人民政府邀请前来中国合作办学的外国教育机构的知识产权投入可以超过其投入的1/3。

第十一条 中外合作办学机构应当具备《中华人民共和国教育法》、《中华人民共和国职业教育法》、《中华人民共和国高等教育法》等法律和有关行政法规规定的基本条件，并具有法人资格。但是，外国教育机构同中国实施学历教育的高等学校设立的实施高等教育的中外合作办学机构，可以不具有法人资格。

设立中外合作办学机构，参照国家举办的同级同类教育机构的设置标准执行。

第十二条 申请设立实施本科以上高等学历教育的中外合作办学机构，由国务院教育行政部门审批；申请设立实施高等专科教育和非学历高等教育的中外合作办学机构，由拟设立机构所在地的省、自治区、直辖市人民政府审批。

申请设立实施中等学历教育和自学考试助学、文化补习、学前教育等的中外合作办学机构，由拟设立机构所在地的省、自治区、直辖市人民政府教育行政部门审批。

申请设立实施职业技能培训的中外合作办学机构，由拟设立机构所在地的省、自治区、直辖市人民政府劳动行政部门审批。

第十三条 设立中外合作办学机构，分为筹备设立和正式设立两个步骤。但是，具备办学条件，达到设置标准的，可以直接申请正式设立。

第十四条 申请筹备设立中外合作办学机构，应当提交下列文件：

（一）申办报告，内容应当主要包括：中外合作办学者、拟设立中外合作办学机构的名称、培养目标、办学规模、办学层次、办学形式、办学条件、内部管理体制、经费筹措与管理使用等；

（二）合作协议，内容应当包括：合作期限、争议解决办法等；

（三）资产来源、资金数额及有效证明文件，并载明产权；

（四）属捐赠性质的校产须提交捐赠协议，载明捐赠人的姓名、所捐资产的数额、用途和管理办法及相关有效证明文件；

（五）不低于中外合作办学者资金投入15%的启动资金到位证明。

第十五条 申请筹备设立中外合作办学机构的，审批机关应当自受理申请之日起45个工作日内作出是否批准的决定。批准的，发给筹备设立批准书；不批准的，应当书面说明理由。

第十六条 经批准筹备设立中外合作办学机构的，应当自批准之日起3年内提出正式设立申请；超过3年的，中外合作办学者应当重新申报。

筹备设立期内，不得招生。

第十七条 完成筹备设立申请正式设立的，应当提交下列文件：

（一）正式设立申请书；

（二）筹备设立批准书；

（三）筹备设立情况报告；

（四）中外合作办学机构的章程，首届理事会、董事会或者联合管理委员会组成人员名单；

（五）中外合作办学机构资产的有效证明文件；

（六）校长或者主要行政负责人、教师、财会人员的资格证明文件。

直接申请正式设立中外合作办学机构的，应当提交前款第（一）项、第（四）项、第（五）项、第（六）项和第十四条第（二）项、第（三）项、第（四）项所列文件。

第十八条　申请正式设立实施非学历教育的中外合作办学机构的，审批机关应当自受理申请之日起 3 个月内作出是否批准的决定；申请正式设立实施学历教育的中外合作办学机构的，审批机关应当自受理申请之日起 6 个月内作出是否批准的决定。批准的，颁发统一格式、统一编号的中外合作办学许可证；不批准的，应当书面说明理由。

中外合作办学许可证由国务院教育行政部门制定式样，由国务院教育行政部门和劳动行政部门按照职责分工分别组织印制；中外合作办学许可证由国务院教育行政部门统一编号，具体办法由国务院教育行政部门会同劳动行政部门确定。

第十九条　申请正式设立实施学历教育的中外合作办学机构的，审批机关受理申请后，应当组织专家委员会评议，由专家委员会提出咨询意见。

第二十条　中外合作办学机构取得中外合作办学许可证后，应当依照有关的法律、行政法规进行登记，登记机关应当依照有关规定即时予以办理。

第三章　组织与管理

第二十一条　具有法人资格的中外合作办学机构应当设立理事会或者董事会，不具有法人资格的中外合作办学机构应当设立联合管理委员会。理事会、董事会或者联合管理委员会的中方组成人员不得少于 1/2。

理事会、董事会或者联合管理委员会由 5 人以上组成，设理事长、副理事长，董事长、副董事长或者主任、副主任各 1 人。中外合作办学者一方担任理事长、董事长或者主任的，由另一方担任副理事长、副董事长或者副主任。

具有法人资格的中外合作办学机构的法定代表人，由中外合作办学者协商，在理事长、董事长或者校长中确定。

第二十二条　中外合作办学机构的理事会、董事会或者联合管理委员会由中外合作办学者的代表、校长或者主要行政负责人、教职工代表等组成，其中 1/3 以上组成人员应当具有 5 年以上教育、教学经验。

中外合作办学机构的理事会、董事会或者联合管理委员会组成人员名单应当报审批机关备案。

第二十三条　中外合作办学机构的理事会、董事会或者联合管理委员会行使下列职权：

（一）改选或者补选理事会、董事会或者联合管理委员会组成人员；

（二）聘任、解聘校长或者主要行政负责人；

（三）修改章程，制定规章制度；

（四）制定发展规划，批准年度工作计划；

（五）筹集办学经费，审核预算、决算；

（六）决定教职工的编制定额和工资标准；

（七）决定中外合作办学机构的分立、合并、终止；

（八）章程规定的其他职权。

第二十四条　中外合作办学机构的理事会、董事会或者联合管理委员会每年至少召开一次会议。经 1/3 以上组成人员提议，可以召开理事会、董事会或者联合管理委员会临时会议。

中外合作办学机构的理事会、董事会或者联合管理委员会讨论下列重大事项，应当经 2/3 以上组成人员同意方可通过：

（一）聘任、解聘校长或者主要行政负责人；

（二）修改章程；

（三）制定发展规划；

（四）决定中外合作办学机构的分立、合并、终止；

（五）章程规定的其他重大事项。

第二十五条　中外合作办学机构的校长或者主要行政负责人，应当具有中华人民共和国国籍，在中国境内定居，热爱祖国，品行良好，具有教育、教学经验，并具备相应的专业水平。

中外合作办学机构聘任的校长或者主要行政负责人，应当经审批机关核准。

第二十六条　中外合作办学机构的校长或者主要行政负责人行使下列职权：

（一）执行理事会、董事会或者联合管理委员会的决定；

（二）实施发展规划，拟订年度工作计划、财务预算和规章制度；

（三）聘任和解聘工作人员，实施奖惩；

（四）组织教育教学、科学研究活动，保证教育教学质量；

（五）负责日常管理工作；

（六）章程规定的其他职权。

第二十七条　中外合作办学机构依法对教师、学生进行管理。中外合作办学机构聘任的外籍教师和外籍管理人员，应当具备学士以上学位和相应的职业证书，并具有 2 年以上教育、教学经验。

外方合作办学者应当从本教育机构中选派一定数量的教师到中外合作办学机构任教。

第二十八条　中外合作办学机构应当依法维护教师、学生的合法权益，保障教职工的工资、福利待遇，并为教职工缴纳社会保险费。

中外合作办学机构的教职工依法建立工会等组织，并通过教职工代表大会等形式，参与中外合作办学机构的民主管理。

第二十九条　中外合作办学机构的外籍人员应当遵守外国人在中国就业的有关规定。

第四章　教育教学

第三十条　中外合作办学机构应当按照中国对同级同类教育机构的要求开设关于宪法、法律、公民道德、国情等内容的课程。

国家鼓励中外合作办学机构引进国内急需、在国际上具有先进性的课程和教材。

中外合作办学机构应当将所开设的课程和引进的教材报审批机关备案。

第三十一条　中外合作办学机构根据需要,可以使用外国语言文字教学,但应当以普通话和规范汉字为基本教学语言文字。

第三十二条　实施高等学历教育的中外合作办学机构招收学生,纳入国家高等学校招生计划。实施其他学历教育的中外合作办学机构招收学生,按照省、自治区、直辖市人民政府教育行政部门的规定执行。

中外合作办学机构招收境外学生,按照国家有关规定执行。

第三十三条　中外合作办学机构的招生简章和广告应当报审批机关备案。

中外合作办学机构应当将办学类型和层次、专业设置、课程内容和招生规模等有关情况,定期向社会公布。

第三十四条　中外合作办学机构实施学历教育的,按照国家有关规定颁发学历证书或者其他学业证书;实施非学历教育的,按照国家有关规定颁发培训证书或者结业证书。对于接受职业技能培训的学生,经政府批准的职业技能鉴定机构鉴定合格的,可以按照国家有关规定颁发相应的国家职业资格证书。

中外合作办学机构实施高等学历教育的,可以按照国家有关规定颁发中国相应的学位证书。

中外合作办学机构颁发的外国教育机构的学历、学位证书,应当与该教育机构在其所属国颁发的学历、学位证书相同,并在该国获得承认。

中国对中外合作办学机构颁发的外国教育机构的学历、学位证书的承认,依照中华人民共和国缔结或者加入的国际条约办理,或者按照国家有关规定办理。

第三十五条　国务院教育行政部门或者省、自治区、直辖市人民政府教育行政部门及劳动行政部门等其他有关行政部门应当加强对中外合作办学机构的日常监督,组织或者委托社会中介组织对中外合作办学机构的办学水平和教育质量进行评估,并将评估结果向社会公布。

第五章　资　产　与　财　务

第三十六条　中外合作办学机构应当依法建立健全财务、会计制度和资产管理制度,并按照国家有关规定设置会计账簿。

第三十七条　中外合作办学机构存续期间,所有资产由中外合作办学机构依法享有法人财产权,任何组织和个人不得侵占。

第三十八条　中外合作办学机构的收费项目和标准,依照国家有关政府定价的规定确定并公布;未经批准,不得增加项目或者提高标准。

中外合作办学机构应当以人民币计收学费和其他费用,不得以外汇计收学费和其他费用。

第三十九条　中外合作办学机构收取的费用应当主要用于教育教学活动和改善办学条件。

第四十条　中外合作办学机构的外汇收支活动以及开设和使用外汇账户,应当遵守国家外汇管理规定。

第四十一条　中外合作办学机构应当在每个会计年度结束时制作财务会计报告,委托社会审计机构依法进行审计,向社会公布审计结果,并报审批机关备案。

第六章　变更与终止

第四十二条　中外合作办学机构的分立、合并,在进行财务清算后,由该机构理事会、董事会或者联合管理委员会报审批机关批准。

申请分立、合并实施非学历教育的中外合作办学机构的,审批机关应当自受理申请之日起3个月内以书面形式答复;申请分立、合并实施学历教育的中外合作办学机构的,审批机关应当自受理申请之日起6个月内以书面形式答复。

第四十三条　中外合作办学机构合作办学者的变更,应当由合作办学者提出,在进行财务清算后,经该机构理事会、董事会或者联合管理委员会同意,报审批机关核准,并办理相应的变更手续。

中外合作办学机构住所、法定代表人、校长或者主要行政负责人的变更,应当经审批机关核准,并办理相应的变更手续。

第四十四条　中外合作办学机构名称、层次、类别的变更,由该机构理事会、董事会或者联合管理委员会报审批机关批准。

申请变更为实施非学历教育的中外合作办学机构的,审批机关应当自受理申请之日起3个月内以书面形式答复;申请变更为实施学历教育的中外合作办学机构的,审批机关应当自受理申请之日起6个月内以书面形式答复。

第四十五条　中外合作办学机构有下列情形之一的,应当终止:

(一) 根据章程规定要求终止,并经审批机关批准的;

(二) 被吊销中外合作办学许可证的;

(三) 因资不抵债无法继续办学,并经审批机关批准的。

中外合作办学机构终止,应当妥善安置在校学生;中外合作办学机构提出终止申请时,应当同时提交妥善安置在校学生的方案。

第四十六条　中外合作办学机构终止时,应当依法进行财务清算。

中外合作办学机构自己要求终止的,由中外合作办学机构组织清算;被审批机关依法撤销的,由审批机关组织清算;因资不抵债无法继续办学而被终止的,依法请求人民法院组织清算。

第四十七条　中外合作办学机构清算时,应当按照下列顺序清偿:

(一) 应当退还学生的学费和其他费用;

(二) 应当支付给教职工的工资和应当缴纳的社会保险费用;

(三) 应当偿还的其他债务。中外合作办学机构清偿上述债务后的剩余财产,依照有关法律、行政法规的规定处理。

第四十八条　中外合作办学机构经批准终止或者被吊销中外合作办学许可证的,应当将中外合作办学许可证和印章交回审批机关,依法办理注销登记。

第七章　法　律　责　任

第四十九条　中外合作办学审批机关及其工作人员,利用职务上的便利收取他人财物或者获取其他利益,滥用职权、玩忽职守,对不符合本条例规定条件者颁发中外合作办学许可证,或者发现违法行为不予以查处,造成严重后果,触犯刑律的,对负有责任的主管人员和其他直接责任人员,依照刑法关于受贿罪、滥用职权罪、玩忽职守罪或者其他罪的规定,依法追究刑事责任;尚不够刑事处罚的,依法给予行政处分。

第五十条　违反本条例的规定,超越职权审批中外合作办学机构的,其批准文件无效,由上级机关责令改正;对负有责任的主管人员和其他直接责任人员,依法给予行政处分;致使公共财产、国家和人民利益遭受重大损失的,依照刑法关于滥用职权罪或者其他罪的规定,依法追究刑事责任。

第五十一条　违反本条例的规定,未经批准擅自设立中外合作办学机构,或者以不正当手段骗取中外合作办学许可证的,由教育行政部门、劳动行政部门按照职责分工予以取缔或者会同公安机关予以取缔,责令退还向学生收取的费用,并处以 10 万元以下的罚款;触犯刑律的,依照刑法关于诈骗罪或者其他罪的规定,依法追究刑事责任。

第五十二条　违反本条例的规定,在中外合作办学机构筹备设立期间招收学生的,由教育行政部门、劳动行政部门按照职责分工责令停止招生,责令退还向学生收取的费用,并处以 10 万元以下的罚款;情节严重、拒不停止招生的,由审批机关撤销筹备设立批准书。

第五十三条　中外合作办学者虚假出资或者在中外合作办学机构成立后抽逃出资的,由教育行政部门、劳动行政部门按照职责分工责令限期改正;逾期不改正的,由教育行政部门、劳动行政部门按照职责分工处以虚假出资金额或者抽逃出资额 2 倍以下的罚款。

第五十四条　伪造、变造和买卖中外合作办学许可证的,依照刑法关于伪造、变造、买卖国家机关证件罪或者其他罪的规定,依法追究刑事责任。

第五十五条　中外合作办学机构未经批准增加收费项目或者提高收费标准的,由教育行政部门、劳动行政部门按照职责分工责令退还多收的费用,并由价格主管部门依照有关法律、行政法规的规定予以处罚。

第五十六条　中外合作办学机构管理混乱、教育教学质量低下,造成恶劣影响的,由教育行政部门、劳动行政部门按照职责分工责令限期整顿并予以公告;情节严重、逾期不整顿或者经整顿仍达不到要求的,由教育行政部门、劳动行政部门按照职责分工责令停止招生、吊销中外合作办学许可证。

第五十七条　违反本条例的规定,发布虚假招生简章,骗取钱财的,由教育行政部门、劳动行政部门按照职责分工,责令限期改正并予以警告;有违法所得的,退还所收费用后没收违法所得,并可处以 10 万元以下的罚款;情节严重的,责令停止招生、吊销中外合作办学许可证;构成犯罪的,依照刑法关于诈骗罪或者其他罪的规定,依法追究刑事责任。

中外合作办学机构发布虚假招生广告的,依照《中华人民共和国广告法》的有关规定追究其法律责任。

第五十八条　中外合作办学机构被处以吊销中外合作办学许可证行政处罚的,其理事长或者董事长、校长或者主要行政负责人自中外合作办学许可证被吊销之日起 10 年内不得担任任何中外合作办学机构的理事长或者董事长、校长或者主要行政负责人。

违反本条例的规定,触犯刑律被依法追究刑事责任的,自刑罚执行期满之日起 10 年内不得从事中外合作办学活动。

第八章　附　　则

第五十九条　香港特别行政区、澳门特别行政区和台湾地区的教育机构与内地教育机构合作办学的,参照本条例的规定执行。

第六十条　在工商行政管理部门登记注册的经营性的中外合作举办的培训机构的管理办法,由国务院另行规定。

第六十一条　外国教育机构同中国教育机构在中国境内合作举办以中国公民为主要招生对象的实施学历教育和自学考试助学、文化补习、学前教育等的合作办学项目的具体审批和管理办法,由国务院教育行政部门制定。

外国教育机构同中国教育机构在中国境内合作举办以中国公民为主要招生对象的实施职业技能培训的合作办学项目的具体审批和管理办法,由国务院劳动行政部门制定。

第六十二条　外国教育机构、其他组织或者个人不得在中国境内单独设立以中国公民为主要招生对象的学校及其他教育机构。

第六十三条　本条例施行前依法设立的中外合作办学机构,应当补办本条例规定的中外合作办学许可证。其中,不完全具备本条例所规定条件的,应当在本条例施行之日起 2 年内达到本条例规定的条件;逾期未达到本条例规定条件的,由审批机关予以撤销。

第六十四条　本条例自 2003 年 9 月 1 日起施行。

十三、残疾人教育条例

（1994 年 8 月 23 日中华人民共和国国务院令
第 161 号发布　自发布之日起施行）

第一章　总　　则

第一条　为了保障残疾人受教育的权利,发展残疾人教育事业,根据《中华人民共和国残疾人保障法》和国家有关教育的法律,制定本条例。

第二条　实施残疾人教育,应当贯彻国家的教育方针,并根据残疾人的身心特性和需要,全面提高其素质,为残疾人平等地参与社会生活创造条件。

第三条　残疾人教育是国家教育事业的组成部分。

发展残疾人教育事业,实行普及与提高相结合、以普及为重点的方针,着重发展义务教育和职业教育,积极开展学前教育,逐步发展高级中等以上教育。

残疾人教育应当根据残疾人的残疾类别和接受能力,采取普通教育方式或者特殊教育方式,充分发挥普通教育机构在实施残疾人教育中的作用。

第四条　各级人民政府应当加强对残疾人教育事业的领导,统筹规划和发展残疾人教育事业,逐步增加残疾人教育经费,改善办学条件。

第五条　国务院教育行政部门主管全国的残疾人教育工作。县级以上地方各级人民政府教育行政部门主管本行政区域内的残疾人教育工作。

县级以上各级人民政府其他有关部门在各自的职责范围内负责有关的残疾人教育工作。

第六条　中国残疾人联合会及其地方组织应当积极促进和开展残疾人教育工作。

第七条　幼儿教育机构、各级各类学校及其他教育机构应当依照国家有关法律、法规的规定,实施残疾人教育。

第八条　残疾人家庭应当帮助残疾人接受教育。

第九条　社会各界应当关心和支持残疾人教育事业。

第二章　学前教育

第十条　残疾幼儿的学前教育,通过下列机构实施:

（一）残疾幼儿教育机构;

（二）普通幼儿教育机构;

（三）残疾儿童福利机构;

（四）残疾儿童康复机构；

（五）普通小学的学前班和残疾儿童、少年特殊教育学校的学前班。

残疾儿童家庭应当对残疾儿童实施学前教育。

第十一条　残疾幼儿的教育应当与保育、康复结合实施。

第十二条　卫生保健机构、残疾幼儿的学前教育机构和家庭，应当注重对残疾幼儿的早期发现、早期康复和早期教育。

卫生保健机构、残疾幼儿的学前教育机构应当就残疾幼儿的早期发展、早期康复和早期教育提供咨询、指导。

第三章　义　务　教　育

第十三条　地方各级人民政府应当将残疾儿童、少年实行义务教育纳入当地义务教育发展规划并统筹安排实施。

县级以上各级人民政府对实施义务教育的工作进行监督、指导、检查，应当包括对残疾儿童、少年实施义务教育工作的监督、指导、检查。

第十四条　适龄残疾儿童、少年和父母或者其他监护人，应当依法使其子女或者被监护人接受义务教育。

第十五条　残疾儿童、少年接受义务教育的入学年龄和年限，应当与当地儿童、少年接受义务教育的入学年龄和年限相同；必要时，其入学年龄和在校年龄可以适当提高。

第十六条　县级人民政府教育行政部门和卫生行政部门应当组织开展适龄残疾儿童、少年的就学咨询，对其残疾状况进行鉴定，并对其接受教育的形式提出意见。

第十七条　适龄残疾儿童、少年可以根据条件，通过下列形式接受义务教育：

（一）在普通学校随班就读；

（二）在普通学校、儿童福利机构或者其他机构附设的残疾儿童、少年特殊教育班就读；

（三）在残疾儿童、少年特殊教育学校就读。

地方各级人民政府应当逐步创造条件，对因身体条件不能到学校就读的适龄残疾儿童、少年，采取其他适当形式进行义务教育。

第十八条　对经济困难的残疾学生，应当酌情减免杂费和其他费用。

第十九条　残疾儿童、少年特殊教育学校（班）的教育工作，应当坚持思想教育、文化教育、劳动技能教育与身心补偿相结合；并根据学生残疾状况和补偿程度，实施分类教学，有条件的学校，实施个别教学。

第二十条　残疾儿童、少年特殊教育学校（班）的课程计划、教学大纲和教材，应当适合残疾儿童、少年的特点。

残疾儿童、少年特殊教育学校（班）的课程计划和教学大纲由国务院教育行政部门制订；教材由省级以上人民政府教育行政部门审定。

第二十一条　普通学校应当按照国家有关规定招收能适应普通班学习的适龄残疾儿童、少年就读，并根据其学习、康复的特殊需要对其提供帮助。有条件的学校，可以设立专门辅导

附
录

231

教室。

县级人民政府教育行政部门应当加强对本行政区域内的残疾儿童、少年随班就读教学工作的指导。

随班就读残疾学生的义务教育,可以适用普通义务教育的课程计划、教学大纲和教材,但是对其学习要求可以有适度弹性。

第二十二条　实施义务教育的残疾儿童、少年特殊教育学校应当根据需要,在适当阶段对残疾学生进行劳动技能教育、职业教育和职业指导。

第四章　职　业　教　育

第二十三条　各级人民政府应当将残疾人职业教育纳入职业教育发展的总体规划,建立残疾人职业教育体系,统筹安排实施。

第二十四条　残疾人职业教育,应当重点发展初等和中等职业教育,适当发展高等职业教育,开展以实用技术为主的中期、短期培训。

第二十五条　残疾人职业教育体系由普通职业教育机构和残疾人职业教育机构组成,以普通职业教育机构为主体。

县级以上地方各级人民政府应当根据需要,合理设置残疾人职业教育机构。

第二十六条　普通职业教育学校必须招收符合国家规定的录取标准的残疾人入学,普通职业培训机构应当积极招收残疾人入学。

第二十七条　残疾人职业教育学校和培训机构,应当根据社会需要和残疾人的身心特性合理设置专业,并根据教学需要和条件,发展校办企业,办好实习基地。

第二十八条　对经济困难的残疾学生,应当酌情减免学费和其他费用。

第五章　普通高级中等以上教育及成人教育

第二十九条　普通高级中等学校、高等院校、成人教育机构必须招收符合国家规定的录取标准的残疾考生入学,不得因其残疾而拒绝招收。

第三十条　设区的市以上地方各级人民政府根据需要,可以举办残疾人高级中等以上特殊教育学校(班),提高残疾人的受教育水平。

第三十一条　县级以上各级人民政府教育行政部门应当会同广播、电视部门,根据实际情况开设或者转播适合残疾人学习的专业、课程。

第三十二条　残疾人所在单位应当对本单位的残疾人开展文化知识教育和技术培训。

第三十三条　扫除文盲教育应当包括对年满15周岁以上的未丧失学习能力的文盲、半文盲残疾人实施的扫盲教育。

第三十四条　国家、社会鼓励和帮助残疾人自学成才。

第六章　教　　师

第三十五条　各级人民政府应当重视从事残疾人教育的教师培养、培训工作,并采取措施逐步提高他们的地位和待遇,改善他们的工作环境和条件,鼓励教师终身从事残疾人教育事业。

第三十六条　从事残疾人教育的教师,应当热爱残疾人教育事业,具有社会主义的人道主义精神,关心残疾学生,并掌握残疾人教育的专业知识和技能。

第三十七条　国家实行残疾人教育教师资格证书制度,具体办法由国务院教育行政部门会同国务院其他有关行政部门制定。

第三十八条　残疾人特殊教育学校举办单位,应当依据残疾人特殊教育学校教师编制标准,为学校配备承担教学、康复等工作的教师。

残疾人特殊教育学校教师编制标准,由国务院教育行政部门会同国务院其他有关行政部门制定。

第三十九条　国务院教育行政部门和省、自治区、直辖市人民政府应当有计划地举办特殊教育师范院校、专业,或者在普通师范院校附设特殊教育师资班(部),培养残疾人教育教师。

第四十条　县级以上地方各级人民政府教育行政部门应当将残疾人教育师资的培训列入工作计划,并采取设立培训基地等形式,组织在职的残疾人教育教师的进修提高。

第四十一条　普通师范院校应当有计划地设置残疾人特殊教育必修课程或者选修课程,使学生掌握必要的残疾人特殊教育的基本知识和技能,以适应对随班就读的残疾学生的教育需要。

第四十二条　从事残疾人教育的教师、职工根据国家有关规定享受残疾人教育津贴及其他待遇。

第七章　物质条件保障

第四十三条　省、自治区、直辖市人民政府应当根据残疾人教育的特殊情况,依据国务院有关行政主管部门的指导性标准,制定本行政区域内残疾人学校的建设标准、经费开支标准、教学仪器设备配备标准等。

第四十四条　残疾人教育经费由各级人民政府负责筹措,予以保证,并随着教育事业费的增加而逐步增加。

县级以上各级人民政府可以根据需要,设立专项补助款,用于发展残疾人教育。

地方各级人民政府用于义务教育的财政拨款和征收的教育费附加,应当有一定比例用于发展残疾儿童、少年义务教育。

第四十五条　国家鼓励社会力量举办残疾人教育机构或者捐资助学。

第四十六条　县级以上地方各级人民政府对残疾人教育机构的设置,应当统筹规划、合理布局。

残疾人学校的设置,由教育行政部门按照国家有关规定审批。

第四十七条　残疾人教育机构的建设,应当适应残疾学生学习、康复和生活的特点。

普通学校应当根据实际情况,为残疾学生入学后的学习、生活提供便利和条件。

第四十八条　县级以上各级人民政府及其有关部门应当采取优惠政策和措施,支持研究、生产残疾人教育专用仪器设备、教具、学具及其他辅助用品,扶持残疾人教育机构兴办和发展校办企业或者福利企业。

第八章　奖 励 与 处 罚

　　第四十九条　有下列事迹之一的单位和个人,由各级人民政府或者其教育行政部门给予奖励:

　　(一)在残疾人教育教学、教学研究方面做出突出贡献的;

　　(二)为残疾人就学提供帮助,表现突出的;

　　(三)研究、生产残疾人教育专用仪器、设备、教具和学具。在提高残疾人教育质量方面取得显著成绩的;

　　(四)在残疾人学校建设中取得显著成绩的;

　　(五)为残疾人教育事业做出其他重大贡献的。

　　第五十条　有下列行为之一的,由有关部门对直接责任人员给予行政处分:

　　(一)拒绝招收按照国家有关规定应当招收的残疾人入学的;

　　(二)侮辱、体罚、殴打残疾学生的;

　　(三)侵占、克扣、挪用残疾人教育款项的。

　　有前款所列第(一)项行为的,由教育行政部门责令该学校招收残疾人入学。有前款所列第(二)项行为,违反《中华人民共和国治安管理处罚条例》的,由公安机关给予行政处罚。有前款所列第(二)项、第(三)项行为,构成犯罪的,依法追究刑事责任。

第九章　附　　则

　　第五十一条　省、自治区、直辖市人民政府可以依照本条例制定实施办法。

　　第五十二条　本条例自发布之日起施行。

后　记

　　《教育法规导读》一书于1997年出版，2000年曾作修订，迄今发行已近十年。近十年间，该书作为全国高等师范院校和其他教师教育机构的教材受到了欢迎，先后多次印刷，发行量已达数万册。该书能被较多的师范院校采用，表明它具有现实价值与意义，这令作者感到欣慰。

　　现在，本书作者又一次对全书进行了修订。这次修订，是在新世纪以来我国教育立法工作取得新的重大进展的背景下进行的。新世纪短短几年时间内，我国又有多种新的重大教育法规予以颁布，原有的一些教育法规也有了重大的修改或修订。这表明我国政府高度重视教育法制建设。这是加强依法治国和加强依法治教的需要，是秉承科学发展观，推进全面建设小康社会和构建社会主义和谐社会的需要。为了加强依法治教，有必要继续深入学习教育法规，有必要结合教育发展新的要求、新的特点深入理解教育法规精神，以便在教育发展的实践中能更好地运用教育法规，执行教育法规。着眼于此，我们应该对《教育法规导读》一书再作修订。

　　本书再度修订之处主要体现在如下几个方面：

　　一、对原书第五章"《中华人民共和国义务教育法》导读"作了重大修改，重点对新《义务教育法》进行了新的阐释与解读；

　　二、增写了第八章"《中华人民共和国民办教育促进法》导读"；

　　三、对原有各章节均作了与时俱进的修改；

　　四、对原有附录作了必要的调整与增删。

　　党的二十大报告提出，要办好人民满意的教育，坚持以人民为中心发展教育，加快建设高质量教育体系，发展素质教育，促进教育公平。教育法规是影响教育改革与发展的重要因素，教育前行的每一步，都无法同教育法规分开。因此，学习和了解教育法规，依法治教、依法执教，保障每一名儿童的权益和安全，是每一位教育工作者的应有之责。我们期待这本新的《教育法规导读》能继续受到欢迎，也愿意继续听取使用者的意见。

　　本书的再度修订与出版得到了华东师范大学出版社的大力支持，责任编辑沈桂芳老师为本书的再度修订提出了良好建议并做了细致工作,对此再致衷心的感谢!

　　各章作者如下:第一章,张乐天教授(南京师大);第二章,查海波处长(安徽省教育厅法规处);第三章,袁坤教授(山东菏泽师专);第四章,刘桂宗教授(山东潍坊学院);第五章,蒋先立局长(福建厦门市司法局);第六、第七章,张伏龙副教授(江西九江学院);第八章,张胜军副教授(南京师大博士生)。